大学生国防教育

边宏广　韩振国　编著

河北省社会科学基金项目成果

科学出版社

北　京

内 容 简 介

　　本书是按照教育部《普通高等学校军事课教学大纲》的要求,从国防概述、军事思想、国际战略格局、军事高技术、信息化战争五个方面,结合大学生现有知识结构特点和当前时事热点选取十六个专题,介绍了大学生军事课程的基本内容,结构合理,内容充实,重点突出,着眼时代要求,对新的军事科技信息、新的军事理论和学生最关心的军事热点问题都有详尽的阐述,比较全面地概括了普通高等本专科学校军事理论课课程体系。通过对本书的学习,可使学生系统地了解军事科学理论和军事科学前沿,树立正确的国防意识和观念,为全面提高学生素质和加快国防现代化建设服务。

　　本书可作为高等学校在校学生军事理论课教材,也可作为高校军事理论教师的教学参考书,同时也可供对国防建设有兴趣的人士参考。

图书在版编目(CIP)数据

大学生国防教育 / 边宏广,韩振国编著. —北京:科学出版社,2015
ISBN 978-7-03-044685-5

Ⅰ.①大… Ⅱ.①边… ②韩… Ⅲ.①国防教育－高等学校－教材
Ⅳ.①G641.8

中国版本图书馆 CIP 数据核字(2015)第 123677 号

责任编辑:滕亚帆　张春贺 / 责任校对:邹慧卿
责任印制:霍　兵 / 封面设计:华路天然工作室

科学出版社 出版
北京东黄城根北街 16 号
邮政编码:100717
http://www.sciencep.com

文林印务有限公司 印刷
科学出版社发行　　各地新华书店经销

*

2015 年 6 月第　一　版　　开本:787×1092　1/16
2018 年 8 月第四次印刷　　印张:11　3/4
字数:280 000

定价:36.00 元
(如有印装质量问题,我社负责调换)

《大学生国防教育》编委会

序　言

开展学生军事训练,是党和国家做出的一项具有战略意义的重要决策,是落实国家人才培养战略和加强国防建设的重要举措,是全面贯彻党的教育方针、推进素质教育的重要内容。对于落实党的十八大报告提出的立德树人根本任务,培养德智体美全面发展社会主义建设者和接班人,实现中国梦、教育梦和强军目标具有重要的意义。

《中华人民共和国国防教育法》规定:"高等学校、高级中学和相当于高级中学的学校应当将课堂教学与军事训练相结合,对学生进行国防教育。高等学校应当设置适当的国防教育课程。"因此,在校期间接受军事训练,学习、掌握基本的军事理论知识和军事技能,是法律赋予大学生的神圣义务,是高校义不容辞的责任。

目前,加强课程和师资队伍建设,提高教学和科学研究质量,提升规范管理和保障措施是河北省军事理论教学的重点和难点。唐山师范学院在这方面做了积极探索,争取了两项省级课题,进行了系统的研究,举学院所有军事教师之力,完成了本书。该书有以下特点。首先,注重理论与实践的统一。军事理论课对教学大纲内容的讲解,不同于军事学专业的深度与难度,重视的是知识的普及性。所以,著者选择了案例解析作为将抽象的理论内容具体化的主要方法。其次,力求语言表述的通俗性。本书是在高校军事理论一线教师亲身实践的基础上编写而成,自觉地站在读者的角度,努力探索运用健康、规范而又明了的语言。再次,采用专题式,打破章节体系的限制,按照问题来组织教学,在对教学大纲的全面把握基础上,结合国内外形势和学生思想状况、知识基础和特点,用专题的形式贯穿起来,形成一个完整系统的知识结构。这样的教学,抓重点、讲热点、释疑点、贴近学生实际,更有利于激发学生学习兴趣。希望各高校充分认识到学生军事训练和国防教育对国家高素质人才培养的重要意义,切实加强领导,完善国防教育机制,积极开展内容丰富、形式多样的国防教育活动。也希望各高校充分调动军事教师的科研积极性,认真总结军事教学的经验,为战斗在高校军事课教学一线的教师提供帮助。

靳成芳
2015.6.9.

目　　录

第一章　国防与国防教育

当我们今天坐在明亮的教室里听课的时候,我们无法想象伊拉克、叙利亚这些战乱国家的人们是如何生活的,俗语说"民无兵不安,国无防不立",试想,如果连最基本的安全都无法保证,那美好的生活、青春的梦想又从何谈起呢? 所以说,国防是社会发展、人民生活安居乐业的重要保证,是关系到国家民族生死存亡的大事。

一、国防的含义

国防是随着国家的形成而出现的社会历史现象。国家建立以后,有了固定的疆域,统治阶级为了维护民族的生存和自己的利益,需要运用一定的手段同国内外的敌人进行一系列的斗争,国防的问题也就随之产生了。由于时代背景、国家所处发展阶段、国家政治制度等诸多方面的差异,"国防"在不同的国家被赋予不尽相同的内涵和外延,有的国家甚至还使用了与"国防"不同的概念,如苏联使用"保卫祖国",美国使用"国家安全"等。

《中华人民共和国国防法》将国防的概念界定为:国家为防备和抵抗侵略,制止武装颠覆,保卫国家的主权、统一、领土完整和安全所进行的军事活动,以及与军事有关的政治、经济、外交、科技、教育等方面的活动。国防是国家生存与发展的安全保障。国家的社会制度和国家政策决定国防的性质。通过这一概念,我们应该明确,国防行为的主体是国家。国防是以维护国家的安全利益为自身根本目的的。它是以确保国家的生存为基本目的,是维护国家安全利益、保障国家的经济增长、科技进步和社会发展的长期和平稳定的国际国内环境的重要的国家行为。国防是以军事为主要内容的国家总体防务活动。

(一)国防的目的和职能是捍卫国家的主权、安全和权益

建立国防的基本目的在于维护国家主权、安全和权益。国家主权是"国家独立自主地处理其内外事务的最高权力"。主权具有双重性,即对内属性和对外属性。国家主权的对内属性,指在国家范围内对其一切事务的最高政治统治权,主要通过立法、行政、司法、军事、经济、文化等手段来实现。国家主权的对外属性,指国家在对外事务中独立自主的决定权,而不受他国、其他政治实体或组织的干涉和限制。国家主权是国家的本质特征,国家主权一旦被剥夺,国家的一切都将失去存在的前提。国家主权是一个总体的概念,国家主权完整包括领土完整和国家统一。领土完整是国家主权在地域上的最高表现。领土指一国主权管辖下的区域,包括领土、领海、领空。国家的领土主权指国家对其领土享有的完全的、排他性的管辖权,也包括对领土内一切居民和事务的管辖权。国家主权的独立和完整,就意味着领土主权的独立和完整。国家统一,指政府对整个国家范围内的一切事务具有最高政治统治权的状态,是国家主权完整的体现。一个国家只有一个政令统一的中央政府,不允许任何组织任何集团在任何地方另立中央,搞国土分裂和民族分裂。国家统一是国家主权完整的基础,没有国家统一,就没有完整的国家主权,维护国家统一是国家的不可剥夺的权利和职能。

国家安全是一国在主观上不受威胁、客观上不被侵犯和损害的一种状态。国家安全领域是随着客观情况和人们的主观认识而发展的。现代条件下,人们对国家安全的认识角度

不断更新,使得国家安全的领域在不断拓展。

按安全领域划分,国家安全分为国家政治安全、国家经济安全、国家军事安全、国家科技安全、国家信息安全、国家文化安全、国家生态安全、国家资源安全及其他的安全。国防所维护的国家安全特指国家的政治安全和军事安全。其中,政治安全表现为国家主权、领土、政权和政治制度,以及意识形态不受别国干涉破坏,社会稳定,政权巩固,拥有自主性和独立性;军事安全表现为国家不受军事威胁或能可靠地抵御军事压力和武装入侵。军事安全所要解决的基本问题是:以武力捍卫国家主权和领土完整;以军事手段保障国家制度和社会秩序的稳定以及人民生命财产安全;以军事力量保障国家的和平发展。维护国家军事安全的主要力量是国家武装力量。军事安全是国家安全的基石,是政治安全、经济安全、科技安全、文化安全、生态安全、社会安全等其他安全因素发挥作用的基础。

按国家安全的层次划分,国家安全分为主权安全、社会安全和人的安全。主权安全是国家安全的核心,是国家生存和发展以及一切安全的前提和基础;社会安全表现为社会结构的稳定和社会生活的有序,是人们从事工作、生活等各种社会活动的基本条件;人的安全是指人的生命和财产的安全。国家发展的最终目的是为了实现人的发展,国家主权安全和社会安全为人的安全和发展提供前提条件,没有主权安全和社会安全就不能保证人的安全,主权安全、社会安全、人的安全统一于国家安全之中。

权益,或国际权益,是国际法规定的主权国家在某方面享有的各种权力和利益的统称。以海洋为例,海洋权益是主权国家在海洋中享有的各种权力和利益的统称,包括在领海的主权,在毗连区、专属经济区、大陆架等的经济主权权利和管辖权,在别国领海以外的自由航行、飞越权以及在别国领海的无害通过权。国际权益是现代条件下,特别是全球化时代国家生存和发展的基本条件。主权国家不分大小,享有的国际权益是相同的。主权国家的国际权益是不容他国侵犯的,依法行使和维护本国国际权益是通行的国际准则。主权国家享有的国际权益是多方面的,包括政治的、经济的、军事的、科技的、文化的权益等。随着时代的进步和国际关系的发展,一国所享有的国际权益将会越来越多。21世纪,为国家安全和发展提供可靠的安全保障,必须有效维护国家在公海、极地、太空、大气层等国际公用空间享有的国际权益不受威胁和损害,这是当代国防的新职能。

(二)国防的任务是防备和抵抗侵略、制止武装颠覆、遂行反恐平暴制乱任务

历史上,对国家主权及其安全威胁最大、后果最严重的就是外部的军事入侵和内部的武装颠覆。国防从诞生之日起,就建立了对外、对内两种基本职能。对外,防备和抵抗侵略;对内,制止武装颠覆。以我国为例,新中国成立以后,国家大力加强国防建设,主要是为了应对帝国主义和霸权主义国家对我国可能发动的侵略战争,以及制止阶级敌人以武力颠覆人民政权的图谋,保卫人民民主政权和国家主权的安全。改革开放以来,我国的国际国内环境发生了翻天覆地的变化,国家安全威胁日益多元化。随着国内改革向纵深推进,中国社会转型中各种矛盾交织激化,社会危机风险日长。国际上,西方敌对势力"西化"、"分化"我国的活动一天也没有停止,它们支持"三股恶势力"在国内制造事端,对社会秩序和人民生命财产构成重大的现实威胁,严重影响国家安全与发展。因此,新形势下的国防,不但要应对从军事危机到战争的传统安全威胁,同时还要承担反对恐怖主义、平息社会暴乱、制止社会动乱等非传统安全威胁的任务,以有效维护社会稳定,保障人民生命财产安全,为人民的生产和生活创造良好的社会环境,为国家安全和发展提供有力保障,这是新的国际国内形势发展对国防职能提出的新要求。

(三)国防是以军事为主要内容的国家总体防务活动

在国防中,制止战争和打赢战争是关系国家存亡的大事,需要动员国家的全部力量来进行。因此,国防不完全是军事上的事情,还涉及与军事有关的政治、经济、科技、教育、文化、外交以及思想准备等方面。我国早在春秋战国时代就提出了"文事武备、武事文备"的国防思想,说明国防是为政治服务的,又是政治、经济、外交等斗争的后盾。经济是国防建设的基础,科技是国防现代化的关键,国民的文化素质和爱国精神更是国防力量的灵魂。所以,搞好国防离不开全国各条战线的一齐努力。这就需要国家有个统筹规划,把有形的、无形的、精神的、物质的、现实的、潜在的各种力量,都凝聚在一起,发挥它们在国防中的应有作用。

国防包括国防建设和国防斗争两方面。国防建设的目的是为了维护国家安全提供所需的国防力量。国防力量包括国防实力和国防潜力。武装力量是国防力量的主体,维护国家军事安全主要依靠国家武装力量。世界各国的武装力量大都由常备军和后备力量组成。国防建设或者说国防力量建设包括物质建设和精神建设两方面,又可分为硬实力建设和软实力建设。具体内容有:武装力量建设;战场建设;国防动员建设;边防、海防、空防和外层空间防御建设;战略物资储备;国防科学技术研究和国防工业建设;对公民和学生进行的国防教育;国防法制建设;军事理论研究;国防交通运输;邮电通信、国防工程等国防基本设施建设。国防建设蕴含于国家建设的各个领域,渗透到国家建设的方方面面。国防建设是国家建设的重要组成部分。

维护国家的军事安全是通过国防斗争来实现的。国防斗争以军事斗争为主,并综合运用有关的政治、经济、外交、科技等领域的非军事斗争方式。军事斗争包括军事威慑和军事打击两种方式。军事威慑指通过示形造势、军事欺骗等非实战行动,显示己方的国防实力、实战能力和保卫国家主权、安全和权益的决心与能力。军事打击指通过实战行动抵御和反击敌人的侵略,粉碎敌人入侵企图,作战样式和作战方法视敌人侵略行动的规模、样式和目的灵活确定。进行军事斗争需要采取军事措施,包括建立和保持与国家所面临的现实及潜在的军事威胁相对应、与国家综合国力相适应的国防实力和国防潜力,以及进行切实可靠的战争准备等。国防斗争除军事斗争方式外,还包括相关的政治、经济、科技、文化等非军事的斗争方式。政治斗争包括心理战、舆论战、法律战等;经济斗争方式包括经济制裁、经济封锁、物资禁运、断绝经济联系等;外交斗争包括军事往来、军事援助、军事经济合作、边防管控和建立军事同盟等;科技斗争包括科技情报交流与封锁、科技合作与制裁等;文化斗争包括文化渗透与反渗透、文化交流合作与制裁等。

随着时代的变化和国家经济社会的发展,中国国防的使命任务和职能等有了新变化。我们必须着眼时代特点,用开阔的视野审视国防,用更全面的观点看待国防,用发展着的思维认识国防,更加完整地、准确地把握当代国防的本质和特征,以建设符合时代趋势、具有中国特色的强大的国防。

二、现代国防的基本特征

现代国防是对传统国防的继承和发展,是一种全新的国防观念和国防实践活动。它具有不同于传统国防的基本特征。

(一)现代国防是综合国力的抗衡

综合国力是一个国家基于自然环境、人口、资源、经济,科技,军事、文化、教育,外交等方面所具有的综合实力的统称。邓小平曾指出:"衡量一个国家的国力,要综合地看,全面地看。"江泽民在中国科学技术协会第四次全国代表大会上说:"现代国际间的竞争,关键是科学技术的竞争。"这些精辟论述,充分说明了我国领导人对综合国力研究的高度重视。

现代国防已经成为综合国力的对抗。现代国防力量虽然以军事力量为主题,但不单纯指军事力量,还包括与国防相关的政治、经济、外交、科技、文化等非军事力量。它不仅依靠国家的现有实力,还依靠国家的综合潜力,以及将潜力转化为作战的能力。总之,现代综合国力是由人力、自然力、政治力、经济力、科技力、精神力和军事力等组成的,涉及国家的各个方面。建设现代国防,就是要把整个国家的综合国力建设好、运用好。在这场以增强综合国力为主战场的"战争"中,谁能抢占到战略"制高点",谁就可能在战略上更占优势,政治上更加独立,经济上更加发达,军事上更加强盛,就能胜利地屹立于世界民族之林。

(二)现代国防是多种斗争手段的角逐

现代国防的斗争,不仅继续以双方军事势力在战场上进行武力较量为基本形式,而且也是通过非武力斗争形式进行的角逐,如政治斗争、心理斗争、经济斗争、科技斗争,以及外交谈判、军备控制等。比如,从1999年3月24日开始的北大西洋公约组织(简称北约)空袭南斯拉夫联盟共和国(简称南联盟)战争中,交战双方不仅在军事上进行激烈的对抗,而且在心理和精神上进行针锋相对的斗争。南联盟面对数十倍于己的军事强敌,数百倍于己的北约国家经济实力,展现出不屈不挠、万众一心、举国迎敌的强大凝聚力,并上升为一股民族精神;通过反空袭战果,尤其是击落F-117的事实,来证实自己的作战能力;通过处理战俘问题,向北约官兵施加心理压力;通过民众反战行动,甚至举行广场音乐会,来弘扬民族凝聚力,宣扬南民军的抵抗决心,鼓舞军民的反战士气。"兵战"与"心战"一体化,将心理战贯穿于各项军事行动之中,形成了一道坚实的国防线,有效地抗击了北约的空袭。从南联盟战争中,我们就可以看到:现代国防是以军事力量角逐为主的,多种斗争形式的综合对抗。

中菲黄岩岛之争将两国的经贸关系牵扯进来。2012年5月9日,中国国家质检总局发布通知称,要求各直属检验检疫局组织人员对辖区进口菲律宾水果检验检疫风险进行评估,加强对进口菲律宾水果的检验检疫,加大开箱和抽查比例,认真组织查验。与此同时,国内多家旅行社表示,已经暂停了赴菲律宾旅游团。由于中国游客大为减少,菲律宾航空公司暂停从北京和上海飞往菲律宾其他旅游地点的包机。

中国是菲律宾的第三大贸易伙伴,也是菲律宾增长最快的旅游客源国。此举一出,菲律宾的农业和旅游业受到了严重的打击。短短几日,菲律宾的香蕉产业就遭受了巨大的打击。据菲律宾《马尼拉公报》报道,菲律宾香蕉出口商抱怨,自从香蕉被限制出口中国后,他们的很多香蕉被囤积在中国的港口。

(三)战争潜力能否转化为战争实力是现代国防强弱的一个重要标志

现代国防虽然以军事力量为主体,但它还要靠国家潜力转化为作战的实力。国家潜力包含国土面积、地理位置、自然资源、人口的数量和质量、地形气候、生产能力、科技和文化水平、交通运输、通信状况、社会制度、国家政策、管理能力、国际关系和国际地位等诸多方面。比如,南联盟战争的中后期,以美国为首的北约从打击军事目标到向民用基础设施开火,以主要力量轰炸南联盟的制造工厂、炼油厂、发电厂、道路和桥梁等,其目的就是摧毁南联盟的战争潜力。用美国人自己的话讲,就是彻底打垮南联盟的国防,"将其倒退到原始状态",最后是剥夺南联盟人民的生存权与发展权。

(四)现代国防具有多层次的目标

国际政治、经济在现代国防上打下的烙印越来越深刻。各国的国家利益不同,特别是经济利益不同,因此,所制定的战略也各有千秋,再加上各国军事实力和综合国力的差异,就使得现代国防呈现出多层次的目标体系。

从范围上,可分为自卫目标、区域目标和全球目标。本国在国土之外的经济利益有限,加上自身实力不足,因此,只能将国防目标定位于最基本一个层次上,即自卫目标的国防,着眼于维护国家主权和领土完整。一些国家虽然在世界范围都有自己的经济利益,但不奉行扩张政策,或者军事实力达不到全球范围,所以,将防卫目标锁定在本国及周边区域,也就是说,区域目标国防在维护本国安全利益这个层次上再提高一步,努力为本国的发展创造一个良好的周边环境,并扩大自卫的纵深和弹性。少数实力雄厚的国家,国家利益遍及全球,或者出于保护本国利益的目的,或者出于称霸世界的企图,将国防的目标对准世界,以维护世界和平、稳定和消除战争危险,或进行侵略扩张,将自己的意志强加给别国。

三、国防教育

国防教育是为捍卫国家主权、领土的完整和安全,防御外来侵略、颠覆和威胁,对全民传授与国防有关的思想、知识、技能的社会活动。国防建设的重要组成部分包括为增进全民的国防思想、国防知识、国防技能和身体素质,以及有利于形成和增强国防观念、国防能力的各种类型的社会活动。

国防教育是对全体公民进行的一项基本教育,涉及各个方面,内容十分丰富,范围非常广泛。国防建设的整体性决定国防教育内容,现代国防不仅仅是指军队建设和武器装备以及战场和战略要地的建设,而且同国家的经济实力、政治状况、民族心理、文化水平和人口素质等因素息息相关。

(一)国防教育的主要内容

《中华人民共和国国防教育法》在第三条中对国防教育的内容和目的作出了明确规定:"国家通过开展国防教育,使公民增强国防观念,掌握基本的国防知识,学习必要的军事技能,激发爱国热情,自觉履行国防义务。"可以说,凡是与国防有关的理论、知识、精神等,都是国防教育内容的组成部分。从完整性和系统性两个方面来讲,国防教育主要包括以下几个方面。

(1)国防理论。国防理论教育是较高层次的国防教育,大体上包括国防地位和作用、国防构成、国防建设等三个方面的理论。

(2)国防历史。任何一个国家和民族的历史都有灿烂和曲折两个方面,正确运用正反两个方面的历史经验对后人进行教育,可以起到激励精神、催人奋进的作用,国防历史教育最有震撼力和影响力。

（3）国防常识。国防常识是指国民应该了解的国防方面的一些基本知识,包括国家防卫知识,如领土、领海、领空的基本概念,防卫的重要意义及基本原则等。现代战争的基本特点、战时动员对国民的要求,以及形势战备、国防建设等方面的一些知识,如人民解放军、武装警察部队、民兵、预备役部队的主要职责任务、国防科普知识等。

（4）国防精神。国防精神教育是国防教育的中心内容,主要包括爱国主义精神教育、尚武精神教育和革命英雄主义精神教育等三个方面。

（5）此外,国防法制、国防科技、国防经济、国防外交与形势、国防体育等也是国防教育的重要内容。国防教育的这些内容相互联系、相互渗透、相互促进,其核心是爱国主义教育,国防教育的目的是使公民"激发爱国热情,自觉履行国防义务"。

（二）国防教育在高等学校的发展

开展国防教育,是我国国防建设的重要措施,是关系到国家生死存亡的社会工程。高等院校的国防教育是国防教育的重要组成部分。大学生在国防后备力量建设中起着骨干作用,有利于我国在和平时期青年一代的民族忧患意识的培养,影响到我国整个国防教育体系的构建和国防建设大局。根据我国普通高校国防教育承担的历史使命、实施模式和体制的特点划分为四个阶段:1955 年前的高校国防教育阶段;1955~1957 年的高校学生军训阶段;1958~1984 年的高校学生民兵集训阶段;1985 年以来的新时期高校国防教育阶段。

1. 1955 年前的高校国防教育

新中国成立初期至 1955 年,高校国防教育主要以经常性爱国主义教育为主,朝鲜战争爆发后,突出地表现为以抗美援朝宣传为中心的爱国主义教育。从内容上看,这个阶段学校国防教育力度并不大,它紧紧围绕着两个着力点:一是废弃国民党遗留在祖国大陆的旧的学生军训体系;二是建立新的新民主主义性质的高校国防教育体系。在当时复杂的国际国内环境下,党接管大学,设立政治组织,以此对高校学生实施新民主主义的国防教育。这个阶段的高校国防教育,与思想政治教育紧紧相连、密不可分。新中国成立初期的高校国防教育主要表现为战时政治动员。从模式上看,突出地表现在政治工作方面,党通过政治运动、政治教育净化高校政治环境,教导青年学生自觉成为新民主主义的革命者,并以"抗美援朝"为宣传核心,在志愿兵役制背景下,通过高校国防教育引导青年学生自觉参军、支前。

2. 1955~1957 年的高校学生军训

1955 年 7 月至 1957 年 6 月,依据 1955 年《中华人民共和国兵役法》要求,主要在普通院校中开始进行学生军事训练,由军队负责组织与实施,以培养预备役军官为目标,按照规定内容实施预备役军官军事训练。由于种种原因,首次试点不到两年就宣告停止。这次军训试点有两个特点:一是正规有序,训练标准高。它以培养预备役军官为目标,要求十分严格。二是持续时间短暂,影响面较窄。这个阶段的高校国防教育以军事训练为主要内容,具有鲜明的军事色彩。

3. 1958~1984 年高校学生民兵集训

1957 年 6 月,高校军训制度从预备役阶段转向民兵阶段,直至 1984 年,高校国防教育实质上是采用以组织高校学生进行民兵训练为主的国防教育模式。它以民兵训练为主线,将军事、政治、管理一体化,校园生活采取近似军队的生活方式,将军事训练、政治教育统一贯彻到日常生活中去。这种在复杂多变的国际国内环境中实践全民皆兵,大学建立民兵组织,学生成为普通民兵,采取包括到部队学军在内的各种形式进行国防教育的模式,不仅军事训练的要求高,而且要求组织化、生活化,将高校这一教育组织打上了深刻的战斗烙印,它既有正面意义,又有负面影响。

4. 1985 年以来的新时期高校国防教育

自改革开放以来,高校国防教育也向着体系化、正规化、制度化的方向发展,以 1984 年兵役法为标志,以新军训模式为核心的高校国防教育体系正式构建,自 1985 年开始进入试点阶段;以 2001 年国防教育法的施行和 2001 年 5 月 29 日教育部、总参谋部、总政治部《关于在普通高等和高级中学开展学生军事训练工作的意见》(国办发〔2001〕48 号)为标志正式进入普及阶段。

(三)高校国防教育的主要形式

自 1985 年以来,高校国防教育以学生军训为基础,主要采取军事理论教学与军事技能训练两种方式来实施。虽然随着时间的推移,军训的内容和时间有了较大调整,但军训的目标与性质基本未变,高校国防教育体制有了进一步的完善。

1. 军事理论学习

为了使大学生了解军事知识、认识战争规律、预知未来战争特点,在大学生国防教育中,在贯彻"少而精"原则的前提下,必须把学习军事理论作为一项重要内容。主要进行古代中外军事思想、毛泽东军事思想、邓小平新时期军队建设思想和江泽民关于军队建设的重要论述教育;要进行国防和军事历史的教育,了解古代、近代国防史,学习人民解放军的发展史;要进行现代战争特点教育,通过分析古今中外的典型战例,了解作战理论、作战指导原则和战略战术;要进行军兵种知识和外军知识的教育,使大学生了解中国人民解放军的编成、装备,对陆海空各类武器装备有感性的认识;要进行国际形势和我国周遍安全环境教育,使大学生能从战略全局上认识加强国防的必要性和重要性,以增强危机感、责任感和使命感;要对大学生进行战时动员、军事地理知识等方面的教育。

2. 军事技能训练

军事技能训练是大学生掌握必备军事技能的主要手段。早在古代,统治者们就对国民进行军事训练,"军赋出于耕田"。据《周礼》记载,西周时由司马掌管军队,"四时教民军旅",平时,人们致力于耕作,农闲时,政府派人进行军训。可见,全民军事训练由来已久。大学生军训是现今许多高校进行国防教育的主要途径,其中,军事技能训练是军训的主要内容,就是掌握和使用武器装备、设施和器材的操作技能活动。国家教育部、总参谋部、总政治部颁发的《高等学校学生军事训练大纲》要求军事训练要作为高等学校的一门必修课,训练成绩记入大学生档案。大学生军事技能训练的内容主要有:中国人民解放军内务条令、纪律条令学习和军事队列训练,轻武器射击、投弹、刺杀、驾驶、通信等技能训练与维修保养技能,单兵战术动作,分队战术进攻与防御训练,战备训练与模拟军事演习等。通过军训,使大学生学员了解、掌握手中武器、装备、技术器材工作原理及其战术技术性能,并能熟练操作使用;通过军训,使大学生学员吃苦耐劳的精神和坚强的毅力得到磨炼,增强组织纪律性,熟悉相应的战斗动作,提高整体技术战术水平。

3.高校征兵

近年来,高校学生服兵役越来越走进人们的视野,国家逐步加大了对在校大学生和应届毕业生的征兵力度,相应的各方面具体保障措施的出台也进一步使我国的高校征兵事业走向规范与长效。国家鼓励和支持大学生积极投笔从戎、保家卫国,在部队实现人生的自我价值。因此,普通高校有关部门可以在每年的大学生士官直招,大学生预征入伍以及征兵工作时间,牢牢抓住这个有利时机,将征兵宣传工作与国防教育以及思想政治教育相结合,充分发挥征兵工作在国防教育以及思想教育中的载体作用,作好征集新兵各种政策宣传,营造浓厚国防教育氛围,提高爱国主义意识。

4.预备役建设

在高校探索组建预备役部队,是国家基于长远的战略选择,是适应新形势下预备役部队调整组织布局,切实加强国防建设的实际举措。它将短期军训拓展为日常行为,在高校武装部的带领下开展训练,这种训练一方面是作战能力的培养,另一方面也是对预备役学生本身和普通的大学生思想意识上的培养,这种亲身参与性加深了他们对国防事业的认同感。2004年6月13日,中国人民解放军乐山陆军预备役步兵旅炮兵团乐山师范学院指挥连和炮兵团电子对抗分队正式挂牌成立。这支预备役部队全部由乐山师范学院在校大学生组建而成,是四川省第一支全部由在校大学生组建而成的预备役部队。2011年5月,长春科技学院依托长春市预备役某高射炮兵旅,组建了大学生预备役营,在吉林省高校首创预备役部队新先河。2014年4月12日,山西省首支高校预备役部队——晋中陆军预备役高炮团双37高炮营三连成立。

(四)国防教育对大学生的意义

《中华人民共和国国防教育法》指出:"学校的国防教育是全民国防教育的基础,是实施素质教育的重要内容。教育行政部门应当将国防教育列入工作计划,加强对学校国防教育的组织、指导和监督,并对学校国防教育工作定期进行考核。"因此,在高校开展国防教育对全面实施素质教育,培养社会需要的高素质人才具有十分重要的意义,是全民国防教育的基础,是实施素质教育的重要内容。

1.国防教育有利于增强大学生的国防观念

国防是为了捍卫国家主权和领土完整,保证国家利益不受外来侵犯而采取的一切防卫措施的综合。国防意识,则与国防需要相适应而倡导和产生的以维护国家根本利益为标志的群体行为观念。它不仅是一种强大的精神力量,而且也可以转化为一种巨大的物质力量,在政治上是向心力和凝聚力,在军事上的可转化为战斗力,在经济上可转化为生产力。国防意识的强弱,历来是一个国家和民族兴衰的主要标志。因此,高校开展国防教育,培养学生的国防意识,既是维护国家安全的思想基础,又是推动民族发展兴盛的精神动力。我国自改革开放以来,经济上取得了长足的发展,人民生活水平有了显著的提高,然而,忧患意识日渐淡薄,国防意识、国防观念也淡化了。尤其是青年学生,高等学校和高级中学的学生是我国青年的重要群体,约占全国人口的20%。他们对于我国的安全环境和安全形势,知之甚少。对于西方敌对势力一直对我国"西化"、"分化"的图谋认识不清。对于恐怖主义、民族分裂主义、极端宗教主义的破坏的危害性认识不足。面对新的形势,我们必须保持清醒的头脑,严肃认真地对待国防教育问题,切实把大学国防教育放在重要的地位。

2. 国防教育有利于增强大学生的民族凝聚力和向心力

民族的凝聚力和向心力,是一个国家和民族兴盛与发展的基本条件。今天,全面实现社会主义小康社会是我国各族人民共同的奋斗目标,是中华民族具有凝聚力和向心力的共同追求。而国防建设,既是这一奋斗目标的组成部分,又是实现这一目标的重要保障。国防教育,能使人们进一步增强爱国主义信念,树立革命英雄主义、集体主义、为国家和民族献身的使命感、光荣感,以及为保卫国家民族利益而自觉斗争的精神,从而进一步增强民族的凝聚力和向心力。近代中国曾屡遭外敌入侵,国贫民弱,社会则像一盘散沙,这除了经济落后、政治腐败的原因外,也与国民没有形成明确的国防意识有着密切的关系。新中国成立以来,先进的社会制度是中华民族具有坚强凝聚力和向心力的重要基础,同时,以国家和民族的发展以及安全为共同利益的现代社会国防意识的形成也是巩固民族凝聚力和向心力的精神力量。高校国防教育能够使学生把民族的共同利益放在至高无上的地位,能够和全国人民团结一心共同抵御外来侵略颠覆的威胁,能够为民族的共同利益不惜牺牲个人或局部利益。这样,就能在爱国主义的伟大旗帜下把大家紧紧地团结起来,使中华民族具有坚不可摧的伟大力量。青年是祖国的未来,民族的希望。青年大学生尤其如此,他们是民族的脊梁。加强对大学生的国防教育,尤其是爱国主义教育(国防教育的核心),能极大地激发青年大学生的民族自豪感和爱国热情。在青年大学生的鼓舞和带动下能凝聚全中华民族的意志和力量,任何困难都能战胜和克服。比如,1999年5月,美国用导弹袭击我驻南斯拉夫大使馆之后,大学生发起了反美示威抗议游行,显示了中华民族的力量。

3. 国防教育有利于提高大学生的身心素质和科学文化素质

素质教育的目的是促进大学生思想道德素质、科学文化素质和身心素质的协调发展,引导他们勤于学习、富于创造、甘于奉献,成为有理想、有道德、有文化、有纪律的时代新人。高校国防教育,主要以理论教学和军事训练为主。在教学方面,由于现代战争是高技术条件下的局部战争,它不仅是综合国力的较量,也是科技实力的较量。军事科学是一门范围广博、内容丰富的综合性科学,它涉及自然科学、社会科学和技术科学等众多学科,而军事科学教育围绕高科技战争进行,传授现代军事高技术知识,如微电子、光电子、人工智能、纳米技术等,这些都能增加大学生的科技知识,使他们了解现代科技前沿,了解国际形势,开阔视野,培养其忧患意识、爱国意识,并使其智力、心理得到协调发展。在军事训练方面,主要是集中一定的时间,对大学生强制性进行队列、射击实战及体能等方面的军事技能训练,其目的就是要通过亲身体验,使他们感受到部队严明的组织纪律、雷厉风行的生活作风、不畏艰难的吃苦意识,从而培养他们的团队意识、集体观念,锻炼健壮的体魄,培养健康的心理素质,养成正确的生活习惯,并掌握基本的军事技能。这样,通过军事理论学习和军事训练,能提高大学生的心理素质和科学文化水平,练就其健康的体魄,丰富其人格修养、情感意识和道德素质。

4. 国防教育有利于培养国防后备人才,促进国防现代化

我国国防建设一直坚持走精干的常备军和强大的后备力量相结合的道路,这也是我国新时期国防建设的根本指导思想。大学生作为一个特殊的社会群体具有较高的科学文化素质,易于掌握现代科技知识。如果抓好这个群体的国防教育,我们便储备了一大批具有较高科学文化素质而又掌握了一定军事技能的高素质的国防后备力量。为此,对大学生进行军事理论教学,必要的军事训练,以便必要时为部队输送高技术军事人才,成为战时扩建、组建部队的骨干,为打赢未来高技术局部战争创造条件,为国防建设和军事斗争准备提供有力保障。因而,大学国防教育,有利于提高大学生的国防能力。未来高技术条件的局部战争仍要坚持人民战争。随着科学技术的飞速发展和大批高新技术用于军事领域,虽然在一定程度上看,传统的人民战争的方式已经过时了。但是,人民战争的理念不能丢。在新的形势下,人民战争仍有它存在的意义,如信息战、网络战等一些没有硝烟的战争,人民群众中的技术群体会大有作为。他们可以充分发挥其聪明才智投入到维护国家安全的行列中来。那么,我们的青年大学生,无论是在校生还是毕业生,他们个个都有专长,如果他们受过较好的大学国防教育,走上社会之后,他们之中的绝大多数将成为各行各业的骨干力量,他们的一言一行、一举一动都将影响着周围的人,而一部分还将走上领导岗位,其影响和作用就更大了。在和平时期,他们是国防教育的骨干,而一旦战争发生,他们便成为人民战争的排头兵,能发动和组织广大群众参与战争,形成强大的合力,取得战争的胜利,为未来高技术条件下的人民战争打牢了坚实的基础。

第二章　中国武装力量建设

　　武装力量是一个国家各种武装组织的总称。一般以军队为主体,由军队和武装警察、后备部队、群众武装等正规的和非正规的武装组织组成。武装力量是国家常备不懈、维护国家安全、捍卫领土主权和其他各种国家利益的重要保证。所以,国家在平时非常重视建设发展本国的武装力量,在战时积极应用武装力量以赢得战争的胜利。随着国际安全形势的发展变化,特别是非传统安全威胁的上升,国家进行武装力量建设的思想以及武装力量应用的方式也在发生变化。

一、中国武装力量的组成

　　中华人民共和国武装力量体制,是在中国共产党领导中国人民进行长期的革命战争中逐步形成的、具有中国特色的武装力量体制的基础上发展起来的。

　　中国武装力量由人民解放军、人民武装警察部队和民兵组成,在国家安全和发展战略全局中具有重要地位和作用,肩负着维护国家主权、安全、发展利益的光荣使命和神圣职责。

(一)中国人民解放军

　　中国人民解放军是中华人民共和国武装力量的主要组成部分,是抵抗侵略、保卫祖国、维护国家主权和安全的主要力量。

　　1927 年 8 月 1 日起,中国共产党先后领导了南昌起义、湘赣边秋收起义、广州起义和其他许多地区的起义。各地的起义部队陆续编为中国工农红军。土地革命战争时期,中国工农红军确立了人民军队的建军路线、方针和原则,制定了相应的制度。当时,红军部队分散于各个革命根据地,组织规模不同,编制装备不一,主要是步兵,并逐步组建少量骑兵、炮兵、工兵、通信兵分队,使用大刀、长矛和缴获的步枪、机枪、轻型火炮作战。一般按方面军、军团、军、师、旅、团、营、连、排、班的序列和"三三制"的原则编制。抗日战争时期,中国工农红军改编为国民革命军第八路军和新编第四军,深入敌后,坚持独立自主的游击战争。通常区分为主力部队、地方部队和游击部队,主要靠缴获日、伪军的武器装备来补充和改善自己。解放战争时期,八路军、新四军改称中国人民解放军。规模不断扩大,武器装备明显改善。炮兵、工程兵、通信兵部队有了较大发展,铁道兵部队和坦克兵、防化兵分队开始组建。

　　中华人民共和国成立以后,中国人民解放军进入革命化、现代化、正规化建设的新阶段。中国人民解放军由单一陆军发展为包括陆军、海军、空军和第二炮兵在内的诸军兵种合成军队。目前,我军不仅掌握着种类比较齐全的常规武器装备,而且拥有了具有一定威慑力的原子弹、氢弹、战略战术导弹等尖端武器装备。应该说,当年以"小米加步枪"威震敌胆、扬威中外的人民解放军,已经发展成为诸军兵种合成、具有高技术条件下作战力的现代化军队。

(二)中国人民武装警察部队

　　早在土地革命战争、抗日战争和解放战争时期,在各个苏区、抗日根据地和解放区,我们党和人民政府就曾先后建立了不同名称的担负治安保卫任务的人民武装力量,如警卫营、警备团、保安团、保安大队等。1949 年 8 月 31 日,中央军委发布命令,成立中国人民公安中央纵队,隶属公安部建制领导。

1950 年 1 至 5 月,各地公安武装统一整编为"中国人民解放军公安部队",隶属于各级公安机关。1955 年,全国公安部队进行整编,将原"中国人民解放军公安部队"改称"中国人民解放军公安军",专区和县公安部队移交给公安机关,改为"人民武装警察"。1957 年 8 月,公安军番号撤销,改称"中国人民公安部队"。以后经多次调整,党中央、中央军委决定自 1966 年 7 月 1 日起撤销公安部队这个兵种,统一整编为中国人民解放军。

1982 年 6 月 19 日,党中央批转了公安部党组《关于人民武装警察管理体制问题的请示报告》,决定将人民解放军担负的地方内卫任务及其执勤部队移交给公安部门,同公安部门原来实行义务兵役制的武装、边防、消防三个警种统一组建成"中国人民武装警察部队"。公安部成立人民武装警察总部,省(自治区、直辖市)公安厅(局)成立人民武装警察总队,地区(市、州、盟)公安处(局)成立人民武装警察支队,县(市、旗)公安局成立人民武装警察大队或中队。新组建的人民武装警察部队是公安部门的一个组成部分,在各级党委、政府和公安部门的领导下进行工作,并接受上级武装警察部队的领导。

武警部队拥有三大类八个警种的部队。其中,三大类为:①内卫部队;②列入武警序列受国务院有关业务部门和武警总部双重领导的部队,即黄金、水电、森林、交通部队统称警种部队,是以军事化组织形式直接参与国家经济建设的特殊武装力量;③列入武警序列由公安部门管理的公安现役部队,即边防、消防、警卫部队。目前,武警部队大约保持 66 万人的总规模。武警部队根据人民解放军的建军思想、宗旨、原则,按照其条令、条例和有关规章制度,结合武警部队特点进行建设,执行《中华人民共和国兵役法》,享受人民解放军的同等待遇。武警部队的基本任务是:维护国家安全和社会稳定,保卫国家重要目标,保卫人民生命财产安全;战时,协助人民解放军进行防卫作战。

(三)中国民兵

中国民兵,是不脱离生产的群众武装组织,是中华人民共和国武装力量的组成部分,是中国人民解放军的强大后备力量。

大革命失败后,我党在创建第一支工农红军和第一个革命根据地的同时,广泛建立了赤卫队、少先队、工农暴动队等群众武装组织,开创了我国的民兵制度。他们紧密配合红军作战,到处袭击和扰乱敌人,巩固扩大了红色根据地。1931 年 11 月,中央在《苏维埃武装政策》中明确,苏区的武装力量由红军、游击队、赤卫队和少年先锋队组成。这就是后来我党确定的主力军、地方军和民兵三结合武装力量体制的雏形。抗日战争时期,党号召全国人民动员起来,武装起来,参加抗战。1938 年,毛主席在《论持久战》中指出:"兵民是胜利之本","战争的伟力之最深厚的根源,存在于民众之中"。据不完全统计,八年抗日战争,民兵共参战 29 万多次,歼灭日伪军 11 万多人,协助我军抗击了 64% 的日军和 95% 的伪军,创造了战争史上的奇观。解放战争时期,广大民兵积极配合我军作战,共参加大小战斗 11 万多次,歼敌 20.4 万人。特别是在辽沈、淮海、平津三大战役中,民兵不仅配合主力部队作战,而且担负繁重的支前保障任务,展现了一幅宏伟壮观的人民战争画卷。

1949 年 9 月,中国人民政治协商会议通过的《中国人民政治协商会议》(简称《共同纲领》)从法律上把民兵制度确立为国家的一项重要军事制度。1951 年 3 月,中共中央、中央军委决定,从军委到县属区一级政权,均设立人民武装部。1952 年 12 月,中央军委和政务院颁布了《中华人民共和国民兵组织暂行条例》,对民兵性质任务、组织建设、军事训练等方面都作出了明确规定,这是新中国成立后由国家颁布的第一部民兵工作章程。1958 年,面对帝国主义的军事、经济封锁,中央政治局提出"以民兵组织的形式,实行全民皆兵"。同年9 月 29 日,毛主席指出:"我们不但要有强大的正规军,我们还要大办民兵师。"1975 年邓小平同志主持中央日常工作以后,完善了各级民兵工作机构。1985 年,党中央在作出裁军 100万人的重大决策的同时,强调:"民兵制度是我国的一项传统军事制度。民兵建设是国防现代化建设的一个重要方面。尤其是在当前国家集中力量进行社会主义现代化经济建设、现役部队大量裁减的情况下,更要重视国防后备力量建设。精干的常备军和强大的后备力量相结合,是建设现代化国防的必由之路。"

《中华人民共和国兵役法》规定,民兵分为基干民兵和普通民兵。基干民兵为一类士兵预备役,是战时兵员动员、就地作战和平时执行应急任务的骨干,是民兵工作的重点;普通民兵为二类士兵预备役,同基干民兵一样,都是我国国防后备力量的组成部分。28 岁以下的退出现役的士兵和经过军事训练的人员,以及选定参加军事训练的人员,编为基干民兵;其余 18～35 岁符合服兵役条件的男性公民,编为普通民兵。

目前,全国的民兵工作,由总参谋部主管。军区按照上级赋予的任务,负责本区域民兵工作。省军区、军分区和县(市、区)人民武装部是本地区的军事领导指挥机关,负责本区域的民兵工作。乡(镇)、街道和企事业单位设立的基层人民武装部,负责民兵工作的具体组织与实施。目前,民兵工作重心正在从农村向城市和交通沿线转移,编组单位从国有企业向民营企业、传统行业向高科技行业拓展,组织结构从以步兵为主向以专业技术队伍为主调整。高炮、地炮、导弹、通信、工兵、防化、侦察、信息等专业技术分队比例进一步提高,海军、空军、第二炮兵民兵分队建设得到加强,初步形成以专业技术分队、对口专业分队为主体,以防空部(分)队、军兵种分队、应急分队为重点的民兵组织建设新格局。

二、中国人民解放军各军兵种的编成

中国人民解放军由现役部队和预备役部队组成。现役部队是国家的常备军,由陆军、海军、空军三个军种和第二炮兵一个独立兵种组成。

(一)陆军

陆军是人民解放军的基础,是主要在陆地遂行作战任务的军种,由步兵、装甲兵、炮兵、防空兵、航空兵、工程兵、通信兵、防化兵、电子对抗兵等兵种和各种专业勤务部队组成。它具有强大的火力、突击力和快速的机动能力。既能独立作战,又能与海军、空军协同作战。

我国陆军,建于 1927 年 8 月 1 日,发展到今天,已由过去单一的步兵发展到诸兵种合成,是人民解放军的三大军种之一。我国陆军是与我军同时建立和产生的,是我军的基础。在新中国成立前 22 年的历程中,人民解放军基本上是单一的军种。新中国成立后,我国陆军先后进行了 1 次出国作战,3 次自卫反击作战。所以,陆军为建立和保卫新中国作出了巨大的牺牲和重大的贡献。

陆军机动作战部队包括 18 个集团军和部分独立合成作战师(旅),现有 85 万人。集团军由师、旅编成,分别隶属于 7 个军区。沈阳军区下辖第 16、39、40 集团军,北京军区下辖第

27、38、65 集团军,兰州军区下辖第 21、47 集团军,济南军区下辖第 20、26、54 集团军,南京军区下辖第 1、12、31 集团军,广州军区下辖第 41、42 集团军,成都军区下辖第 13、14 集团军。

陆军按照机动作战、立体攻防的战略要求,实现区域防卫型向全域机动型转变,加快小型化、多能化、模块化发展步伐,适应不同地区不同任务需要,组织作战力量分类建设,构建适应联合作战要求的作战力量体系,提高精确作战、立体作战、全域作战、多能作战、持续作战能力。

(二)海军

海军是以舰艇部队为主体,主要在海洋遂行作战任务的军种。它具有在水面、水下和空中作战的能力,既能单独在海上作战,又能协同陆军、空军作战。

我国海军成立于 1949 年 4 月 23 日,先后参加过海、空战斗 1263 次(其中较大规模的有:一江山岛海战、"八六"海战、崇武海战、西沙海战、南沙海战等),击沉、击伤敌人舰船 180 余艘,缴获敌人舰船 200 余艘,击毁、击伤敌人飞机 204 架,击毙、俘虏敌人 7530 人,积累了丰富的作战经验,有效地维护了祖国领海主权和海洋权益,为保卫祖国万里海疆作出了重大贡献。

海军是海上作战行动的主体力量,担负着保卫国家海上方向安全、领海主权和维护海洋权益的任务,主要由潜艇部队、水面舰艇部队、航空兵、陆战队、岸防部队等兵种组成。

潜艇部队是在水下执行任务的兵种,分为常规动力潜艇部队和核动力潜艇部队,主要任务是消灭敌人大中型舰船,破坏海上交通线等任务;水面舰艇部队是在水面执行作战任务的兵种,是海军的基本作战兵种,具有攻击敌海上目标、支援我军登陆作战、进行海上封锁等能力;海军航空兵是在海洋上空执行任务的兵种;海军部署于沿海重要地段、岛屿,以火力遂行海岸防御任务的兵种;海军陆战队是海军担负渡海登陆作战任务的兵种,是实施两栖作战的重要力量。

海军现有 23.5 万人,下辖北海、东海和南海 3 个舰队,舰队下辖舰队航空兵、基地、支队、水警区、航空兵师和陆战旅等部队。2012 年 9 月,我国第一艘航空母舰"辽宁舰"交接入列。中国发展航空母舰,对于建设强大海军和维护海上安全具有深远意义。海军按照近海防御、远海护卫的战略要求,逐步实现近海防御型向近海防御与远海护卫型结合转变,构建合成、多能、高效的海上作战力量体系,提高战略威慑与反击、海上机动作战、海上联合作战、综合防御作战和综合保障能力。

(三)空军

空军是人民解放军的战略军种,是空中作战行动的主体力量,担负着保卫国家领空安全和领土主权、保持全国空防稳定等任务。空军主要由航空兵、地面防空兵、空降兵、通信兵、雷达兵、电子对抗兵、技术侦察兵、防化兵等兵种组成。

空军成立于 1949 年 11 月 11 日。1949～1953 年,中国人民志愿军空军参加抗美援朝作战。1957 年空军和防空军合并,实行空防合一体制。20 世纪 60～70 年代,确立重点发展防空力量的指导思想,逐步发展成为一支国土防空型的空军。经过近 60 年建设,空军已初步发展成为一支多兵种组成的战略军种,具备了较强的防空和空中进攻作战能力、一定的远程精确打击和战略投送能力。

空军现有 39.8 万人。空军按照空天一体、攻防兼备的战略要求,实现国土防空型向攻防兼备型转变,构建适应信息化作战需要的空天防御力量体系,提高战略预警、空中打击、防空反导、信息对抗、空降作战、战略投送和综合保障能力。

空军平时实行作战指挥与建设管理合一的领导体制,由空军机关、军区空军、军(师)级指挥所、师(旅)、团构成。空军下辖沈阳、北京、兰州、济南、南京、广州、成都 7 个军区空军和 1 个空降兵军,以及各类院校、科研试验机构等。军区空军下辖航空兵师,地空导弹师(旅、团),高炮旅(团),雷达旅(团),电子对抗旅(团、营),以及其他专业勤务部队,在重要方向和重点地区,设有军级或师级指挥所。空军编有空军指挥学院、空军工程大学、空军航空大学、空军雷达学院、桂林空军学院、徐州空军学院、空军大连士官学校等院校,以及 7 所飞行学院。

(四)第二炮兵

第二炮兵,是中国人民解放军地地战略导弹部队的代称,是以地地战略导弹为基本装备,实现积极防御战略方针的重要核反击力量。

第二炮兵是 1966 年 7 月 1 日组建的独立兵种,受中央军委的直接领导和指挥。20 世纪 70 年代后期,第二炮兵确立建设中国特色的精干有效战略导弹部队的目标。90 年代,第二炮兵组建常规导弹部队,进入了核与常规导弹力量协调发展的新阶段。进入 21 世纪,第二炮兵努力推进信息化建设跨越式发展。经过 40 多年发展,第二炮兵已建设成为一支精干有效、核常兼备的战略力量,具备陆基战略核反击能力和常规导弹精确打击能力。

第二炮兵是中国战略威慑的核心力量,主要担负遏制他国对中国使用核武器、遂行核反击和常规导弹精确打击任务,由核导弹部队、常规导弹部队、作战保障部队等组成。它与海军潜地战略导弹部队和空军战略轰炸机部队构成我国三位一体的战略核力量(其中,第二炮兵是主要力量)。可单独作战,或与其他军种协同作战。导弹部队编有导弹基地、导弹旅和发射营,保障部队编有侦察情报、通信、测绘、气象、电子对抗、工程、后勤和装备等技术专业保障部队。

第二炮兵按照精干有效、核常兼备的战略要求,加快推进信息化转型,依靠科技进步推动武器装备自主创新,增强导弹武器的安全性、可靠性、有效性,完善核常兼备的力量体系,提高战略威慑与核反击和中远程精确打击能力。

(五)中国人民解放军预备役部队

中国人民解放军预备役部队是以现役军人为骨干、预备役官兵为基础,按照军队统一的体制编制组成的武装力量,实行军队与地方党委、政府双重领导制度。预备役部队已成为由陆军、海军、空军和第二炮兵预备役部(分)队组成的重要后备力量。陆军预备役部队,主要由步兵、炮兵、高射炮兵、反坦克炮兵、坦克兵、工程兵、防化兵、通信兵、海防兵等兵种、专业兵组成。海军预备役部队,主要由侦察、扫雷布雷、雷达观通等专业兵组成。空军预备役部队,主要由地空导弹兵、雷达兵等专业兵组成。第二炮兵预备役部队,主要由导弹专用保障和特种装备维修专业兵组成。预备役部队根据军队建制实行统一的编制,编有预备役师、旅、团,并建有相应的领导机关。主要按地域进行编组,以省建师、以地(州、市)建旅(团)或跨地(州、市)建师(旅)、跨县(市、区)建团。

三、中国武装力量的运用

中国武装力量适应时代发展和安全形势变化,积极应对多种安全威胁,为维护国家安全和发展利益提供力量支撑,为维护世界和平与促进共同发展发挥重要作用。

(一)保卫边防、海防、空防安全

中国边海防实行军地分工负责的防卫管理体制。军队主要负责边境、沿海和海上防卫警戒,防范、制止和打击外来入侵、蚕食、挑衅以及越界破坏等活动;公安边防部队主要负责边境沿海地区和海上治安管理及口岸出入境的边防检查,防范、打击边境沿海地区偷渡、贩毒、走私等违法犯罪,组织参与边境沿海地区的反恐怖和处置突发事件工作;海警、海关等部门负责相应的维权执法和管理任务。国家设立边海防委员会,在国务院、中央军委领导下,负责协调全国边海防工作。各军区和沿边沿海省、市、县三级均设立边海防委员会,统一协调本辖区的边海防工作。

近年来,人民解放军边海防部队按照强边固防、睦邻友好、维护稳定、促进发展的要求,执行国家有关法律规定和与邻国签订的协定协议,坚持搞好战备执勤,严密防范各类入侵、蚕食和越境渗透破坏活动,及时制止违反边海防政策法规和改变国界线现状的行为,有效维护边境沿海地区和管辖海域的安全稳定。公安边防部队扎实开展边境防控、反恐维稳斗争,加强口岸检查和海上管控,严厉打击偷渡、贩毒、走私等犯罪。2009年至2011年年初,共破获各类案件3.7万起,缴获非法枪支3845支。

国家坚持把军警民联防联管联建作为保卫边防、建设边海疆的有力保证。近年来,不断完善以军队为主体、各涉边涉海队伍协同配合、边境沿海地区民兵预备役和人民群众广泛参与的力量体系,推进以指挥信息系统为重点、以信息基础设施为支撑的边海防信息化建设,加强边海防基础设施建设,提高了管边控海能力水平,促进了沿边沿海地区经济建设和社会稳定。

空防安全是国家总体安全的重要组成部分。人民解放军空军是保卫国家空防安全的主体力量,陆军、海军和武警部队按照中央军委的指示担负部分空防任务。空军根据中央军委意图对担负防空任务的各种防空力量实施统一指挥。国家空防体系常年处于戒备状态,掌握空中动态,维护空中飞行秩序,组织空中战斗巡逻,处置空中突发情况,坚决捍卫国家领空主权,确保国家空中安全。

(二)维护社会稳定

中国武装力量依照法律规定参加维护社会秩序行动,主要是在地方党委、政府统一领导下,配合公安力量维护正常的社会秩序,保障人民群众安居乐业。

武警部队是国家处置公共突发事件的骨干和突击力量。2009年至2011年年初,参与处置劫持人质事件等严重暴力犯罪事件24起,参加捕歼行动201起,圆满完成国庆60周年、上海世博会和广州亚运会以及世界大学生运动会期间安保任务。

2010年11月,中央军委批准发布《军队处置突发事件应急指挥规定》,对军队参加维护社会稳定及处置其他各类突发事件的组织指挥、力量使用、综合保障和军地协调等问题作出

明确规定。

(三)参加国家建设和抢险救灾

参加国家建设事业和参加抢险救灾,是宪法和法律赋予中国武装力量的重要任务。人民解放军和武警部队积极做好以参加和支援西部大开发为重点的支援国家建设工作。根据《2010年中国的国防》统计,2008~2009年(截至白皮书发布时),共投入劳动日1600多万个,出动机械车辆130万台次,参加交通、水电、通信、能源基础设施重点工程建设600多项。建立农村扶贫联系点3500多个,援建节水灌溉、人畜饮水、道路、水电等小型公共工程8000多个。驻西部地区部队植树1100万株,成片造林、飞播造林和绿化荒山荒滩320万亩。军队医疗卫生系统对口支援西部贫困地区县级医院130所,共派出医疗队351批次,捐赠仪器设备110台件。在四川、陕西、甘肃地震灾区捐资援建8所学校和1所康复中心。

中国武装力量是抢险救灾的突击力量。2009年1月,中国组建以军队力量为主体的抗洪抢险应急部队、地震灾害紧急救援队、核生化应急救援队、空中紧急运输服务队、交通应急抢险队、海上应急搜救队、应急机动通信保障队、医疗防疫救援队等8支国家级应急专业力量,兵力规模5万人。2009年7月,武警水电、交通部队3.1万人被纳入国家应急救援力量体系。各军区会同有关省(自治区、直辖市)组建省级应急专业力量。2011~2012年,军队和武警部队共计出动兵力37万人次,各型车辆(机械)19.7万台次、飞机和直升机225架次,组织民兵预备役人员87万人次,多次参加抗洪、抗震、抗旱、抗台风和森林扑火等抢险救灾行动,共抢救转移群众245万人次,抢运物资16万吨。

(四)参加联合国维和行动

中国作为一个负责任的大国,支持并积极参加联合国维和行动,为维护世界和平作出了积极贡献。

1990年,中国人民解放军向联合国中东维和任务区派遣了5名军事观察员,首次参加联合国维和行动。1992年,向联合国柬埔寨维和任务区派出了400人的工程兵大队,首次派遣成建制部队。2001年,成立国防部维和事务办公室。2002年,加入联合国一级维和待命安排机制。2009年,组建国防部维和中心。截至2010年12月,共参加19项联合国维和行动,累计派出维和官兵17 390人次,9名维和官兵在执行任务中牺牲。

中国维和部队发扬特别能吃苦、特别能战斗、特别能奉献的优良作风,以高度负责的职业精神投入工作,新建、修复道路8700多公里、桥梁270座,排除地雷和各类未爆物8900多枚,运送物资60多万吨,运输总里程930多万公里,接诊病人7.9万人次,圆满完成了联合国赋予的各类维和任务。

截至2012年12月,中国人民解放军有1842名官兵在9个联合国任务区遂行维和任务,中国是联合国安理会常任理事国派遣维和人员最多的国家。其中,军事观察员和参谋军官78人;赴联合国刚果(金)稳定特派团工兵、医疗分队共218人;赴联合国利比里亚特派团工兵分队558人;赴联合国黎巴嫩临时部队工兵、医疗分队共335人;赴联合国苏丹特派团工兵医疗分队共338人;赴联合国/非盟达尔富尔混合行动工兵分队315人。

(五)亚丁湾和索马里海域护航

根据联合国安理会有关决议,中国政府于2008年12月26日派遣海军舰艇编队赴亚丁湾、索马里海域实施护航。主要任务是保护中国航经亚丁湾、索马里海域的船舶、人员安全，保护世界粮食计划署等国际组织运送人道主义物资船舶的安全，并尽可能为航经该海域的外国船舶提供安全掩护。截至 2014 年，中国海军共派出 19 批护航编队 54 艘次舰艇、42 架次直升机、1300 余名特战队员和 16000 余名官兵赴亚丁湾执行护航任务，圆满完成 798 批 5800 余艘中外船舶护航任务。

中国对加强护航国际合作持积极、开放的态度。中国海军护航编队与有关国家和组织建立互通共享情报信息的常态化机制，与欧盟、多国海上力量、北约、俄罗斯、韩国、荷兰、日本等护航舰艇进行指挥官登舰互访，与俄罗斯开展联合护航行动，与韩国护航舰艇进行海上联合演练，与荷兰开展互派军官驻舰考察活动。中国积极参与联合国索马里海盗问题联络小组会议，以及"信息共享与防止冲突"护航合作国际会议等国际机制。

（六）中外联演联训

人民解放军与外国军队的联合演习和联合训练，坚持不结盟、不对抗、不针对第三方的方针和战略互惠、平等参与、对等实施的原则。在 2014 年，人民解放军已与外国军队举行 30 多场联演联训，对促进互信合作、借鉴有益经验和加强军队现代化建设具有积极作用。

上海合作组织（简称上合组织）框架内联合反恐军事演习呈现机制化发展。2002 年，中国与吉尔吉斯斯坦举行首次中外实兵联合反恐军事演习。2003 年，与上合组织成员国共同举行首次中外多边联合反恐军事演习。2006 年，与塔吉克斯坦举行联合反恐军事演习。2005 年、2007 年、2009 年、2010 年、2012 年，与俄罗斯等上合组织成员国举行"和平使命"系列联合反恐军事演习。

海上联演联训不断拓展。2003 年，中国与巴基斯坦举行首次中外海上搜救演练。结合中外海军舰艇互访等活动，中国海军已与印度、法国、英国、澳大利亚、泰国、美国、俄罗斯、日本、新西兰、越南等国海军举行搜救、通信、编队、潜水、护航等课目的双边多边海上演练。2007 年、2009 年、2011 年、2013 年，中国海军舰艇先后参加由巴基斯坦海军主办的海上多边联合军事演习。2007 年，中国海军舰艇赴新加坡参加西太平洋海军论坛海上联合军事演习。中泰两国海军陆战队举行"蓝色突击-2010"、"蓝色突击-2012"联合训练。

陆上联合训练广泛开展。2007 年，与泰国举行首次中外陆军联合训练。近年来，与巴基斯坦、印度、新加坡、蒙古、罗马尼亚、泰国等国举行反恐、安保、维和、山地作战、两栖作战等科目的联合训练，探索实施混合编组、共同施训的新模式。2009 年，首次派遣卫勤分队远赴非洲与加蓬举行卫勤联合行动，开展医疗培训和救援演习，为当地民众提供医疗救助。2010 年，派遣医疗队赴秘鲁举行人道主义医疗救援联合作业，共同开展突发事件应急医疗救援演练，提高应对紧急人道主义危机的能力。

（七）国际灾难救援

参加政府组织的国际灾难救援行动，履行国际人道主义义务，是中国武装力量义不容辞的责任。近年来，中国武装力量积极协助中国政府有关部门向受灾国提供救援物资，派出专业力量参加国际灾难救援行动。

自 2002 年至 2012 年向阿富汗提供救援物资以来，人民解放军已 36 次执行国际紧急人道主义援助任务，共向 27 个受灾国提供总价值超过 12.5 亿元人民币的帐篷、毛毯、药品、医疗器械、食品、发电机等救援物资。2010 年 1 月,中国国际救援队和人民解放军医疗防疫救护队赴海地参与地震救援,执行人员搜救、紧急救护、卫生防疫等任务,累计救治当地伤病员6500 人次。2010 年 9 月,中国国际救援队和人民解放军医疗救援队、直升机救援队赴巴基斯坦执行人道主义救援任务,累计救治当地伤病员 3.4 万人次,直升机投送物资 60 吨。2011 年 3 月,中国国际救援队赴日本进行了地震海啸后的灾难救援。2011 年 7 月,泰国发生严重洪涝灾害,人民解放军空军出动 4 架飞机将中国国防部援助泰国武装部队的 90 多吨抗洪救灾物资运抵曼谷。2011 年 9 月,巴基斯坦发生特大洪灾,人民解放军空军出动 5 架飞机将 7000 顶救灾帐篷空运至卡拉奇,兰州军区派出医疗防疫救援队赴重灾区昆瑞开展医疗救援卫生防疫工作。

中国武装力量积极参与国际救灾交流合作,密切与有关国家和相关国际组织的沟通协调,推动地区救灾机制建设和人员培训。与美国、澳大利亚、新西兰军队举行人道主义救援与减灾研讨作业,举办东盟地区论坛武装部队参与国际救灾法律规程建设研讨会,举行东盟与中日韩武装部队国际救灾研讨会。

(八)遂行利比亚撤侨任务

2011 年 2 月 22 日至 3 月 5 日,中国政府协调派出 91 架次民航包机、12 架次军机,5 艘货轮、1 艘护卫舰,租用 35 架次外国包机、11 艘次外籍邮轮和 100 余班次客车,海、陆、空联动,开展了新中国成立以来最大规模的有组织撤离海外中国公民行动。自 2 月 28 日起,空军共派出 4 架伊尔-76 运输机紧急赶赴利比亚执行接运中国人员任务。3 月 1 日晚上,中国空军的 4 架伊尔-76 飞机顺利降落利比亚塞卜哈机场,开始执行接运中国在利比亚人员任务。受领任务后的 97 小时内,连续飞行 12 架次 43 小时,地面准备 30 小时,单机总航程29 397 公里;将 1655 人接运至苏丹首都喀土穆,将 287 人安全接运至北京。2011 年 3 月1 日上午,中国海军"徐州号"导弹护卫舰与搭乘我国 2142 名从利比亚撤离人员的希腊籍商船"卫尼泽洛斯"号在地中海会合,首次实施护航任务。

第三章 国 防 动 员

2003 年的伊拉克战争,以美国为首的多国部队为了确保战争的快速胜利,花费了大量的人力、物力、财力。我们来看一组数据,伊拉克战争期间,美军共征召预备役人员 224 528 人,征用了国内 22 家航空公司的 47 架民航飞机和 31 架宽体运输机,50 艘大型商船和 19 艘预备役海运船,租用了 70 多颗商业卫星,和国防部签订的物资供应商有 3.5 万家,与之相关的企业高达 15 万家。

人类从古至今经历过无数次战争,可以说动员是与战争相伴相随的,战争离不开动员的支持。那么,什么是国防动员? 国防动员的内容有哪些?

一、国防动员的含义及主要特点

(一)国防动员的含义

国防,就是国家防务的简称。"动员"一词,就其字面含义而言,可以解释为:"动"即发动、控制、支配与运用,"员"即人力、物力及一切能量代表的单元。所以,动员的含义就是为达成某种目的,将一切能量单元,有计划地组织运用,使其发挥最大效能。由此可见,国防动员是指国家为应对紧急突发事件、准备战争和实施战争,在相应的范围内,由平时状态转入战时状态所采取的统一调动人力、物力和财力的紧急措施。理解这一概念应把握以下几点:

(1)国防动员的行为主体是国家。国防动员是国家行为,必须由国家统一发号施令。各级政府应按照国家的统一号令,组织实施本级的国防动员活动。其他任何单位和个人,都不能擅自组织实施国防动员活动。

(2)国防动员的对象是国防潜力资源。国防动员的对象是一切能够为应付战争或应对危机国家安全的突发事件服务的国防潜力资源,包括人力资源、物力资源、财力资源、信息资源等。

(3)国防动员的实质是国防潜力的调度和转化。国防潜力通常是"静态"和"散在"的,存在于社会各个领域的各行各业之中。动员就是把这些"静态"和"散在"的力量有效地组织起来,变成服务于战争或应付其他危机的动态和集中的力量。这种力量的形成,不是简单的组合,也不是一次性活动,而是一个不断调控的动态过程。

(二)现代国防动员的主要特征

现代战争是立体战争,规模大,范围广,突然性强,破坏性大,特别是核武器、化学武器和生物武器以及高技术武器的出现和使用,使战争更加残酷,人员伤亡、物资消耗巨大。这一切对动员产生了深刻的影响,带来了许多新的特点,主要是:

1. 国防动员的主渠道是社会化

信息化战争所具有的高技术、高投入、高消耗特征,是战争对抗中的任何一方都必须以国家的综合国力为基础,进行广泛的社会动员,否则战争将难以进行。为此,除军队特有的装备物资外,大量装备、技术、人员将依托社会进行动员,社会化动员将成为国防动员的主渠道。海湾战争中,美军为保障在海外的 50 多万军队作战,政府有 80 多个经济技术部门为军队筹集作战物资,38 家航空公司、几十家海运公司和 7 个州的铁路部门为军队提供运输工具,73 家公司提供食品、服装和药品,1/3 的企业为军队生产了高达 284.6 亿美元的作战物资;日本现在武器装备的生产制造,基本上是委托民间企业进行的。伊拉克战争中,美国立足社会化动员,在战争准备阶段就按计划大量征用民用后备航空队的运输机向海湾地区空运兵力,租用了包括美洲航空公司、环美航空公司等 22 家民航企业的飞机,将第 3 机步师、第 4 机步师、第 101 空中突击师、第 82 空降师、海军陆战队等地面作战任务和特种作战的部队送达海湾地区。及时有力的社会化动员,有效地保障了作战需求。

美军认为,许多后勤保障工作,特别是那些非战斗性的保障工作,完全可以由市场承担,如社会服务、卫生勤务、基地维修等。伊拉克战争准备过程中,美军大量征召了从事各种专业勤务工作的后备役人员扩充兵力。这些人从事通信、测地、架桥、医疗、运输、建筑、维修、翻译等工作。美军后勤保障的几乎所有领域都有私营公司承包的项目。美军在科威特的营房维修、军人商店、伙食供应、娱乐设施、邮件、环境清扫等基本上是由地方服务公司承包的,军队主要用合同方式规范其行为。同时,作战部队的淡水、生活品和油料等物资,也相当大一部分向当地购买。

2. 动员实施的快捷性

由于军队整体作战和快速反应能力迅速提高,信息化条件下的局部战争,持续的时间都相对较短。比如,海湾战争只持续了 42 天,科索沃战争持续了 78 天,阿富汗战争持续了 61 天,伊拉克战争只持续了 40 天左右。同样,由于现代社会电视、广播、电话、手机和互联网的日益普及,数字化、网络化和智能化水平的不断提高,国家应对突发事件和紧急状态的进程,以及各种应对手段和措施的运用情况,几乎接近实时地迅速扩散到社会的每一个角落。

只有实施快速高效的敏捷动员,才能跟上军队作战后勤保障和处置突发事件、紧急状态的工作节奏,从而确保国家应战或者应急需要。同时,国防动员信息化水平的提高,也有可能是国防动员工作部门可以同步感知国防动员需求的变化状况,并根据迅速变化的情况接近实时地作出快速反应,及时灵活地调整国防动员的行动和工作部署,组织实施快速敏捷的国防动员。

3. 动员技术兵员多

现代战争由于大量使用先进的武器装备,技术兵种增多,要求兵员具有较高的科学文化水平、专业知识和军事素养,以便能迅速掌握先进的武器装备。比如,第一次世界大战(简称一战)军队的专业技术只有 20 多种,到第二次世界大战(简称二战)增加到 160 多种。二战后,军队的专业技术发展更快,如美军现今已达 4000 多种。美国军队中普通兵与技术兵的比例也发生了较大变化。比如,一战中美军的技术兵大约占 20%,2005 年年底,美军现役士兵中具有一定军事专业技术的人员比例就已经超过了 80%。20 世纪 80 年代以来的历次高技术局部战争中,技术动员的比重在历次局部战争中一直呈上升趋势,兵员动员所涉及的技术种类由 17 种上升到 400 多种,其中相当部分为高技术领域;首批动员的后备兵员大多或全部为技术兵员。伊拉克战争中,美军动员征召的预备役人员总量有 10 余万人,不到海湾战争的 1/2,但装备维修、卫勤保障、信息技术人员的比例却是海湾战争的几倍,还征用和租用了 30 多颗商业卫星、民用信息网络,大大提高了信息传输能力。

4.动员控制"精确"化

所谓"精确化"动员,是指在对战争需求进行精确分析的基础上,依托信息技术和信息资源对动员活动实施精确控制的一种动员模式。其核心内容是合理确定动员规模,优化整合战争资源,尽可能地使动员与战争需求之间达成一致,从而提高动员效能。

国防动员的根本目的是为了保障战争需求。过去,动员的计划性、针对性不强,处在有什么动员什么,有多少动员多少的状态,动员准备存在盲目性和随意性。比如,海湾战争中,仅作战准备阶段,美军就向战区投送兵力55万多人、各种装备物资700万吨,征用了200余艘船只、400多架飞机。这些物资并未完全派上用场。战后,美军又不得不展开了一场持续时间长达1年的、被称为"移山"的"沙漠告别行动",用4.1万个集装箱将余下的价值27亿美元的补给品运回国内,造成了战争资源的极大浪费。而现代高技术战争中,动员正在发生根本性的变化。

伊拉克战争前,美军先后在"千年挑战-2002"军事演习和"内窥-2003"指挥机关模拟演练中,利用信息技术模拟战争过程,对伊拉克战争可能的规模、兵器兵力配置、各种物资需求、战斗毁伤评估等各方面进行了精确推演,预先取得了与战争实际极为相近的各种动员需求数据,使战前动员工作颇具针对性。战前准备阶段,向战区运送兵力30万人、装备物资约300万吨,仅相当于海湾战争的50%,贯彻了使成本最小化的"即时动员补给"战略:一切物资只是按需要的量,在需要的时间,投放到需要的地点,极大地提高了战争动员的时效性和效费比。再以预备役人员征召为例,2003年3月19日,美国防部宣布征召24 025名预备役人员,使被征召的预备役人员总数达到212 617名。同时发表的声明称在总共212 617名预备役人员中有148 612名陆军,30 783名空军,19 711名海军陆战队员,9875名海军和3636名海岸警卫队员。对征召人员数量上的描述精确到了个位,这在战争动员的历史上是空前的。实际上,美国防部在每周例行的军情公布中通报的数字大都精确到了个位,这充分表明在超强的制信息能力的支持下,美军已经能够准确、实时地掌握作战系统的损耗及战争需求的信息,能够通过对这些信息的量化分析得出需要的动员供给量,并严格按需求进行动员。真正做到了"缺什么补什么、缺多少补多少、哪里缺哪里补",实现了战争需求量与动员供给量之间的一致。

二、国防动员的主要功能

国防动员既适用于应对传统安全威胁,又适用于应对非传统安全威胁,既可以释放"战时应战"功能,又可以释放"急时应急"功能,甚至还可以在平时服务社会经济发展中发挥作用。

(一)应战功能

1.应战功能——动员是影响战争进程和结局的关键环节

动员是打赢战争的基础环节:现代战争以综合国力为基础。但综合国力的优势并不能直接与作战实力画等号。如何把一个国家的综合国力转化为战争的实力,也就是说把一个国家的战争潜力最大限度地挖掘出来,这就要通过动员的作用,在其中起到力量凝聚器和力量转换器的作用。例如,1973年10月的第四次中东战争,以色列在战争爆发10分钟后就发布了全国总动员令,紧急征召预备役人员;20 小时后,被指定在西奈半岛展开的两个预备役师先头部队到达西奈前线;48 小时后,即有 30 万名预备役官兵开赴前线,使总兵力由 11.5 万人迅速增加到 40 余万人;7 天后,15 个预备役旅全部成建制投入作战,很快扭转战争初期的不利局面。当时,世界各国都对以色列的快速动员给予了高度的评价。有位著名的军事评论家这样说,如果说埃及强渡运河是这次战争的第一大胜利,那么以色列的动员就是第二大胜利。可见,动员是打赢战争的基础环节。

2. 威慑功能——动员是遏制危机的有效手段

1962 年,新中国面临了一场前所未有的严重危机,一方面我们经历了"三年困难时期",国民经济遭受很大损失,国内面临一个非常被动的局面,另外中苏关系恶化,苏联在我国北部边界屯兵百万,重兵压境,对我国构成巨大威胁,此时盘踞在台湾的蒋介石集团认为反攻大陆的时候终于到来,于是召集高层,制订多套反攻大陆的作战计划,信心满满。为了应对这种危机,紧急实施战备动员,在全国广泛进行宣传发动,向东南沿海紧急调兵遣将,军工部门紧急动员扩产,东南沿海加强军民联防,蒋介石集团一看大陆作好了充分的准备,严阵以待,最后不得不放弃了反攻大陆的计划。军事实践表明,动员不仅是战争潜力向战争实力转化的枢纽,而且是使用武力的一种特殊方式,以其本身强大的战略威慑力,可以收到不战而屈人之兵的效果。1960 年,英国元帅蒙哥马利访问中国,看了中国民兵建设的情况后,深有感触地说:"战争光靠原子弹解决不了胜负问题,谁要想入侵中国,碰到了中国的民兵,是进得去、出不来的……要把进攻中国作为战争的禁律之一。"

(二)应急功能

任何一个国家所处的状态可分为正常状态和非正常状态两种,战争只是在非正常状态下的一种表现形式。如今,非战争性质的各种突发事件对国家安全利益的影响日益突出,而且某一突发事件往往会导致连锁反应,甚至升级为国家内乱、国家间的武装冲突乃至局部战争,这些突发事件的频繁出现,已经成为影响国家经济建设、社会稳定发展和人民群众生命财产安全的重要因素。例如,在 1998 年全国抗洪斗争中,当地的民兵和预备役人员都起到了生力军的作用。他们总是第一个到达现场,成为完成急难险重任务的突击队,为抢险救灾的胜利作出了巨大贡献。

2008 年年初,50 年一遇的冰雪灾害使我国 19 个省份受灾,电力、交通、能源、国防、气象等几乎所有关乎国计民生以及社会发展的层面都有所波及,而且正处在春节、春运这样一个特殊的时段里。面对这场突如其来的冰雪灾害,我国政府紧急启动了应急动员机制,动员了各个领域的人力、物力和财力,从 1 月 10 日冰雪灾害发生,到 2 月 13 日全面转入灾后重建,仅仅一个月的时间,就以令世人瞩目的速度赢得了抗击冰雪灾害的伟大胜利。

在四川汶川里氏 8.0 级大地震突然爆发后,中国政府组织的抗震救灾和救援活动迅速展开。以解放军、武警官兵为主的 10 余万救灾大军,成为国外媒体最为关注的对象之一。奥地利的《新闻报》在 5 月 15 日刊登文章称,"世界上没有哪个国家的军队应对灾难的能力像中国军队这样出色"。

"中国政府对大地震的迅速反应是空前的,三天内调运 13 万军警及物资设备到灾区。世界上,目前能做到这一点的只有三个国家,美国、中国和俄罗斯。而能在三天内调派几百个医疗队到灾区的国家恐怕只有一个,那就是中国。我的美国大兵战友们都对解放军官兵一天80公里负重强行军以及4000米高度伞降印象深刻。"

这段文字来自于美国陆军第二装甲骑兵团(美国陆军驻欧洲的一个重火力快速反应部队)华裔士兵陈果的博客,从中可以看出作为美军精锐部队的一员,陈果对解放军官兵在此次抗震救灾中的快速反应及空地联合突进的表现尤为赞叹。

中国军人之所以具备这样的救援能力和奋斗精神,和中国军队在和平时期一直保持着强大的国防动员能力是分不开的。

(三)服务功能

国防动员实行"平战结合、军民结合、寓军于民"的原则,可节约国防开支,有利于国家集中力量发展经济。和平时期,国家的中心任务是提高社会生产力,改善人民生活,国防建设不可能有过多的投入,必须提高国防建设的效益。有限的国防经费,要想获得最大的国防效益,必须健全完善动员体制,建设一支精干的常备军和强大的后备力量相结合的武装力量,做到"平时少养兵,战时多出兵"。这不仅可以经常保持较强的国防整体威力,为国家提供可靠的安全保障,而且可以减轻国家负担,促进经济和社会发展。

国防动员建设可以节约国防开支,从而间接地服务于国家的经济发展。党的十七大报告中提出,国防动员要坚持"军民融合发展"的思想,走出一条具有中国特色的军民融合发展的新路子。军民融合发展,就是把国防动员建设的层次提得更高,范围扩得更大,程度变得更深,更好地服务于经济社会发展。例如,在进行大型基础设施建设时,必须要考虑到军队和国防建设。修建高速公路时,可结合高速公路的建设,修建一些简易的飞机应急跑道,就像沈大高速公路部分路段一样。铺设光缆的时候预留一部分接口为军队服务等,都比军队单独建设要节约很大一笔经费。军费节省了就是间接为经济建设服务。2008年月8月4日,《解放军报》的头版头条报道:千里海防线呈现军民融合发展的新景观。说的是山东烟台市近3年来,修建了5条能满足战时需求的海防公路,20多项码头改扩建工程全部预留军用接口,在民用机场开设军用应急起飞跑道,确保大型武器装备无论在陆上,还是在港口和空中都能方便地运输和装卸。河南省在4条主干高速公路上为部队机动开设了29个特殊"出口",将30多条高速公路上的310个服务区均按国防需求建成集食宿、加油、维修、通信等多功能于一体的保障中心。北京、上海、河北等8省(直辖市)14家药材器材生产和经营企业承担战备药材代储任务,储备品种近400种。

国防动员建设的成果可以直接为经济建设服务。从物质角度来说,在动员建设过程中,建设一批军工生产线,平时可以生产民用产品,为民服务。当前市场上很多民用品牌,有不少都是军转民的成果,如长虹彩电、长安铃木汽车、嘉陵摩托车等,都是军转民的一些成果。一些城市的地下人防工程可以开发利用,搞成地下商场、地下商业一条街,服务经济发展。为准备战争进行一些战略物资的储备,如粮食、石油、猪肉等在不影响战备的前提下,有的完全可以拿出来参与国家的宏观调控。这些都是国防动员平时服务、促进国民经济发展的具体体现。

三、国防动员的基本内容

国防动员的现实针对性很强,动员内容十分丰富。满足战争和应对各种危机的需求以确保国家安全是国防动员内容的核心和基本出发点。

(一)政治动员

政治动员,是指国家或掌握一定力量的政治集团,为了保卫国家利益或集团利益而开展的宣传、教育、组织工作和外交活动。政治动员是战争动员的前提和保证,只有使全体军民通过政治动员,对战争的威胁和危害有充分的认识,激发起对敌人的极大仇恨,才能引起对各项动员工作的重视,保证各项动员措施的落实;只有广泛进行国际宣传,才能争取最大限度的国际支援,孤立敌人,壮大自己。

在信息化条件下,舆论战、心理战、法律战(简称"三战")动员已成为政治动员的主要内容。"三战"动员是指针对敌我双方军人、政府要员及民众的思想和心理,通过舆论造势、心理攻击、法律斗争等行动,与武力战互相配合,消磨和摧毁敌方抵抗意志,鼓舞和提升己方民心和士气,力争以小的代价迅速达成战争目的。伊拉克战争中,美军充分发挥"三战"软杀伤的能力,取得了明显战果。战前,美国大肆渲染巴格达支持"基地"恐怖组织活动和伊拉克大规模杀伤性武器对美国安全的威胁,以争取美国国内民众的支持。同时,布什等高层人物频频展开"电话外交",争取国际认同和支持。战争爆发后,美军向伊拉克军民大肆进行煽动性宣传,最高时日空投传单达 200 万份,传单上写着"现在就回家吧,好好看着自己的孩子学步、成长、发达"、"投降才是你们面前的阳光大道,试图抵抗是徒劳无益的"等信息。这些宣传有效瓦解了伊拉克的军心士气,对于赢得战争胜利发挥了重要作用。

(二)武装力量动员

武装力量动员,是国家为了适应战争需要,扩充和调整军队及其他武装力量组织所进行的活动。战争集中表现为敌对双方武装力量的较量,因此武装力量动员是国防动员的核心内容,它是战时扩充军队的基本手段,对于夺取战略主动和优势,把握战争的进程和结局,具有极为重要的作用。

武装力量动员主要包括现役部队动员、预备役部队动员、后备兵员动员、民兵动员等。在信息化条件下,武装力量动员的重点是信息化军队和信息化后备力量。目前世界军事强国不仅重视信息化军队建设,而且还把信息化后备力量作为总体力量建设中两个不可分割的部分进行合成建设,确保后备力量动员能够满足信息化军队的需要。目前,美军后备力量的地面部队装备具有部分数字化性能的 M1 式坦克、M2 和 M3 式步兵战斗车、UH-60 直升机、AH-64 武装直升机;后备力量防空部队有 F-15、F-16、F-18 等新型战斗机;海军后备队有驱逐舰、护卫舰、扫雷舰和运输舰等。

(三)国民经济动员

国民经济动员,是为了应对战争和突发事件的需要,国家有计划、有组织地将国民经济及其相应的体制,由平时状态转入战时(急时)状态所进行的一系列活动。通常包括工业动员、农业动员、建筑业动员、商业贸易动员、财政金融动员等。

国家的经济动员能力,对战争的进程和结局具有重大影响。自人类社会进入工业时代以来,经济动员能力特别是战时工业动员生产能力的强弱已成为决定战争最后胜负的关键因素。

英国经济学家赫斯特在 1914 年《战争的政治经济学》中说过,现代战争胜利是在铸造车间、工厂和实验室里赢得的。

海湾战争中,仅美国陆军就签订了 4000 多项物资生产合同,动员了 1500 多家承包商,6000 多条生产线,夜以继日地生产了 25 亿美元的产品。

"带甲十万,日费千金",财政金融动员是经济动员中的重中之重。现代战争需要巨额的资金保障,筹措资金是财政金融动员的主要任务。在抗美援朝战争中,为了弥补国家经济不足,当时就开展了轰轰烈烈的捐献运动。在不到一年的时间里,全国人民捐献的钱能买 3710 架米格-15 战斗机。整个捐献的钱相当于一年战争经费的 1/4。著名的豫剧表演艺术家常香玉,带着自己的戏班子巡回义演 170 多场,把挣的钱买了一架飞机,捐献给了志愿军空军,空军把其命名为"常香玉号"。这架飞机现在还陈列在北京航空博物馆里。

20 世纪 60 年代,中苏交恶与美国在中国东南沿海的攻势。出于防敌突袭,提高国家对大规模战争的持续支持能力,以及调整不合理工业布局的考虑,毛泽东提出了集中力量搞内地三线建设。大规模的三线建设,修筑了大量工事、国防工程、铁路干线,初步建成了具有相当规模、门类齐全、生产和科研相结合的三线国防科技工业体系,增强了国防建设的稳定性和国家支持大规模反侵略战争的能力。

(四)人民防空动员

人民防空动员,是指国家为了适应战争的需要,发动和组织人民群众防备敌人空袭,减少空袭损失,消除空袭后果所进行的活动。人民防空动员是国防动员的重要组成部分。

信息化条件下,远程空袭兵器的迅猛发展和广泛运用,使未来战争的突然性更强、破坏性更大,人民防空动员的地位更加突出。美国的 F-22、F-35 飞机可在短时间内,以迅雷不及掩耳之势突然发动空袭。美国最近研制试飞的 X-43A 飞机时速达 8000 千米,是音速的 7 倍。美国的 B-52 飞机由于没有采取隐形措施,雷达反射截面为 100～120 平方米,而具有一定隐形能力的 B-2 飞机雷达反射面只有 0.1～0.3 平方米,是 B-52 的 4% 左右,使雷达反射波降低了 99%。在测试隐形性能时,该机在距搜索雷达 40 千米的地方盘旋了半小时却没被发现。这对于防御一方来说是严峻的挑战,拦截更困难了,防护准备的时间更短了。

(五)交通运输动员

交通运输动员,是国家为了适应战争需要,组织和利用各种交通运输线路、设施和工具,进行人员、物资、装备输送的活动。1990 年,海湾危机阶段,美军为实施"沙漠盾牌"行动,先后征用了 30 多家民航公司的几百架飞机,2000 多艘民用海上运输船只和 80 艘国防后备船只,在短短几天内将 30 多万人运送到海湾地区,并形成了美国本土至海湾地区畅通的供给线。海湾战争中,美国陆军为了把各类作战装备运送到 10 个装载港口,就在本土动用了 7 个州的 2400 节铁路车辆和 4000 辆卡车,从而有效地保障了作战部署的顺利展开。伊拉克战争,美军先后动用了各类大型运输舰船 70 余艘、运输机 1200 余架,在较短时间内向海湾地区投送了 20 多万名作战人员和 300 多万吨物资装备。在这场战争中,美军强有力的交通运输保障,始终贯穿于作战行动的全过程,成为其掌握战略主动、夺取战争胜利的关键环节,充分显示了交通运输的战略地位和重要作用。

动员是一个不断开放的系统,随着社会的发展、战争需求的不断变化,国防动员还会出现一些新的领域和内容(社会心理动员、装备维修动员……)。伴随着动员内容和领域的不断拓展,动员已渗透到社会各个层面,需要全社会的共同参与。

四、国防动员的发展趋势

随着以信息技术为核心的高新技术迅猛发展并广泛应用,战争形态由机械化向信息化转型,世界经济向信息化、全球化转变,这些转变正推动国防动员领域发生新的深刻变化。从当前和今后一个时期来看,国防动员的发展趋势主要表现在四个方面。

(一)由单一应战向应对多种安全威胁拓展

早期,加强国防动员建设的目的主要是单一应战。二战后,特别是近年来,一些国家相继成立了应急机构,在处理紧急事件和重大灾害中,经常启动国防动员机制、动用后备力量,直接参与处置突发事件和实施应急救援,国防动员建设呈现出“应战”与“应急”并重的发展趋势。比如,美国成立有联邦紧急事务管理局,俄罗斯有紧急情况部,日本有防灾省,这些机构的职责涉及反恐、灭火、防疫、减灾、国际援助、防范金融风险甚至公民救援等所有事关国家利益和社会安全的各个领域。在我国,国防动员也逐渐由单一提高应战能力向增强应战应急“双应”能力发展。1998年抗洪抢险,投入民兵500多万人;2003年抗击非典,仅出动民兵应急分队就达69万多人;2008年抗震救灾,震后6小时就有3.7万民兵预备役人员紧急动员集结。事实证明,不管是抢险救灾、处置突发事件,还是维护社会秩序,只要关乎国家利益、人民安危,都离不开国防动员工作。国防动员正被赋予更多新的任务,正由单一应战向应急应战发展转变。

(二)由平战结合向军民融合拓展

战时,需要将动员潜力在较短时间内转化为国防实力。而这个转换时间的长短和实力提升的幅度,不仅取决于经济基础的雄厚程度,也取决于军民融合的程度。为此,各国在国防动员建设中,纷纷由平战结合向军民融合发展。通过军民融合,实现社会资源的最佳配置,以期等量的投入取得最大的效益。比如,英国规定,商船在设计制造时,要预留有改装接口,如直升机平台、用于海军修理和打捞所需的车间和潜水装置,战时稍加改装即可执行海军任务。马岛战争中,英国征用的参战民船平均改装时间为72小时,许多民船48小时就完成了改装,有力地支援了作战。平战结合必将由板块的简单结合,走向互为交叉渗透的军民融合,为快速高效实施平战转化奠定坚实基础。

(三)由数量规模型走向质量效能型

传统意义上的国防动员侧重人员物资的数量、规模。而未来信息化战争,侧重于体系与体系的对抗、智能与智能的比拼,无论是参战还是支前保障,除了进行人力物力动员外,更大程度上需要进行科技动员。科索沃战争中,以美国为首的多国部队用50颗侦察卫星和24部航天器,组成天基情报侦察网络,把对方尽收眼底,形成不对称作战的优势。又比如,伊拉克战争前夕,美军在拉斯维加斯举行“电脑黑客”大会,其实质就是一场信息人才招募会,吸纳全国顶尖高手参加对伊作战。事实说明,知识、智力、技术和管理等高科技动员必将取代人、财、物的常规性投入,跃居国防动员的核心位置;军用高技术民用形式的储备必将取代军队单一的储备方式;动员能量的“精确”型释放必将取代“粗放”型释放,即通过最小的动员规模满足最大的动员需求。

(四)由维护领土安全向维护和平发展利益拓展

和平与发展是当今时代的主题。我国奉行防御性的国防政策,坚持走和平发展道路,把遏制战争、维护和平、共同发展视为己任,提出新世纪新阶段我军"三个提供,一个发挥"的历史使命,即为党巩固执政地位提供重要的力量保证,为维护国家发展的重要战略机遇期提供坚强的安全保障,为维护国家利益提供有力的战略支撑,为维护世界和平与促进共同发展发挥重要作用。这既是确保国家安全发展的需要,也是促进世界和平的必然要求。2008 年 12 月 26 日,我国海军远赴亚丁湾、索马里海域执行护航任务,既维护了本国利益,又履行了维护世界和平的责任。国防动员是为军队履行使命服务的,军队历史使命的拓展,必然引发国防动员职能任务的拓展,客观上要求国防动员工作从维护领土安全向维护和平发展利益转变。

孙子曰:"故用兵之法,无恃其不来,恃吾有以待也;无恃其不攻,恃吾有所不可攻也。"他指出,用兵法则是不要寄望于敌军不会来侵犯,而应依靠自己有充分的准备,严阵以待;不要寄望于敌军不会来进攻,而要依靠自己坚固的防守,攻不可破。

一句话,国防动员不是一个人的事情,大家要时刻准备着。

第四章　大学生征兵

　　大学生是国家的宝贵人才资源,征集大学生参军入伍,既是建设巩固国防和强大军队的迫切需要,也是服务经济社会发展和维护国家长治久安的客观要求,是一项利国利军利民的大事好事。大学生走入军营,能够改善部队士兵队伍的素质结构,为军队信息化建设注入生机和活力;大学生士兵退役后,经过军队这个"大学校"、"大熔炉"的培养教育,能吃苦、有特长、守纪律,必将在地方各行各业中发挥重要作用。

一、征集在校大学生入伍的必要性

　　(一)征集在校大学生入伍是贯彻兵役法规的具体体现

　　《中华人民共和国宪法》规定:"保卫祖国,抵抗侵略,是中华人民共和国公民的神圣责,依照法律服兵役和参加民兵组织是中华人民共和国公民的光荣义务。"

　　我国《中华人民共和国兵役法》第三条规定:"中华人民共和国公民,不分民族、种族、职业、家庭出身、宗教信仰和教育程度,都有义务依照本法的规定服兵役。"

　　作为大学生,也有履行兵役义务的责任。过去由于我国兵源较为丰富,大量的高中毕业生或同等学力的应征青年已满足当时形势下征兵工作的需要,因此,长期以来,我国大学生除少量直接征招为军官或文职干部外,绝大多数都没有履行兵役义务。随着我国教育事业的发展,高校招生规模不断扩大,高校招生数量逐年增加,特别是一些民办大学也列入国家招生计划,这样能够进入大学学习的适龄青年越来越多,未被录取的高中毕业生中可以征集的对象相对减少。

　　依照国际划分,当大学入学率达到15％后,便由精英教育化为大众化教育,超过50％便成为普及化教育。中国1998年大学入学率是9.8％,那时仍然属于精英教育阶段,到了2002年便突破了15％,从此大学教育进入大众化教育阶段,此后提高很快,2007年时达到23％,2013年达到34.5％。大量的大学生产生出来,必然要进入各行各业,包括军队,这有其客观必然性。

　　(二)征集在校大学生入伍是我军现代化建设的现实需要

　　冷兵器时期的战争,作战主要靠人的体能,即使没有文化的人,经过短期训练也能够打仗;热兵器时期的战争,靠的是人的技能,只要有一定的文化知识,经过严格的训练,就可以驾驭现代武器;而高技术战争靠的是人的智能,必须要有较高的科学文化知识才能驾驭高技术武器装备。

　　人和武器是战斗力构成的两个基本因素。那么,对一场战争来说,它的胜负是由人决定的,还是由武器决定的呢? 对这个问题,从军事史来看,每当一种重要的新式武器出现时,人们总会对这一问题进行争论。18世纪,新式步枪出现并在战场上发挥主要作用时,经过一番争论后,恩格斯作出了结论,他说赢得战争胜利的是人而不是枪。在这之后,又陆续出现了坦克制胜论、空军制胜论、海军制胜论、核武器制胜论等说法,对此,毛泽东作出了科学的回答,认为决定战争胜负的不是一两件新式武器,人仍然是战争胜负的决定因素。当高技术战争到来时,特别是高技术武器在战争中大出风头时,许多人对这个根本问题再一次产生了疑问。那么在高技术战争中,决定战争胜负的究竟是人,还是高技术武器呢?我们不妨仍以海湾战争为例再作一分析。

在海湾战争中,伊拉克的武器装备虽然与美国为首的多国部队相比,有一定差距,但客观地说,伊拉克同样也拥有许多世界一流的先进装备,拿飞机来说,他拥有米格-29、幻影-F1等世界一流的作战飞机。再比如防空导弹,他有各种苏制防空导弹、法国的罗兰导弹以及美国的霍克式防空导弹,只不过由于他的人员素质不高,许多新式武器没有能在战场上发挥出应有的作用。伊拉克还从科威特手中缴获了一批"隼"式防空导弹,这是一种性能比较先进的武器,对美军的空中行动构成一定的威胁,令美军十分担忧。但随后他们就觉得这种担心是多余的了,这是为什么呢?因为他们通过情报获悉,伊拉克官兵素质低,在短时间内根本无法掌握这种导弹的技术性能。那么伊拉克官兵素质低到什么程度呢?据资料统计表明,他们有一半以上是文盲或半文盲。与伊拉克官兵素质低而形成鲜明对比的是,1991年的海湾战争,负责战场指挥的7名美国高级指挥官中,有6人具有硕士以上学位,成功地实施了战略协同和作战指挥,被称为"硕士导演的战争"。参战的美军军官98%以上是大学本科毕业生,士兵98%以上是高中毕业生。这些高素质的官兵使装备的各种高技术武器的性能得到了淋漓尽致的发挥。海湾战争后,美国国防部在给国会的最后报告中,直言不讳地指出:"尽管武器装备在战后成为人们赞扬和谈论的重点,但归根到底,获得这场战争胜利的还是美国的男女军人。"美军认为,"高素质的军事人才是美国军事力量中最重要的决定性因素"。目前,美国军官全部为大学本科以上学历,其中硕士、博士占38.4%。俄罗斯军官98%以上受过高等教育,日本军官全部具有大学以上文化程度,印度也要求营以上军官必须获得硕士学位。所以,在高技术战争中,决定战争胜负的依然是人,而不是几件高技术兵器。在高技术条件下战争对人的素质要求,已经从侧重于体力和精神素质,转到了侧重于知识、智力、能力和心理等综合素质。高技术兵器需要高智能的人去掌握。高技术战争的胜利,需要高智能群体去赢得。

新时期我军的战略方针是打赢现代高技术条件下的局部战争,为此要实现两个转变,即从密集型向科技型的转变,数量规模型向质量效能型的转变,核心是向科技要战斗力。那么要实现两个转变,确保打得赢,关键在于人才,人才从哪里来?单靠军队院校培养人才已不能满足层次和数量上的需要,所以,从地方大学里征集在校大学生入伍对推进国防现代化建设大有好处。同样一个大学生士兵和一个高中生士兵到军队院校去接受培训,大学生士兵一定比高中生士兵知识面宽,从而掌握军事知识和技能的速度要快、深度要深。培养出来的干部知识结构就会高,在部队发挥的作用就会更大。目前,我军官兵的文化结构大体为1/3是大专或大专以上学历,高中或相当于高中文化的占近2/3,还有一部分是初中文化。这和国外许多国家的军队官兵的文化结构2/3是大专或大专以上学历、1/3为高中文化相比还有很大的差距。

(三)征集在校大学生入伍是高校国防教育的新使命

1. 加强大学生国家安全意识的重要途径

我国宪法规定,维护国家安全和保守国家秘密,是每个公民应尽的义务。当代大学生是未来国家建设和社会发展的主体力量,肩负着迎接全球化、推动中国走向强国的历史使命。他们能否正确认识自己的使命,积极投身于社会主义伟大事业,将直接影响社会主义奋斗目标的实现时间和实现程度。可以说,大学生的素质与能力如何将直接决定中国能否在21世纪开创社会主义事业新局面,其国家安全意识如何则直接决定中华民族的兴衰存亡。国家教育部对高校学生思想政治状况的调查显示,当前大学生的思想政治状况主流积极健康,但也有迹象表明,大学生的国家安全意识还很薄弱,这主要表现在以下几个方面:一是政治意识薄弱,警惕性低;二是价值取向多元,原则性衰减;三是自我意识膨胀,缺乏奉献精神;四是保密意识淡薄,危害行为时有发生。

当代大学生的国家安全意识现状显然不能适应时代要求,无法应对全球化对国家安全的挑战,难以符合时代发展的需要,因此,通过征兵活动,对大学生进行新国家安全观的培养是形势所迫,是加强国防教育的一个新的途径。

2. 促进军队后备力量建设的有效手段

美国国会在海湾战争后,通过了常备军裁减的提案,同时多次否决了后备役部队裁减的提案,还提出了增大后备役部队在"总体部队"中比重的要求。目前,美军陆军总体力量中,有的战斗部队和后勤支援部队是由后备役部队组成的。后备役部队承担了很多原来仅由现役部队承担的任务,有些甚至专门由后备役部队来担任。比如,美陆军战斗力与保障能力的一半以上目前是由后备役提供的,海军则准备将更多的驱逐舰、护卫舰移交给后备队,空军后备役部队除继续担任本土防空、空中侦察与巡逻外,还将担负战术空运、战略空运和空中加油等任务,后备役部队的作战飞行联队占空军同类联队的1/3。

"控制数量,提高质量,抓好重点,打好基础",这是我国新时期国防后备力量的指导方针,根据军委的指示,我们要建设一支强大的后备力量。退役的大学生和未服现役的大学生,他们都是我国强大的后备役人员,他们将根据祖国的需要,随时接受祖国的挑选。2014年我国已有高等学校2542所,在校学生2547.7万人,把他们的国防教育抓好了,做到寓兵于民,寓兵于校,我国的国防后备力量将会更加强大。一旦战争爆发,将会源源不断地满足兵员动员的需要,保证战争的胜利。因此,做好在校大学生的征兵工作是做好高校国防教育的一部分,是为我军准备充足的高质量的后备役人员。

(四)征集在校大学生入伍是实现大学生个人成长进步的需要

部队是所大学校,军营是个大熔炉。接受部队的教育和锻炼,普通的青年学生将成为国家的栋梁之才,通过学习军事著作,接受革命教育,理论水平和工作能力将有质的飞跃,在部队培养的顽强作风和坚韧不拔的毅力将使自己终身受益。一个心理承受力和快速适应力都十分突出的大学生士兵,心理素质较好、社会实践锻炼较多,他的潜能得以最大限度地发挥出来,部队严明的纪律、团队的意识、吃苦耐劳的精神都可以全方位地锻炼和提高自己。部队是一个人才成长环境和文化氛围很好的大学校,在部队成长起来的新型军事人才是指技合一、多岗位经历、素质复合的人才。部队是大熔炉,部队退役的军队干部是地方人才的重要来源之一。人的追求一方面是物质,另一方面是精神。征集在校大学生入伍后瞄准自己今后人生的目标,在部队能够培养锐意创新、与时俱进、勤奋学习、勇创一流的闯劲和精神状态,能够培养脚踏实地、立足本职、勤奋好学、尽职尽责的工作态度,即使今后在部队或到地方工作都会受益匪浅。参军不仅是一种锻炼,也是一种接受人生观、世界观教育的好机会。大学生投笔从戎,献身国防,一腔热血,满怀抱负入伍当兵,是大学生提前进行的社会实践,通过体验部队生活,丰富人生经历,同时磨炼意志,培养吃苦耐劳的品质,养成雷厉风行、严谨细致的工作作风。这对大学生今后成熟地走向社会,客观地面对现实生活中遇到的困难,必将起到十分积极的作用。

二、高校大学生征兵入伍相关信息政策

(一)应征入伍需要满足的基本身体条件

1.征兵体检标准

2014 年试行的征兵体检标准和办法,在身高、体重和视力标准等方面都有所调整。调整后的征兵体检标准为:男性身高 160 厘米以上,女性身高 158 厘米以上。男性体重不超过标准体重的 30%、不低于标准体重的 15%,女性不超过也不低于标准体重的 15%。应征男女青年的右眼裸眼视力不能低于 4.6,左眼裸眼视力不能低于 4.5。针对近年来不少青少年采取准分子激光手术矫正视力的情况,新的征兵体检标准和办法特别要求,采取准分子激光手术矫正视力的应征青年,手术时间距应征时间应在半年以上,且无并发症、裸眼视力达到 4.8、眼底正常。

2.年龄

男性普通高等学校在校生为征兵当年年满 18～22 周岁,高职(专科)毕业生可放宽到 23 周岁,本科及以上学历毕业生可放宽到 24 周岁。

女性普通高等学校在校生为征兵当年年满 18～20 周岁,应届毕业生放宽到 22 周岁。

3.文身标准再次放宽

2014 年征兵标准对文身的要求再次放宽。要求面、颈部文身直径不超过 2 厘米,着军队制式体能训练服时其他裸露部位的文身直径不超过 3 厘米,其他部位文身直径不超过 10 厘米,同时文身必须为非淫秽暴力和非法组织标志等。

以前,女兵不允许文眉、文眼线、文唇。2014 年,女青年文唇、文眉、文眼线、扎耳眼不影响军容的,合格;男青年文唇、文眉、文眼线的,不合格;男青年扎耳眼无明显疤痕、无可视性穿孔,不影响军容的,合格。同时,面颈部直径不超过 1 厘米的良性肿瘤、囊肿,其他部位直径不超过 3 厘米的良性肿瘤、囊肿,不影响功能和训练的,合格;面颈部瘢痕直径不超过 3 厘米,且不影响功能的,合格。此外,2014 年文身不再作为体检项目,而是改为政治考核项目。

4.明确不合格精神疾病范畴

2014 年的征兵体检标准首次对精神类疾病进行明确规定。精神分裂症、转换性障碍、分离性障碍、抑郁症、躁狂症,以及其他精神类疾病,明确属于不合格范畴。

现在的兵员在部队的抗压能力比较弱,一进军营就表现出对严格的纪律和高强度的训练不能承受,近几年因精神压力退兵的比例逐年增加。因此,对适龄青年应征的心理素质要求也更严格。征兵的时候会通过心理测试、家访和家族病史调查来排查。

5.特殊兵种身体条件的要求

2014 年新征兵体检标准未列出对一些特殊兵种的身体素质要求。但据 2003 及 2008

年的征兵体检标准梳理,特殊兵种对兵员身体素质的要求基本未变。

身高方面,在 2008 年标准中,要求坦克乘员 162～178 厘米,潜水员 168～185 厘米,潜艇及水面舰艇人员 162～182 厘米,空降兵 168 厘米以上,空军航空兵第 34 师专机服务队女服务员 165～172 厘米,特种部队条件兵(含海军陆战队队员)、驻香港及澳门部队条件兵 170 厘米以上,北京卫戍区仪仗队队员 180 厘米以上。中央警卫团、公安警卫部队条件兵 170 厘米以上,个别体格条件优秀的应征青年,身高可放宽到 165 厘米。对比 2003 年标准,仅增添了部分新兵种内容,放宽了个别体格特别优秀青年的身高要求,其余要求几乎无差异。

在视力方面,2008 年标准对坦克乘员、潜艇及水面舰艇人员的视力要求是裸眼不低于 4.8,而 2003 年标准中上述兵种则都是 5.0。另一个不同是,2008 年标准中激光手术治疗等矫正视力的兵员不能入选潜水员、潜艇人员、空间兵、特种部队(含海军陆战队)队员。

(二)公民应征入伍政治条件

征集服现役的公民必须热爱中国共产党,热爱社会主义祖国,热爱人民军队,遵纪守法,品德优良,决心为抵抗侵略、保卫祖国、保卫人民的和平劳动而英勇奋斗。征兵政治审查的内容包括:应征公民的年龄、户籍、职业、政治面貌、宗教信仰、文化程度、现实表现,以及家庭主要成员和主要社会关系成员的政治情况等。

(三)高校毕业生应征入伍服义务兵役程序

(1)网上报名预征:有应征意向的高校毕业生可在夏秋季征兵开始之前登录"全国征兵网上报名平台"(网址为 http://www.gfbzb.gov.cn/)进行报名,填写、打印《应届毕业生预征对象登记表》(简称《登记表》)和《高校毕业生应征入伍学费补偿国家助学贷款代偿申请表》(简称《申请表》),交所在高校征兵工作管理部门。

(2)初审、初检:毕业生离校前,在高校参加身体初检、政治初审,符合条件者确定为预征对象,高校协助兵役机关将《登记表》和《申请表》审核盖章发给毕业生本人,并完成网上信息确认。初审、初检工作最晚在 7 月 15 日前完成。

(3)实地应征:高校应届毕业生可在学校所在地应征入伍,也可在入学前户籍所在地应征入伍。

组织高校应届毕业生在学校所在地征集的,结合初审、初检工作同步进行体格检查和政治审查,在毕业生离校前完成预定兵,9 月初学校所在地县(市、区)人民政府征兵办公室为其办理批准入伍手续。政治审查以本人现实表现为主,由其就读学校所在地的县(市、区)公安部门负责,学校分管部门具体承办,原则上不再对其入学前和就读返乡期间的现实表现情况进行调查。

在入学前户籍所在地应征入伍的,高校应届毕业生 7 月 30 日前将户籍迁回入学前户籍地,持《登记表》和《申请表》到当地县级兵役机关参加实地应征,经体格检查、政治审查合格的,9 月初由当地县(市、区)人民政府征兵办公室办理批准入伍手续。

(四)高校在校生应征入伍服义务兵役程序

(1)网上报名预征:有应征意向的高校在校生可在夏秋季征兵开始之前登录"全国征兵网上报名平台"(网址为 http://www.gfbzb.gov.cn/)进行报名,填写、打印《应征男青年网上报名登记表》《高校在校生应征入伍学费补偿国家助学贷款代偿申请表》,交所在高校征兵工作管理部门。

（2）初审、初检：在校生放假离校前，在高校参加身体初检、政治初审，符合条件的确定为预征对象；高校协助兵役机关将《应征男青年网上报名登记表》和《高校在校生应征入伍学费补偿国家助学贷款代偿申请表》审核盖章后发给学生本人，并完成网上信息确认。初审、初检工作最晚在 7 月 15 日前完成。

（3）实地应征：高校在校生户籍迁到学校所在地的在学校所在地应征入伍，户籍未迁到学校所在地的在入学前户籍所在地应征入伍。

组织高校在校生在学校所在地征集的，结合初审、初检工作同步进行体格检查和政治审查，在放假离校前完成预定兵，9 月初学校所在地县（市、区）人民政府征兵办公室为其办理批准入伍手续。

在入学前户籍所在地应征入伍的，高校在校生持《应征男青年网上报名登记表》和《高校在校生应征入伍学费补偿国家助学贷款代偿申请表》7 月 30 日前到当地县级兵役机关参加实地应征，经体格检查、政治审查合格的，9 月初由当地县（市、区）人民政府征兵办公室办理批准入伍手续，学校为其办理保留学籍手续。

（五）高校毕业生应征入伍服义务兵役享受的优惠政策

高校毕业生应征入伍服义务兵役，除享有优先报名应征、优先体检政审、优先审批定兵、优先安排使用"四个优先"政策，家庭按规定享受军属待遇外，还享受优先选拔使用、学费补偿和国家助学贷款代偿、退役后考学升学优惠、就业服务等政策。

（1）优先报名应征。报名由县级兵役机关直接办理。夏秋季征兵开始前，县级兵役机关通知其报名时间、地点、注意事项等。确定为预征对象的高校毕业生，持《登记表》，可以直接到学校所在地或户籍所在地县级兵役机关报名应征。

（2）优先体检政审。体检由县级兵役机关直接办理。夏秋季征兵体检前，县级兵役机关通知其体检时间、地点、注意事项等。确定为预征对象的高校毕业生，未能在规定时间内在学校参加体检的，本人持《登记表》，可在征兵体检时间内报名直接参加体检。

（3）优先审批定兵。审批定兵时，应当优先批准体检政审合格的高校毕业生入伍。高职（专科）以上文化程度的合格青年未被批准入伍前，不得批准高中文化程度的青年入伍。

（4）优先安排使用。在安排兵员去向时，根据高校毕业生的学历、专业和个人特长，优先安排到军兵种或专业技术要求高的部队服役；部队对征集入伍的高校毕业生，优先安排到适合的岗位，充分发挥其专长。

（六）高校在校生入伍的优惠政策

高校在校生入伍享受学费补偿和国家助学贷款代偿政策、保留学籍退役后准其复学并享受相应的学费资助政策。其他有关优待安置，入伍后参加军校考试、选取士官，退役后复学，复学后享受奖学金、助学金等，参加专升本、研究生考试，调整专业，参加国防生选拔，参加国家组织的农村基层服务项目人选选拔，以及毕业后参加军官人选选拔等，按照国家和军队出台的文件及各地、各高校制定的实施办法和细则执行。

1. 优先征集

大学生［普通高等学校（含高职、高专）毕业生和在校生］有参军志愿的，可以优先报名应征、优先体检政审、优先审批定兵、优先安排使用。

2.国家补偿学费、代偿助学贷款、学费代偿

服义务兵役的高校全日制普通本专科(含高职)、研究生、第二学士学位的应(往)届毕业生、在校生和入学新生,以及成人高校招收的普通本专科(高职)应(往)届毕业生、在校生和入学新生(简称高校学生),享受国家学费补偿、助学贷款代偿或学费减免优惠政策,补偿、代偿、减免标准,本专科生每人每年不超过6000元,硕士研究生每人每年不超过8000元,博士研究生每人每年不超过10 000元。

3.地方政府增发义务兵家庭优待金

全日制本科、高职高专毕业生应征服义务兵役的增发优待金,其中本科生增发100%,高职高专生增发50%。

另外,从2014年起,大学毕业生、在校生和新生统一享受义务兵优待金增发政策(本科生增发100%,专科生增发50%);省、市两级财政按照6∶4的比例对大学生义务兵家庭优待金增发部分予以补助,优待金基础部分由入伍地县级财政发放。

4.部队优先考学转干

(1)在校大学生士兵报考军校,年龄放宽1岁。

(2)大专毕业生可以参加全军本科层次招生考试考取军校,经过2年学习毕业后获得本科学历并提干。

(3)大学毕业生士兵,在规定的指标限额内及同等条件下可优先保送上军校,并可在年龄上放宽1岁。

(4)具有全日制大专以上学历的士兵可优先选取士官;符合提干条件未能提干的大学生义务兵,可以直接选取士官。

(5)大学本科毕业生士兵,表现优秀,并符合其他有关规定的可直接选拔为军官。

(七)实行学费补偿、国家助学贷款代偿和学费减免的年限

学费补偿、国家助学贷款代偿和学费减免的年限,按照国家对本科、专科(高职)的相应学制年限据实计算。以入伍时间为准,入伍前应达到的学制规定年限,即为学费补偿或国家助学贷款代偿的年限;退役复学后应完成的学制规定年限,即为学费减免的年限。本专科生每人每年最高不超过6000元。

专升本补偿学费或代偿国家助学贷款的年限,分别按照完成本科阶段学习任务的学习时间计算。

专升本在校生,以本科已学习时间或硕士已学习时间计算,实行学费补偿或国家助学贷款代偿,其以前专科学习时间不计入学费补偿或国家助学贷款代偿。

退役复学后学费减免的期限,为国家规定的相应学制剩余期限。复学后攻读更高层次学历不在减免学费范围之内。

(八)算算高校大学生入伍经济账

按照相关政策,高校大学生服义务兵役期间发放津贴,选晋士官后发放工资。义务兵津贴第一年每月为500元、第二年每月为600元。

服义务兵役期间,其家庭由当地人民政府发放优待金。具体标准为:农村义务兵按照每户每年不低于当地上年度农村居民人均纯收入计发;城镇义务兵按照每户每年不低于当地年最低工资标准计发;到西藏和新疆艰苦地区服役的义务兵,其家庭优待金按照不低于当地同类户口性质义务兵家庭优待金标准的150%计发。

义务兵和服役不满12年的士官退出现役,国家按照每人每年4500元的标准发放退役金。

义务兵退出现役后当地人民政府发给一次性经济补助。具体标准为:自主就业退役义务兵一次性经济补助金与部队发放的退役金之和,应不低于上年度当地城镇居民人均可支配收入的1.2倍;自主就业退役士官一次性经济补助在2年义务兵发放标准的基础上,从服现役第3年(含)起每多服役1年按义务兵1年发放标准的20%增发。

高校毕业生义务兵享受学费补偿和国家助学贷款代偿政策。具体标准为:每学年补偿学费或代偿国家助学贷款本息的金额最高不超过6000元。毕业生在校期间每学年实际缴纳的学费或获得的国家助学贷款本息高于6000元的,按照每年6000元的金额实行补偿或代偿。高校毕业生在校学习期间每学年实际缴纳的学费或获得的国家助学贷款本息低于6000元的,按照累加的全部学费和国家助学贷款本息两者就高的原则,实行补偿或代偿。

高校在校生义务兵享受学费补偿和国家助学贷款代偿政策。国家对每名高校在校生在校期间实际缴纳的学费或获得的国家助学贷款按每人每年不超过6000元的标准补偿或代偿;对应征入伍的高校在校生退役复学后进行学费资助,每学年学费标准高于6000元的,按照6000元的金额进行资助,学费标准低于6000元的,按照实际学费收费金额进行资助。以2013年四年制本科为例(按河北省平均水平,城镇居民年人均可支配收入为22 580元,农村居民年人均纯收入为9102元,城镇年最低工资标准为14 310元):一个农村应届大学毕业生在部队服役2年,经济上可以拿到86 320.4元;一个城镇应届大学毕业生在部队服役2年,经济上可以拿到97 778元。一个农村大学在校生在部队服役2年,经济上可以拿到68 224.4元;一个城镇大学在校生在部队服役2年,经济上可以拿到79 682元。(以上是按河北省平均水平计算,因各县(市、区)城镇居民人均可支配收入、城镇年最低工资标准、农村居民人均纯收入不同,具体标准以各县(市、区)公布数据为准。)

三、直招士官政策规定简介

(一)直招士官的含义

直接从非军事部门招收士官(简称直招士官),是指根据《中华人民共和国兵役法》、《征兵工作条例》以及有关规定,直接招收普通高等学校毕业生入伍,作为志愿兵役制士兵到部队服现役。

(二)直招士官的条件要求

2014年直招士官的对象为普通高等学校应届毕业生,所学专业符合部队需要,未婚,男性年龄不超过24周岁(截止到当年7月31日),政治和体格条件按照征集义务兵有关规定执行。招收的普通高等学校应届毕业生,所在高校和所学专业已开展职业技能鉴定的,应当取得国家颁发的中级以上职业资格证书。

(三)报名应征直招士官的方式

直招士官采取网上报名方式,普通高等学校男性应届毕业生可登录"全国征兵网"查询招收专业,符合专业条件的在进行大学生网上预征报名的同时申请参加直招士官报名。高校所在地县级以上征兵办公室结合开展大学生预征,组织对直招士官报名对象进行初审、初检和后续招收工作。报名人员因招收员额限制未被录取的,仍然可以参加义务兵征集。

(四)直招士官入伍的程序

直招士官按照报名登记、体格检查、政治审查、专业审定、批准入伍、签订协议、交接运输的程序办理。

县级以上征兵办公室负责组织对报名人员进行体格检查和政治审查,合格者由县级以上征兵办公室会同学校或者有关部门进行专业审定。对体格检查、政治审查、专业审定合格者,经全面衡量,择优批准服现役,并签订《招收士官协议书》。

(五)直招士官的入伍手续

县级以上征兵办公室负责办理本行政区域内直招士官入伍工作,招收部队和教育、公安、卫生等部门按照职能分工,做好招收士官入伍的相关工作。

(六)直招士官入伍后分配专业岗位情况

招收士官入伍后进行新兵训练和岗前专业培训,岗前专业培训主要进行与其所从事专业技能相关的适应性培训,培训结束后,按照专业对口、招用一致的原则,分配到相应的专业技术士官岗位。

(七)直招士官入伍后首次授衔级别的确定情况

直招士官入伍后,由所在部队按照审批权限下达士官任职命令,并授予相应军衔。招收的普通高等学校毕业生,其高中(中职)毕业后在国家规定学制内在校就读的年数视同服现役时间。其中,普通本科毕业生入伍后授予下士军衔,服役满 1 年后授予中士军衔;高职(专科)毕业生入伍后授予下士军衔,服役满 2 年后授予中士军衔。

(八)直招士官服现役时间的要求

直招士官应当至少服现役至首次授衔后高一个军衔的最高服役年限,特殊情况经本人申请和军级以上单位批准,可以安排提前退出现役。

(九)直招士官服现役期间提拔为干部的规定

直招士官在部队服役期间表现优秀、符合总部有关规定的可以按计划选拔为基层干部。

(十)直招士官入伍后发放工资和被装情况

直招士官入伍后由部队按照新选取士官供应办法和标准统一发放被装,在新兵训练和岗前培训期间,按义务兵新兵标准发放津贴;从下达士官命令的当月起,按照相应的士官工资标准发放工资。

(十一)直招士官入伍后享受学费补偿代偿政策的情况

直招士官入伍后,作为志愿兵役制士兵在部队服现役,按照相应的士官工资标准发放工资,不享受《应征入伍服义务兵役高等学校毕业生学费补偿国家助学贷款代偿暂行办法》明确的学费补偿代偿政策。

(十二)直招士官退役后安置情况

直招士官符合退休、转业或者复员条件的,按照国家有关规定分别作退休、转业或者复员安置;符合退休或者转业条件,本人要求复员经批准也可以作复员安置。符合转业条件以转业方式退出现役的、符合退休或者转业条件以复员方式退出现役的,由入伍时常住户口所在地县(市、区)或者上一级政府接收、安置,也可以由其父母、配偶或者配偶父母常住户口所在地县(市、区)政府接收、安置;其他以复员方式退出现役以及因故不能以退休、转业或者复员方式退出现役的,由入伍时或者父母常住户口所在地县(市、区)政府接收。

(十三)直招士官入伍后其家庭享受军属待遇情况

被批准服现役的招收对象,由县(市、区)征兵办公室发给《应征公民入伍通知书》,其家庭凭《应征公民入伍通知书》在当地享受军属待遇。

第五章 《孙子兵法》的军事思想

兵法是我国传统文化的重要组成部分,是我们今天建设先进文化需要批判地继承的宝贵遗产。《孙子兵法》号称"武经冠冕",公元前 512 年在吴国问世,是世界上公认的最古老的军事理论著作。人们崇拜他、重视它、研究他。那么孙武到底是何许人也?

一、孙武的生平

孙子,名武,春秋末期齐国乐安人。生卒年代不详,大约与儒学创始人孔子属于同时代而略晚。孙子是齐国贵族和名将的后裔。他的祖先原是陈国的公子——陈完。公元前 672 年,陈国发生内乱,陈完便逃奔至齐国避难,改称为田完。田完的第五世孙田书(即孙子的祖父)曾经是齐国大夫,在攻打莒国的战争中立下了战功,齐景公便把乐安封给了田书,同时还赐"孙"为姓,以表示对田书的嘉奖。公元前 532 年,齐国发生内乱,孙子便离开齐国,到了南方的吴国,在吴国的都城姑苏(今江苏省苏州市)过起了隐居生活,潜心研究兵法。

经吴王阖闾的重臣伍子胥的推荐,获吴王阖闾召见,将事先写好的兵法献给吴王,受到赏识,被任命为将军。孙武分析了敌我双方力量的对比,提出了强军胜敌的具体建议。兵员数量至少要扩充到 10 万,实行"军旅卒伍"四级编制,加强军事训练,迅速提高兵众士卒的军事素质,以适应水战、步战和车战的要求,能在各种作战形式、复杂的地形、复杂的气候条件下做到"齐勇若一"、"以一当十"地战胜敌人。他还建议吴王治理兵库、充实仓廪,努力发展农业和手工业,包括兵器制造业,不仅要努力提高兵器装备的先进水平,而且在装备种类规格等方面要适应打大仗、打硬仗的需要。

从公元前 512 年孙武受命拜将以后,一直从事着"西破强楚"的战略准备,并一步步实施。先是稳定吴国内部,诛杀了吴王僚的亲信盖余、烛庸;翦除了徐、钟吾等羽翼国家;而后三分吴军轮番攻击吴楚边境,扰楚疲楚,夺城掠地,占领了许多楚国东部领土,不断提高吴国的综合国力,为西破强楚扫清障碍。

公元前 508 年,孙武运用"伐交"战术,策划桐国背叛楚国,联合唐、蔡,为迂回破楚、五战入郢铺平道路。

公元前 506 年,吴王阖闾拜孙武为大将,伍员、伯嚭辅之,亲自率领 3 万精兵,从吴都阊门出发,穿太湖,过长江,溯淮水西行,进抵淮汭(今河南潢川西北)舍舟登岸,经过蔡、唐两国,穿越楚国北部的三个险峻关隘,直达汉水东岸,逼近楚国都郢城。楚昭王发现吴军突然从天而降,仓皇迎战,经过在大、小别山,柏举,清发水,雍澨和郢都郊外等地连续作战,吴军五战五胜,打败了 20 万楚军,仅仅 10 天的时间就攻占了郢都,楚昭王被迫逃亡到云梦泽中去了。阖闾、孙武指挥吴军西破强楚的胜利,是中国乃至世界战争史上以少胜多的光辉篇章,是《孙子兵法》军事理论成功应用于实践的光辉典范。

吴楚柏举决战的辉煌胜利,实现了阖闾多年来"西破强楚"的战略目标,在争霸诸侯的道路上,又迈上了新的台阶。同时,也向诸侯列国显示了新兴吴国的军事实力。各国都知道:吴王阖闾是个精明强干的君主,用了孙武、伍子胥的谋略,仅仅派出 3 万吴军,就一举打败强大楚国的 20 万军队,占领了楚国都郢城达 1 年之久。大家都敬佩孙武将军用兵如神的谋略奇策,由此他的《孙子兵法》和战略思想显名诸侯,吴国也逐渐成为威及齐晋的诸侯强国了。

公元前 482 年吴王约晋国等诸侯国在黄池会盟,吴国取代晋国成为盟主,吴王从此名显诸侯。这就是《史记》卷六十五《孙子吴起列传》所记述的孙子助吴王"西破强楚,入郢,北威齐晋"的事迹。后来,吴王夫差当政,国事紊乱,孙武隐退山林,史书中再也见不到对他的事迹的记载。

二、《孙子兵法》及其主要思想

《孙子兵法》现存 13 篇,6000 余字,共分三个部分:第一部分由《计》、《作战》、《谋攻》、《形》、《势》、《虚实》组成,侧重论述军事学的基础理论和战略问题。第二部分由《军争》、《九变》、《行军》、《地形》、《九地》组成,主要探讨战术问题。第三部分由《火攻》、《用间》组成,论述了战争中的两个特殊问题。

(一)重战、慎战、备战思想

1. 重战思想

重战,顾名思义,就是重视战争,重视对战争的研究和准备。《孙子兵法》第一篇第一句就是:"兵者,国之大事也。死生之地,存亡之道,不可不察也。"(战争是国家的大事,它关系到军民的死生、国家的存亡,是不可不认真研究的。)长平之战,秦胜赵,秦国俘虏了赵国 40 万大军,将其分成 10 个营,每营 4 万,互相封闭,然后分批活埋在一个狭谷里(现山西高平西北的王板村,后叫杀谷)。从此,赵国一蹶不振直至灭亡。世界四大文明古国之一的巴比伦兵败波斯,国家被胜利者烧杀成一片废墟,并从此在地图上消失。这些教训是对战争问题"不察"(研究不够)之过。战争不是某个人的事,也不是某个集团的事,而是其所代表的民族、国家的总体利益,成败所造成的影响足以使国家灭亡、种族灭绝。

2. 慎战思想

慎战,即慎重对待战争,不轻易言战。孙子一生研究战争,却不是好战主义者。他对战争的态度是慎之又慎。《孙子兵法·火攻》篇中这样写道:"主不可怒而兴师,将不可愠而致战,合于利而动,不合于利而止。怒可以复喜,愠可以复悦,亡国不可以复存,死者不可以复生。故明君慎之,良将警之,此安国全军之道也。"因此,对待战争问题,明智的国君、贤良的将帅一定要慎重和警惕。由此出发,孙子又提出了"非利不动,非得不用,非危不战"的观点。任何时候,国家利益是第一位的,不是对国家有利的,没有取胜的把握,未处在危急关头,不能轻易发动战争。

"彝陵之战"就是蜀国君主刘备为其弟关羽之死"怒而兴师"伐吴,结果被火烧连营 700 里,在回成都的路上,愤而死于白帝城。

战争是关系到国家存亡的大事,孙子多次强调,必须"慎战",反对没有政治目标和战略价值,就轻启战端的做法,认为战争的出发点必须是"安国全军"(《孙子兵法·火攻》)。进行战争必须是合必要性和利益性的统一,做到"非利不动,非得不用,非危不战"和"合于利而动,不合于利而止"(《孙子兵法·火攻》)。如果不得已进行战争,孙子主张从事战争必须注重"掠乡分众,廓地分利"(《孙子兵法·军争》),即夺取敌国的人力、物力资源为己所用。

美国发动伊拉克战争的目的是实现美国谋取中东地区事务主导权的企图,即通过"先发制人"战略消灭对美国安全构成威胁的伊拉克政治和军事力量,并改变和控制其战后的政治和经济走向。2002 年 9 月 20 日,《美国国家安全战略报告》明确提出了以先发制人为核心的国家安全战略。报告强调,"美国将保持世界上最强大的军事力量,不允许任何国家对其第一军事大国地位构成威胁;美国必须保持打败敌人的能力,不管敌人是一个国家还是其他力量"。伊拉克战争就是小布什总统"先发制人"安全理论的首次实践。

另外,战后由美国全面控制政治和经济走向的伊拉克,其石油工业、国家机器及基础设施的重建将使美国全面受益。据报道,美国方面早在战况尚不明朗的时就已经着手重建市场的分配工作了。加利福尼亚州的富卢尔公司、爱达荷州的华盛顿国际集团、马萨诸塞州的帕里尼公司、得克萨斯的哈利伯顿公司都获得了金额为上亿美元的重建项目。美国国际开发署在美国招标,把负责修建伊拉克机场、旅馆、学校等基础设施的大项目承包给美国公司。可见,美国发动战争是确定战争是合必要性和利益性统一后作出的战略决策。

3. 备战思想

备战,就是居安思危、未雨绸缪。春秋战国时期,大国争霸,战争频繁。生活在那个时代的孙子,提出了必须重视战备的思想,告诫人们要做到"用兵之法,无恃其不来,恃我有以等也;无恃其无攻,恃我有所不可攻也"(用兵的原则:不要寄希望战争不要爆发,而要立足于自己作好充分准备,严阵以待;不要寄希望敌人不会来进攻,而要依靠自己作好充分的战争准备,使敌人想攻不敢攻)。孙子所说的总体意思就是"有备无患"。

1964 年 5 月之后,由于苏、美加紧了对中国的军事威胁,中央对我国国民经济布局调整,作出"三线建设"战略方针,毛泽东提出"备战、备荒、为人民"及"深挖洞、广积粮、不称霸"的口号。1969 年 3 月中苏在珍宝岛发生了三次较大规模的武装冲突,苏军死 58 人,伤 94 人,"吃了亏"。珍宝岛冲突爆发后,苏联军方强硬派主张"一劳永逸地消除中国威胁"。对中国的军事政治等重要目标实施"外科手术式核打击"。1969 年 9 月 23 日和 29 日,中国先后进行了为 2 万～2.5 万吨当量的地下原子弹裂变爆炸和轰炸机空投的当量约 300 万吨的氢弹热核爆炸。美国地震监测站、苏联地震监测中心,以及两国的卫星几乎同时收到了能量巨大的爆炸信号,尤其是苏联,十分清楚中国核爆炸的含意。美联社播发的一篇评论颇具代表性,"中国最近进行的两次核试验,不是为了获取某项成果,而是临战前的一种检测手段"。柯西金待盛怒的勃列日涅夫稍为平静后提到:"他们在 4 年前就进行过导弹负载核弹头的爆炸试验,其命中目标的精度是相当惊人的。而且他们有了防备,现在几乎动员了全国所有的人都在挖洞。我们应该和中国谈判。"同年 10 月 20 日,中苏边界谈判在北京举行,由珍宝岛事件引发的紧张对峙局势开始缓和。

必须把准备战争提到了极其重要的战略位置,把立足点放在作好充分准备,以强大的军事实力迫使敌人不敢轻易发动战争;即使不得已进行战争,也可凭借充足的战前准备"先胜而后求战"(《孙子兵法·形》)。

美军对伊作战前也作了充分的军事准备。战前美军中央总部迁往卡塔尔,美军海军陆战队第 1 远征队总部迁往科威特,中央总部陆军司令部(第 3 集团军)驻扎在科威特。美陆军在该地区部署总计 8 万余人,各型直升机 1000～1200 架,M1A1、M1A2 坦克 2000 余辆;海军部署有 6 个航母战斗群,总计 5.2 万余人,各型军舰近百艘,飞机 500 余架;空军动用了

18 个联队,总计 3.8 万余人,飞机 1000 多架;美陆战队兵力近 4 万人,装备各型作战飞机 70～120 架;美特种部队有 3 万人用于对伊作战。开战前的 2003 年 3 月下旬,联军部队已经达到 28 万多人,已经可以满足作战要求。

(二)不战而屈人之兵——"全胜"的战略思想

自古以来,战争的直接目的就在于保存自己、消灭敌人。"百战百胜"是历来兵家孜孜以求又难以实现的最高目标,在这个问题上,孙子有不同的看法。《孙子兵法·谋攻》中孙子提出:"故百战百胜,非善之善者;不战而屈人之兵,善之善者也。""善用兵者,屈人之兵而非战也,拔人之城而非攻也,毁人之国而非久也,必以全争于天下。"意思是说,善于用兵的人,使敌人屈服而不用进行交战,夺取敌人的城池而不靠硬攻,毁灭敌人的国家而不需久战,必须用完善的计谋争胜于天下。"不战而屈人之兵",历来是兵家追求的最高境界。

在古代,诸侯国之间因实力千差万别,战略威慑本身就易达成不战而屈人之兵。但对具体的战役、战斗,不战而屈人之兵是否能够实现,回答是肯定的。战争是智的较量,心理世界的博弈,往往使战争的偶然性增大,因而,谋略运用的空间无处不在。

春秋时期,晋、楚两军在绕角相遇,栾武子不想与楚军正面冲突,试图撤退。析公说:"楚军人心浮动,势如惊弓之鸟,我若鼓声不断,做好夜袭的声势,楚军必逃。"最后果然楚军对晋军的意图判断不清而主动撤兵。晋军的不战而胜,是建立在针对楚军的弱点,果断定下决心,以夜战相威胁,迫敌屈服的基础上的,从而实现了自己不想与其交战的目的,是典型的心理战的范例。

不战而胜,是用兵的大境界,但敌人也不是事事受制于你,当不战不能迫敌屈服时,破而胜敌,就是最佳的选择。但此时的破,依然要遵循"不战而屈人之兵"的"利益"法则,以最小的力量投入,实现屈敌的目标。

春秋时期,晋文公重耳在外流亡 19 年后,在秦穆公的帮助下,当上了晋国的国君。但此时的晋国,弱而自保,稳而不固。南方的楚国不断向中原扩张,晋国首当其冲。公元前 634 年,宋国因"叛楚即晋",楚成王命令尹子玉、司马子西率军伐宋。宋国向晋告急。晋文公不愿与楚国正面交锋,但又不能不对宋国的请求无动于衷。他权衡利弊之后,决定用小破而求大全,遂发兵进攻楚国属地曹、卫,以制衡之策救宋之急。但楚军对晋军的军事行动"无动于衷",继续攻宋。在此情况下,晋军要么退出,要么与楚军正面交锋。战略退出,不符合晋国的长远利益,直接交锋,晋国的实力又在楚国之下。最后,晋文公决定以利相诱联合齐、秦参战。他先把晋攻占曹卫的土地给宋,再让宋去贿赂齐、秦,让齐、秦劝楚退兵。齐、秦劝楚未果怒而与晋结盟攻楚。即使在这样的情况下,楚国亦不把三国之力放在眼中。实际上,城濮之战最后的胜利,主要还靠晋国自身。晋文公以"退避三舍"之法,主动撤退 90 里,表面以报楚王曾对他流亡楚国时的恩惠,实则用"诱敌深入"之计,将已疲惫的楚军,诱至城濮而歼,而齐、秦实际上只做了一个看客而已。

孙子的全胜战略,"不战"是谋攻的第一步,但并非一味地追求不战;破敌虽然是下策,但在万不得已的情况下,以小破求大全,也不失是一种好战略。因此,孙子的"不战而屈人之兵",是不战与战的有机结合,是全与破的有机结合,任何人为地将其割裂,都会违背孙子全胜思想的真实内涵。

在实践中,人们容易从字面去理解不战而屈人之兵的内涵,认为全胜的主要含义就是不战,要么人为夸大谋略的价值,要么以实力论否定全胜论。殊不知,即使不战能屈敌,从本质上靠的也是实力。栾武子能退楚军,是因为在特殊环境中营造了让对方惧怕的夜战实力;晋文公之所以能一战定霸,令强楚屈服,是用了结盟的计策。总之,实力是不战而屈人之兵的基础,而谋略的运用,仅仅是在一定的时空范围内壮大自己,通过改变双方的力量对比,实现不战而屈人之兵。

(三)攻其不备,出其不意

《孙子兵法·计》有云:"攻其不备,出其不意。此兵家之胜,不可先传也。"意思是说,要在敌人没有防备的时候发起进攻,在敌人意料不到的地方采取行动。这是军事取胜的奥妙,是不可预先规定的。《孙子兵法》中所提出的"攻其不备,出其不意",其作为军事上著名法则之一,已成为了千古传诵的军事名言。

"攻其不备,出其不意",重视的是先机的掌握和运用;在敌我双方未形成对峙,敌人还没有作好准备时,打他一个措手不及,损失最小,胜算最大。

三国时期,东吴名将吕蒙也正是运用此计智夺荆州的。这一战,使得三国名将关云长败走麦城,也使得蜀国实力大损。

面对名将关羽,名不见经传的吕蒙首先装病让陆逊代守陆口,陆逊修书一封并备厚礼遣人送给关公,当关公拆书阅后,见书词极其卑谨,就更不把陆逊放在眼里,于是对东吴放弃了戒备,撤掉了守荆州的主力来攻樊城。这时,吕蒙见时机一到,便率精兵 3 万,快船 80 余只,选会水者扮成商人,皆穿白衣,在船上摇橹,却将精兵伏于船中,关羽派的守江边烽火台的将士误认为是商人,就让吕蒙的船队全部靠岸,结果吕蒙趁机偷袭了沿江各处守军,并用重金收买荆州的士兵,令其喊开城门。守荆州的将士以为是荆州之兵,就开了城门,于是吕蒙便趁机偷袭了荆州,轻而易举地夺取了孙权梦寐以求的荆州。

攻其无备、出其不意,就要做到攻击敌人无准备、无防备、部署不充实且虚弱的地方,而我方的行动,要出乎敌人的想象与意料之外,使敌人措手不及,不遑应付。日本偷袭珍珠港,点燃太平洋战火,为罕见之"攻其无备,出其不意"的事例,亦系典型的海空联合作战。1941年 12 月 7 日,当日军第一波的战机飞到欧胡岛上空时,驻守在珍珠港的美军,没有任何人警觉到一个可怕的猛烈攻击正悄悄地来临,日军的轰炸机正以炸弹及鱼雷攻击停在港湾中的美军太平洋舰队。回想当时,令人惊讶的是驻守在珍珠港的美军对来袭的日军居然毫无防备。在事前有许多迹象显示日军将攻击珍珠港,假如有人能注意这些迹象,或许珍珠港的失败就不会发生。

伊拉克战争中,美军一反以往开战选取深夜空袭的惯例,于当地时间凌晨开始"斩首"空袭发动战争,虽然突袭并未达到预计效果,但确实符合"攻其无备,出其不意"的突然性原则。其后,2003 年 3 月 26 日美国总统布什宣称战争"离结束还很远",美国部分高级将领也通过媒体表示,"这场战争很可能要持续数月"。美国《华盛顿邮报》27 日报道说"恶劣的天气、漫长而不安全的补给线和伊拉克军队的顽强抵抗,可能已经导致美军高级将领重新评估美军的期望值和战争时间表"。29 日美军官员宣布,美军司令 28 日已下令美军从伊南部向巴格达推进行动暂停 4～6 天。当很多人由此开始确信战争将演变成需要美国投入更多部队的"持久战"时,31 日美军第三机步兵师突然发起攻击,向卡尔巴拉推进;同一天,美军在希拉、欣迪耶、纳西里耶和南部的巴士拉等地于伊军展开激战,数千名美军第 101 空中突击师士兵包围了纳杰夫城,美国特种部队取得伊拉克西部沙漠的控制权,伊拉克北部的库尔德武装向伊军控制区推进了大约 16 千米。美国防部 31 日也公布,在过去 24 小时内,美英战机共出动了 1000 架次。美军的"攻其所不戒",打得伊方猝不及防,从此战局急转直下,美军迅速取得战争主动,成功地完成对巴格达的合围。

当然,战争中也要靠自己创造条件,让敌人疏于戒备,从而使自己能"攻其不备,出其不意",取得战争的胜利。做到这一点,将领们必须学会隐藏自己的军队或者自己的进攻意图,营造出一些假势,迷惑敌人,"兵者,诡道也"! 让敌人错误地判断自己的目标,对自己不加防范,从而达到自己"攻其不备,出其不意"的意图。

伊拉克战争中期的沙尘暴天气期间,美军地面部队向巴格达推进的速度明显放缓,美军利用沙尘暴天气调整军事行动和部队修整的同时,也在利用它"示形动敌"消灭敌人。沙尘暴期间,美英联军出动 1400 架次战机对把守通往巴格达道路的伊军共和国卫队进行轰炸,并摧毁伊方 6 台全球定位系统(GPS)干扰设备。美军对当地沙尘暴天气战前已经作过研究,显然是有备而来的。杰达姆(Joint Direct Attack Munition,JDAM)是一种装于常规炸弹之上的低成本 GPS 制导模块,JDAM 与机载 GPS 系统相结合使美军能在最恶劣的天气里甚至在沙暴条件下执行夜间任务;另外有一些初步报告显示美国还可以使用远距精确炮火补偿在沙尘暴中空中力量打击和近距空中支持任务中所遭遇的一些问题。

(四)知彼知己,百战不殆

《孙子兵法·谋攻》中说:"知己知彼,百战不殆;不知彼而知己,一胜一负;不知彼,不知己,每战必殆。"意思是说,在军事纷争中,既了解敌人,又了解自己,百战都不会有危险;不了解敌人而只了解自己,胜败的可能性各半;既不了解敌人,又不了解自己,那每战都会有危险。

"知彼知己,胜乃不殆;知天知地,胜乃不穷。"(《孙子兵法·地形》)孙子认为,从事战争的先决条件是做到全面了解和掌握"敌情、我情和战场环境"等各种情况,在此基础上筹划战略全局,谋划战役指导,在实施作战过程中,也要随时将"知彼知己"、"知天知地"作为行动的准则才能赢得战争胜利。"知彼知己",孙子主张开战之前要对敌我双方的主客观条件有全面地了解,进行周密地考察,以期对战争胜负趋势作出正确的预测,并据此制订己方的战略战术。只有正确估量敌我情况才能作正确的判断、下正确的决心、订正确的计划。"知天知地",孙子主张作战前必须摸清天时、地利、人和等自然和社会的战场环境。

毛泽东对此曾有过高度评价,在《论持久战》一文中他说:"战争不是神物,乃是世间的一种必然运动,因此,孙子规律'知彼知己,百战不殆'乃是科学的真理。"毫无疑问,任何作战都应该首先做到知己知彼。历史上以少胜多的战例无不是以知己知彼为前提的。

383 年,前秦的首领苻坚凭借自己统一北方后的广袤天地,力量空前强大,北方各少数民族也臣服于他,于是发兵百万攻打东晋,要扫平江南。

谢安在大军压境之际一如既往,照样下棋、饮酒、作诗,闭口不谈战事。领军大将谢玄是他的侄儿,看到叔叔如此,不禁心中焦急万分,忙到谢安的帐中询问叔叔的破敌计划。谢安只是随便说了句"到时再说吧",就什么都不说了。大家知道谢安定是胸有成竹了,所以回去后,各司其职,军民上下,严阵以待。结果在淝水两军的大决战中,晋军彻底打败了秦军,获得了淝水之战的决定性胜利。

消息传到晋朝，谢安正在和宾客下棋，家人送上谢石、谢玄的手书，他略瞟了一眼，心里已知里面要说之事，就随手把它放在旁边，好像没这回事一样，继续下棋。谢安启奏晋孝武帝：苻坚倾国出师，后方空虚，战线过长，兵力分散，军需粮草接应困难，内部又分离不团结。臣早将淮北流散之民迁往淮南，坚壁清野断其供给，令其势难立足。

美军一直把信息作战、情报与空间资源看作是军队建设的核心。美国国防部要求，加强建立包括无人驾驶飞行器、有人操作平台，以及空间、海上和地面设备在内的一体化系统，提高信息共享程度和对战场的全方位感知能力，更好地适应作战对情报与信息的需求。伊拉克战争中，美军广泛使用航天侦察卫星、航空侦察机、地面侦察等各种手段，构成空中、空间、地面全方位的信息网络，并通过自动化指挥系统（C⁴ISR）的有效整合使获得的信息发挥最大效用。在整个战争过程中，美军实现了战场信息的实时获取和传输，实现了信息向打击火力的迅速转化。卓越的情报能力是美军迅速取得战争胜利的关键。

（五）先胜而后求战

《孙子兵法·形篇》指出："故善战者，立于不败之地，而不失敌之败也。是故胜兵先胜而后求战，败兵先战而后求胜。"打胜仗的军队总是首先创造取胜的条件，然后再同敌人作战；打败仗的军队总是先同敌人交战，希望在战争中取得侥幸的胜利。

河南、漠南之战。武帝元朔二年（公元前127年），匈奴骑兵进犯上谷（今河北怀来东南）、渔阳（今北京密云西南）等地。汉武帝避实就虚，实施反击，派遣卫青率大军进攻为匈奴所盘踞的河南地，并全部收复了河南地，匈奴贵族不甘心失去河南这一战略要地，数次出兵袭扰朔方，企图夺回河南地区。

汉武帝于是决定反击，发起了漠南之战。时年元朔五年（公元前124年）春，当时卫青任车骑将军，率军出朔方，进入漠南，反击匈奴右贤王；李息等出兵右北平（今内蒙古宁城西南），牵制单于、左贤王，策应卫青主力军的行动。卫青长途奔袭，突袭右贤王的王廷，打得其措手不及，狼狈北逃。

然而匈奴不甘心失败，仍继续从事南下袭扰的活动，并采纳赵信的建议，准备引诱汉军主力至沙漠以北地区，寻机加以歼灭。针对匈奴认为汉军不能轻入久留的心理，将计就计，在经过充分准备后，汉武帝集中了精锐骑兵10万人，组成两个大的战略集团，分别由大将军卫青、骠骑将军霍去病统率。另以步兵几十万，马匹10余万配合骑兵主力的行动。卫青、霍去病受命后，各率精骑5万分别出定襄和代郡，沿东西两路北进，决心在漠北与匈奴进行会战。

卫青出塞后，得知匈奴单于的战略意图，即率主力直扑单于所在，同时命令李广、赵食其率所部从东面迂回策应。不久，卫青部主力与匈奴单于相遭遇，双方鏖战至黄昏，单于带数百精骑突围，向西北逃遁。在另一个方向，霍去病率军出代郡和右北平，与匈奴左贤王部接战，尽歼其精锐，战后出现"是后匈奴远遁，而幕南无王庭"的局面。

汉武帝反击匈奴之战在军事上的成功经验，突出表现为以下几点。第一，进行充分的战争准备，做到了"胜兵先胜而后求战"。这方面的工作，主要有：根据针对匈奴的作战特点，大量建设骑兵，选用青年将领；军事和外交密切配合，以孤立匈奴；实施战时经济体制，保障对匈奴作战的后勤供应。第二，高明运用骑兵战术，采取积极进攻的方针。汉军在几次重大战役中都充分发挥了骑兵快速机动的特点，实施远距离迂回、包抄、突袭，连续进攻，不给敌手以喘息的机会,既能出其不意,又能威加于敌,给匈奴军以大创聚歼,取得了巨大的战果。第三,采取各个击破的方针。汉军先弱后强,循序推进,切断匈奴各部之间的联系,分而制之,始终掌握着战争的主动权。

三国时,魏国的辽东太守公孙渊,于明帝景初元年,设置百官,自立为燕王,与曹魏分庭抗礼。景初二年春,魏明帝曹睿令司马懿领兵讨伐公孙渊。司马懿整装待发时,明帝问他如何打败公孙渊。司马懿回答说:"如果公孙渊明辨形势,就会断然割弃眼前利益,弃城出走,以此拖延时日,疲惫我军,待机而战,这是上策。可是公孙渊智浅寡断,上策难用。他必然会认为我军孤军深入,难以持久,定会依托辽河据守,一旦接战不利,就会退守襄平,这是下策。我军定能在襄平打败他。"曹睿听后,赞叹道:"看来讨伐公孙渊之战,都在将军心中了。"司马懿战前从对方统帅、战略、地形等决定战争胜负的各种客观因素进行了分析研究,并据此制定了切实可行、行之有效的战略战术,作好了充分的准备,便率军渡过黄河,穿越华北平原,直捣公孙渊。结果,此次战役,确如司马懿所算的那样进行,叛军大败,公孙渊被斩。

海湾战争爆发前,萨达姆认为即使被多国部队打败,伊军也会重创多国部队。因此,萨达姆拒绝从科威特撤军。这又是一次"败兵先战而后求胜"的赌博。

伊拉克战争前,美国认为伊拉克遭受两伊战争、海湾战争和12年全面制裁的三重打击,已经不堪一击了。从1980年起伊拉克的国力每况愈下,到2003年伊拉克的国力已经持续下滑了23年,已经极贫极弱了。美国胜券在握,发动伊拉克战争完全符合"胜兵先胜而后求战"的战争指导思想。

三、《孙子兵法》的历史地位

《孙子兵法》虽然只有6000字左右,却是一部论述军事斗争领域内在联系和普遍规律的兵学杰作。它具有高屋建瓴的气势及详备富瞻的内容,书中充满对智慧的弘扬,饱含着对昏聩的鞭挞,显示出对穷兵黩武的警告,贯穿着对军事哲理的探索、对用兵艺术孜孜不倦的追求。这是一部从战略的高度论述军事问题的不朽之作。《孙子兵法》在古今中外历史中具有重要的历史地位。

(一)《孙子兵法》在国内的历史地位

《孙子兵法》早在战国时代就广为流传,"境内皆言兵,藏孙、吴之书者家有之",汉代则为兵官的教科书。隋唐称为"兵经"。明朝茅元仪在《武备志·兵诀评》中说:"前孙子者,孙子不能遗;后孙子者,不能遗孙子。"此种评价虽为溢美之词,但确实道出了《孙子兵法》在几千年封建社会军事学术史上的作用和地位。军事家直接以《孙子兵法》指导战争的,更是不计其数。以《史记》为例,在孙膑、赵奢、韩信等的列传中,都有这方面的记载。后世对于《孙子兵法》的学习是十分广泛的。秦末,项梁以之教过项籍。《后汉书·冯异传》载:东汉名将冯异就很精通《孙子兵法》。至于三国以后,由于曹操首注《孙子兵法》,以后诸家蜂起,吴有沈友,梁有孟氏,唐有杜牧、肖吉,宋有何廷锡、郑有贤等,元有潘衍翁,明有刘寅、赵本学等,清有汪淇等。

《孙子兵法》历来被尊为兵经,号称兵学鼻祖,2000多年来久负盛誉。司马迁说:"世俗所称师旅,皆道孙子十三篇。"宋朝郑厚说:"孙子十三篇,不唯武人之根本,文士亦当尽心焉。其词约而缛,易而深,畅而可用。《论语》、《易》、《左传》之流,孟、荀、扬著书皆不及也。以正合,以奇胜,非善也;正变为奇,奇变为正,非善之善也;即奇为正,即正为奇,善之善也。"明朝抗倭民族英雄戚继光说:"予承乏浙东,乃知孙武之法,纲领精微,为莫加焉。第于下手详细节目,则无一及焉。犹禅家所谓上乘之教也。"近代,伟大的革命先行者孙中山先生说过:"就中国历史来考究,二千多年的兵书,有十三篇,那十三篇兵书,便成立中国的军事哲学。所以照那十三篇兵书讲,是先有战斗的事实,然后才成那本兵书。"1936 年毛泽东在写给叶剑英的信中说,"前买回的书,大多不合用,我要的是战略和战役的书,特别要买一本《孙子兵法》"。刘伯承元帅在担任军事学院院长时,就亲自讲授《孙子兵法》。

(二)《孙子兵法》在国外的历史地位与声誉

在唐朝武则天执政时期,日本学者吉备真贝将《孙子兵法》带回讲授,在日本社会产生了很大的影响,他们称《孙子兵法》为"兵学经典"、"世界第一兵书",把孙武推崇为"百世兵家之师,东方兵学的鼻祖"。日本战国时代的著名武将武田信玄非常崇拜《孙子兵法》,以《孙子兵法》为座右铭。他把《孙子兵法》中"其疾如风,其徐如林,侵掠如火,不动如山"四句话写在军旗上,竖于军门。日本古代的各种兵法,考其源流,无不与《孙子兵法》有着极其密切的联系。比如,日本著名的古代兵书《甲阳军鉴》、《信玄全集》、《兵法记》等。著名军事将领活用《孙子兵法》而取胜的战例也不乏记载。比如,日本八幡太郎在陆奥战役中,他看见雁鸟乱飞,想起了《孙子兵法》行军篇中的"鸟起者,伏也",遂判断敌有伏兵,改变了作战计划,脱离了危险。日俄战争中,日本联合海军总司令东乡平八郎在出发时没有带任何日本典籍,只随身携带了一册《孙子兵法》。在对马大海战中,他打败俄国海军,其阵法就出自于《孙子兵法》。可见《孙子兵法》在日本将领指挥作战中的地位和作用是多么的重要。

德皇威廉二世在发动一战失败以后,逃到荷兰的多恩,在这里看到了《孙子兵法》,于是发出这样的感叹:"早二十年读《孙子兵法》,就不至于遭受亡国之痛苦了。"著名德国军事家克劳塞维茨也受到《孙子兵法》的影响,他的名著《战争论》就继承了《孙子兵法》的许多思想。英国托马斯·菲利普少校主编的《战略基础丛书》,把《孙子兵法》排在第一位。

美国海军上校柏特逊说:"在遥远的中国,有两位将军,他们所有的关于战争的议论,都可以凝集在一本小册子里,不像克劳塞维茨那样写了九大巨册,自足地写下了数量有限的箴言。每则箴言都具体表现了他们关于战争行为的信条和重要教义。这两位军事主宰者——孙子和吴子,他们无价的真理,已经长存了两千年。"美国国会研究防务问题的高级专家、美国国防大学战略研究所所长约翰·柯林斯在他的《大战略》中说:"孙子是古代第一个形成战略思想的伟大人物。他于公元前 400—公元前 320 年间(此时间不确。按《史记·伍子胥列传》上限应是公元前 512 年)写成了最早的名著《兵法》。孙子十三篇可与历代名著包括2200 年后克劳塞维茨的著作媲美。今天没有一个人对战略的相互关系、应考虑的问题和所受的限制比他有更深刻的认识。他的大部分观点在我们的当前环境中仍然具有和当时同样重大的意义。"

英国学者利德尔·哈特在其所著《战略论》的扉页上,所引军事家语录不仅以孙子的语录列于篇首,而且占 2/3 的数量,21 条语录中孙子的就占 15 条。他提到,这本著作堪称兵法之精华,在过去所有的军事思想中,唯有克劳塞维茨可以与孙子相提并论,然而他著书立说的时间虽然比孙子晚 2000 年,但它在观点上都比孙子落后,而且有些观点已经过时。相比之下,孙子看问题更加敏锐、更加深刻,他的学说具有不朽的生命力。他甚至这样评价孙子"全胜"的思想,认为:"最完美的战略,也就是那种不必经过严重战斗而能达到目的的战略——所谓不战而屈人之兵,善之善者也。"

苏联米里施坦因·斯洛波琴科 1957 年出版的《论资产阶级军事科学》一书中,对《孙子兵法》作了详细介绍和评价。比如,"《孙子兵法》是最早、最优秀的著作,作者具有极为丰富的军事知识,研究军事问题极为深刻,叙述问题形式独特"。

《孙子兵法》不但在军事上备受推崇,而且在社会其他方面也有着广泛的影响,近年来对《孙子兵法》的研究与应用几乎遍及各个领域,文学家评之为"不朽不灭的大艺术品",哲学家颂之为"人生的哲学",政治家视之为"政治秘诀、外交教科书",医学家赞之为"治病之法尽之矣",商人和管理学家则把《孙子兵法》定为企业管理和市场竞争的必读教材,美国著名管理学家乔治在《管理思想史》中甚至说:"您想成为管理人才吗,必须去读《孙子兵法》。"《孙子兵法》俨然成了取之不尽、用之不竭的百科宝库。

通过较系统的学习《孙子兵法》,从它的思想及谋略中,感悟人类的灿烂文明,受到多方面的启迪,继承和弘扬中华民族的优秀传统文化,弘扬人文精神,开启自身巨大的智慧和潜能,培养应变能力和创新精神,提高当代大学生的综合素质。

第六章　毛泽东人民战争思想

毛泽东的人民战争思想,是毛泽东军事思想的核心,在毛泽东军事思想体系中占据着极其重要的地位。周恩来曾说:"毛主席的根本着眼点,就是把无产阶级的马克思主义思想运用到中国,争取最广大的人民大众团结在无产阶级周围来取得革命的胜利。"朱德在论述解放区抗日战争胜利的经验时指出:"总的经验何在呢? 简单的同时又是明确的,就是解放区经过了我们党的领导,依据了毛泽东人民战争的方针,而如果没有这种人民战争,也就没有了一切。"

一、人民战争的基本概念

历史上的人民战争,一方面由于战争的正义性质代表着不同进步阶级的利益,因而发动人民群众参加和支持战争的深度和广度也不相同;另一方面,由于人民这个概念在不同的国家和各个国家的不同的历史时期,有着不同的内容,因而,人民战争的基本概念也是随着历史的发展而不断发展的。

(一)历史上有不同的人民战争

人民战争,就是人民群众为了反抗阶级压迫、民族压迫和抵御外来侵略,动员、组织和武装起来进行的正义战争。从广义上说,凡属推动历史发展和社会进步,并有广大人民群众参加的战争,都是人民战争。但只有无产阶级及其政党领导并在其正确纲领指导下的人民战争,才是彻底的人民战争。

"人民战争"这一概念,虽然产生在马克思主义诞生之后,但人民战争的实践却早已伴随着历史上阶级的或民族的正义战争而产生和发展。毛泽东曾把中国殷商时期的周武王伐纣称为"当时的人民解放战争"。马克思和恩格斯把古罗马的斯巴达克的奴隶起义,18 世纪末和 19 世纪初意大利、普鲁士和西班牙等国人民反抗拿破仑一世的侵略战争,中国人民反抗英帝国主义的第二次鸦片战争等,都称为人民战争。在战争史上,某些国家或民族的统治集团,为了维护本阶级或本民族的狭隘利益,推行殖民主义和扩张主义政策,也标榜自己所进行的掠夺性战争为"全民战争"或"民众战争"。例如,日本和沙皇俄国为重新分割中国东北和朝鲜所进行的非正义性质的日俄战争等,其实质都不是人民战争。克劳塞维茨在《战争论》一书中提出了"民众战争"的概念,并对其特点、地位作用及运用原则等作了系统论述,不乏为精辟见解,反映了处于上升时期的资产阶级在战争中对待人民群众的一定程度的正确态度。但由于其根本上受到阶级和时代的局限,其理论缺乏彻底的人民性和正义性,抹杀了战争目的中的阶级性质和人民的根本利益,也不具有真正的人民战争的实质。历史经验证明,在无产阶级及其政党出现以前的人民战争,往往不能使战争取得彻底胜利,或虽能取得胜利,但胜利果实最终不能落到人民手里,以至成为统治阶级改朝换代的工具。在中国历史上发生的大小数百次的农民起义战争,虽然在不同程度上打击了封建统治势力,推动了历史的发展,但由于当时还没有新的生产力和新的生产关系,没有新的阶级力量,没有先进的政党,因而这种人民战争总是陷于失败,使封建的经济关系和政治制度基本上依然继承了下来。在近代,以孙中山为代表的中国资产阶级领导的辛亥革命,推翻了清王朝,结束了几千年的中国封建君主制。但因为没有一个明确完整的反帝反封建的政治纲领,没有比较广泛地发动劳动群众,没有形成一个坚强有力的领导革命的政党,使得资产阶级革命派没有勇气把反帝反封建的革命斗争进行到底,致使这一虽属人民战争性质的胜利果实,却被代表封建势力的袁世凯所篡夺。只有用马克思主义武装起来的中国无产阶级及其政党——中国共产党领导的人民战争,才是彻底的人民战争。

(二)人民战争思想的基本理论

毛泽东的人民战争思想,是在继承马克思列宁主义基本原理的基础上,吸收中国历史上人民战争的宝贵经验,根据半封建半殖民地中国革命的特点,在革命战争实践中逐步形成和发展起来的。毛泽东对人民战争理论的创造性贡献,在于他掌握了马克思列宁主义的普遍真理,顺应了发展着的革命时代,尊重了中国革命的特点和历史经验,从理论和实践的结合上使马克思主义关于人民战争的理论中国化。从根本原理上说,他的人民战争思想,就是对于马克思主义辩证唯物主义和历史唯物主义基本观点在中国革命战争中的正确运用。

毛泽东人民战争思想,是我党领导人民战争的经验总结和理论概括,是毛泽东军事思想的核心。它的基本精神是:在中国共产党的领导下,以人民军队为骨干,充分依靠和动员人民群众,团结和争取各阶级、各阶层和社会集团的一切进步力量,开展以军事斗争为主,并与政治、外交、文化等斗争形式紧密配合的全民战争。

毛泽东人民战争思想的理论基础是人民群众是战争伟力的最深厚的根源,人是战争胜负的决定因素,武器是战争胜负的重要因素。中国共产党和毛泽东领导的人民战争,就是充分动员群众,坚决依靠群众,把战争的革命性和群众性融合为一体,从而使战争产生了无穷无尽的力量。正如毛泽东指出的:"动员了全国老百姓,就造成了陷敌于灭顶之灾的汪洋大海,造成了弥补武器等缺陷的补救条件,造成了克服一切战争困难的前提。"

毛泽东人民战争思想的政治基础是战争的正义性。战争是达到政治目的的特殊手段。一切进步的正义战争,代表了人民群众的根本利益,会得到人民群众的积极拥护和踊跃参加,就一定能取得最后的胜利。非正义战争则与此相反,它必然遇到人民群众的反对,最终必将要失败。由此可见,战争的正义或非正义的性质,决定着人心向背,决定着战争和人民的关系,决定着战争胜败的总趋势,没有正义战争这个政治基础,就不可能实行人民战争,但是正义战争只是在客观上具备了实行人民战争的可能性,要把这种可能性变为现实,还必须有正确的领导。毛泽东指出:"在无产阶级已经走上政治舞台的时代,中国革命战争的领导责任,就不得不落到中国共产党的肩上。在这个时候,任何的革命战争如果没有或违背无产阶级和共产党的领导,那个战争是一定要失败的。"历史证明,我党领导的是正义的革命战争,完全符合人民群众的根本利益,因而能够得到人尽群众的衷心拥护和全力支持。这就为实行人民战争奠定了坚定的政治基础,从而使革命战争成为人民群众的主动的历史活动。

二、毛泽东人民战争思想的主要内容

(一)人民战争理论的核心思想——"兵民是胜利之本"

"兵民是胜利之本"的基本含义是指革命战争胜利的源泉和根本在于人民。"兵"和"民"

代表着人民军队和人民群众,实质上涵盖了人民的全部。

人民群众是其他一切战争力量的基础和前提,其他战争力量是在人民群众力量的基础上产生和发展起来的。人民是胜利之本,人民为战役的胜利作出了很大的牺牲和贡献。淮海战役是一场规模巨大的战略决战,战场纵横百余里,作战数月,参战人员几十万,粮食、弹药和各种物资的消耗都是巨大的,如果后勤供应没有保障,那是不堪设想的。战争的支援是全方位的,人民群众不仅支援粮食、运送弹药和伤员,而且源源不断地提供兵源,捕捉和押解战俘,提供情报,浩浩荡荡跟随部队前进。淮海战役期间人民群众支前的一组数字:民工543万人,担架20万副,大小车88万辆,挑子30万副,牲畜76万头,船只13 630艘,粮食96 000万斤①(前方实际用粮43 400万斤),运送弹药1460多万斤……还有无法统计的其他军需物资,如棉被、棉衣、军衣、军鞋、军袜、食油、食盐、柴草……这组数字仅是淮海战役期间的数字,并且是不完全的统计。从这些数字足以说明人民群众对淮海战役取得胜利的巨大贡献。

1951年2月,陈毅在南京会见苏联驻华大使尤金,谈到淮海战役的胜利时说:"支前民工达500万,遍地是运粮食、运弹药、抬伤员的群众,这是我们真正的优势。人民群众用小车、扁担保证了部队的作战。"所以,我们很容易就明白陈毅为什么会说淮海战役的胜利是人民群众用小车推出来的。

大凡雄才大略者都懂得"得民心者得天下"的道理,毛泽东不仅深知这一真谛,而且他更懂得人民创造历史这一唯物史观。他把一切为了人民的利益作为发动群众、动员群众和争取民心归队的出发点和归宿点,这远远超出了一般的"得民心者得天下"的范畴。这方面,蒋介石不知道,或者是知道了也做不到,他的看法与毛泽东截然相反。蒋介石认为自己进行的是"现代作战",他的根本观点是:"无都市即无政治基础,无交通就无政治动脉",所以,他要"争地"为主,尤其是城市和交通线。历史迅速证明,以"争地"为主的蒋介石最终没有战胜以"争人"为主的毛泽东,这其中的奥秘是值得后人细细品味的。解放战争不过3年多的时间,蒋介石先后投入的800万军队迅速瓦解,战争胜利之速,不但作为敌手的国民党不明白,连中共的一些朋友都感到很突然。1949年5月,民主人士柳亚子专就这个问题请教毛泽东,柳亚子先生说:"今天胜利了,这是我们盼望已久的。我们都很清楚,蒋介石早晚是要垮台的,因为他们腐败无能,太不得人心了。共产党要胜利,这是肯定的。共产党的政策正确,合乎民意,人民拥护支持,这是胜利的基础。但是,我们没有想到胜利会这么快,人民解放军很快渡江成功,并且占领了南京,我们不知道毛主席用的是什么妙计。"毛泽东喝了一口茶,笑着说:"打仗没有什么妙计,如果说有妙计的话,那就是知己知彼,根据实际情况,作出正确的决策。还有,那就是先生说的,人民的支持是最大的妙计。"要争取人民的支持,就要实行正确的政策,概要地说就是毛泽东说的"对敌人要霸道,对人民用王道"。就是说对人民要实行仁政,要实行有利于人民利益的政策,否则就得不到人民的支持。

汉初一位才华横溢的辞赋家和见识深远的政论家——贾谊写了一篇政论散文叫《过秦论》,是毛泽东爱读也是比较熟的一本书,该文检讨了秦朝覆亡的原因,总结秦朝覆灭的经验教训,揭示了秦朝基业毁于一旦的关键是"仁义不施,而攻守之势异也"。意思是:秦始皇在

---

① 1斤=0.5千克。

打天下时,可以用暴力取得成功;在统一天下后,就应该顺从人民的愿望,施行仁政,才能保住天下。秦始皇用强权暴力对待人民,所以权势和力量都比他弱得多的陈胜、吴广等领导的起义,很容易就被他推翻了。毛泽东非常赞成这句话,认为战争伟力之最深厚的根源存在于民众之中,认为革命战争是群众的战争,只有动员群众才能进行战争,只有依靠群众才能进行战争,革命战争必须与人民群众相结合。

(二)人民战争的领导核心

仅仅发动人民群众进行人民战争还不能取得战争的最终胜利,必须有一个坚强的领导核心带动人民群众沿着正确的方向前进。中国共产党顺应民意,最终扮演了这样一个角色。中国共产党对革命战争的统一领导是进行人民战争的政治、思想和组织保障。统一领导包括政治领导、思想领导和组织领导。政治领导,就是用中国共产党的路线、方针、政策统一全党、全军和全体人民的思想和行动,使之在政治上与党中央保持一致。思想领导,就是用无产阶级的革命理论教育人民,引导人民群众批判和克服各种错误思想,用人民战争的战略和策略武装人民的头脑,树立必胜的信念和艰苦奋斗、不怕牺牲的奋斗精神。组织领导,就是建立党对军队和地方组织的各级党的工作机构,这些机构实行党委集体领导的制度。党中央对战争的统一领导的常设机构是中央军事委员会,简称中央军委。由党的最高领袖担任中央军委主席。中央军委主席是领导战争的最高统帅。战争中一切重大行动由中央军委决策。上述做法就是坚持中国共产党对革命战争的统一领导,以有效贯彻人民战争指导思想的根本性的措施和制度。

(三)人民战争的"三结合"武装体制

实行人民战争,需要适当地把广大人民群众有效地组织起来。所谓"三结合"的武装力量体制,在革命战争时期就是主力兵团与地方兵团相结合、正规军与民兵游击队相结合、武装群众与非武装群众相结合的武装力量体制。

第一,主力兵团和地方兵团相结合。主力兵团主要是指野战军,其主要作用是,执行超地方的作战任务,对付和歼灭大一点的敌人正规军;开辟根据地;扩建武装力量。而地方兵团就是归固定区域军事领导机关指挥的地方部队,如抗日战争时期的分区独立团、县大队等。其作用就是,执行地区性的作战任务,保卫地方,打退当面进攻之敌;配合主力兵团进行较大规模的战斗或战役;协助地方党政领导,配合群众武装肃清匪患,铲除奸细,维持社会治安;根据形势和任务的需要,还可以逐步升级为主力兵团。

第二,正规军和群众武装组织相结合,即正规武装与非正规武装的结合。毛泽东曾经把群众武装和正规军比作是人的左右手,认为没有群众武装力量的配合要战胜敌人是不可能的。在革命战争年代,群众武装组织的名称较多,它们的共同特点是不脱离生产,兵民一体,劳武结合。其中民兵是群众武装的一个传统的主要组织。它在战争的作用主要表现在:一是执行保卫家乡的任务。解放战争3年中,参战民兵达288万多人次,参加大小战斗1147万次,歼敌2447万余人,缴获各种炮400门,各种枪支56 500支,子弹280万发。群众武装组织在对敌斗争中,创造了各种作战方法,如地雷战、地道战、麻雀战等,机动灵活地打击敌人。二是向正规军输送兵员,并提供人力、物力支援。像解放战争时期,民兵发展到550万人,成为正规军强大的后备力量。三是封锁消息,掩护我军,收集敌人情报。我军之所以能够以少胜多、行动自由,得力于人民群众和群众武装组织的支持,得力于他们及时向我军传递了敌人驻防和行动的情况,使我军处处光明,而敌军则处处黑暗。四是巩固我军后方,破坏敌人后方。

第三,武装群众和非武装群众相结合。武装群众与非武装群众的结合,就是指主力兵团、地方兵团、民兵等拿枪的群众和不拿枪的更广大的人民群众的结合。毛泽东在《论联合政府》中指出:"在中国解放区,在民主政府领导之下,号召一切抗日人民组织在工作的、农民的、青年的、妇女的、文化的和其他职业和工作的罢休之中,热烈地从事援助军队的各项工作。"这些工作是相当广泛的,不仅包括政治上的,对共产党政策的拥护与支持;军事上的,如参加军队,开展各种袭击爆炸运动、侦察敌情、搜索情报;后勤上的,保障粮物、运送伤兵和保护伤兵等。所以说,非武装群众的力量是非常强大的,只有依靠全民的力量,才是实行了真正的人民战争,也才能够战胜敌人。

(四)以武装斗争为主,并与其他斗争形式密切配合

毛泽东指出:"革命的中心任务和最高形式是武装夺取政权,是战争解决问题。这个马克思列宁主义的革命原则是普遍地对的,不论在中国在外国,一概都是对的。"他还说,"统一战线和武装斗争,是战胜敌人的两个基本武器"。在中国"离开了武装斗争,就没有无产阶级的地位,就没有人民的地位,就没有共产党的地位,就没有革命的胜利"。不经过武装斗争,就不能完成任何的革命任务,也不可能推翻由几百万军队维系的强大的反动政权。仅靠政治的、经济的或者文化的斗争,就想让敌人放下屠刀,那是不切实际的幻想。这是中国革命用血得出的结论。斯大林在谈到中国革命时说:"在中国,是武装的革命反对武装的反革命。这是中国革命的特点之一,也是中国革命的优点之一。"因此,武装斗争是半封建、半殖民地的中国取得革命胜利的唯一正确的道路。

为了战胜强大的敌人,仅靠武装斗争还不够,还必须将其他战线、其他形式的斗争开展起来,与武装斗争相配合,发挥对敌斗争的整体效应。毛泽东指出:"没有武装斗争以外的各种形式的斗争相配合,武装斗争就不能取得胜利。"为此,必须开展协同于战争的、政治的、经济的、文化的多种战线的斗争,包括与敌人的政治谈判斗争和争取敌军、瓦解敌军的斗争。解放战争前的"重庆谈判",起到了揭露美蒋反动派假和平真战争的阴谋,争取社会各界、教育全国人民的作用,使人民对蒋介石的反人民动向引起警觉。随后的"北平谈判",揭露了国民党政府企图取得喘息机会以便卷土反扑的阴谋,使人民在精神上作好将革命进行到底的准备。在解放战争激烈的军事斗争过程中,毛泽东又将瓦解敌人的工作加以密切配合,争取了大批敌军的起义、投诚或接受和平改编。我党在敌占区内,也精心组织群众,开展了蓬勃的多条战线的斗争。比如,抗日战争期间发生在全国各地的救亡运动和抵制日货的斗争,解放战争时期,蒋管区农民的抗租、抗捐、反抓丁、反恶霸的斗争,城市工人、学生和市民的反饥饿、反内战、反迫害的斗争,右翼文化人士在文化战线上的反蒋的民主爱国人士等,形成了波澜壮阔的对敌合围之势,从而使敌人陷入到处挨打的困境,显示了人民群众的整体威力,加速了敌人的灭亡和人民革命战争的胜利。

(五)建立最广泛的革命统一战线

实行人民战争,除了广泛深入的动员和组织群众,还必须团结一切可以团结的阶级、阶

层和社会集团,利用一切可以利用的矛盾,实行正确的统战政策,结成最广泛的革命统一战线,最大限度的孤立和打击重要敌人。根据不同历史时期的不同的作战对象,及时调整和制定正确的政策,把有可能争取过来的阶层和人士,争取到人民一边来。比如,抗日战争期间,将土地革命战争中的"打土豪,分田地"政策,及时调整为"减租减息"的政策,争取了地主和富农中的开明分子、蒋介石营垒中的有民族气节的上层爱国分子,以及大批海外侨胞,使他们本着有力出力、有钱出钱的原则,不同程度地加入到我们的抗日行动中来,从而结成最广泛的抗日民族统一战线,集中打击了日寇和投降日寇的汉奸卖国贼。

(六)采用一系列灵活机动的战略战术

战略战术上的灵活机动,是指把唯物辩证法用于作战指导,依据敌我双方变化着的实际情况确定制胜的方针、原则和方法,指挥打仗,做到不拘一格,不墨守成规。朱德说过:"人民军队的用兵方法,则是随机应变,变化无穷。""有什么枪打什么仗,对什么敌人打什么仗,在什么时间地点打什么时间地点的仗……这就是实事求是的、唯物主义的用兵新法。"毛泽东等无产阶级革命家、军事家,在长期的中国革命战争实践中,不断进行探索、创造和积累,形成了人民战争所必需的一系列战略战术。它的基本特征,就是善于按照变化的具体情况从事灵活机动的作战。这些灵活机动的战略战术,是人民战争取得胜利的途径。

1. 思想精髓:你打你的,我打我的

新中国成立后,毛泽东曾扼要地阐释自己的战略战术思想。在战争指导中,要力求发挥自己的优势,你打我时,叫你打不到我,而我打你时,就一定要吃掉你;我能吃下你时,就吃了你,吃不下你时,也不让你吃了我。时机不成熟时,我主力不同你硬拼,同你脱离接触。也就是说,在任何情况下,都要善于扬长避短,趋利避害,不让敌人牵着鼻子走,不被敌人气势所吓倒,不中敌人圈套,始终保持行动自由。这是一种完全掌握主动权的作战,是我军战略战术的精髓。

"你打你的,我打我的",主要揭示了这样一个道理:在战争指导的任何情况下,都必须善于夺取并牢牢把握战争的主动权。这一原则,毛泽东最早完整地提出是在1947年4月晋察冀野战军进行正太战役期间。毛泽东电示聂荣臻等:"你们现已取得主动权,如敌南援,你们不去理他,仍然集中全力完成正太战役。"

"你打你的,我打我的",首先要有我的一套。有了我的一套,才能制约敌人的一套。你打阵地战,我打运动战;你打速决战,我打持久战;你打分进合击,我打诱敌深入;你打到这边,我打到那边。其次要不被严重的敌情所吓倒,不计较一城一地的得失,不与敌正面纠缠,不在敌期待的时间、地点、方式与敌交锋。最后要善于调动敌人,牵着敌人的鼻子走。

"你打你的,我打我的",力争完全主动,是战争指导的不二法门,是我军创新作战理论和战法必须牢牢把握的灵魂和精髓。信息化战争的出现,对战争指导提出了更高的要求。即使是战术行动,也具有战略性质,甚至还要牵涉政治和外交。所以,对信息化局部战争的战略指导,更要贯彻"你打你的,我打我的"指导思想。

2. 作战方针:歼灭战

歼灭战是消灭敌人全部或其大部的作战。所谓消灭当然不是把敌人从肉体上消灭,而是指使敌人丧失战斗力,那种把敌人打垮、击退、赶跑的作战当然不能叫作歼灭战,只能称为击溃战,将敌人击溃,从一般意义上讲当然也算取得作战的胜利,但毛泽东并不看重这种胜利。他说:"对于人,伤其十指不如断其一指,对于敌,击溃其十个师不如歼灭其一个师。"

1951年5月27日,毛泽东在北京中南海接见了即将赴朝鲜战场担任志愿军副司令的陈赓和志愿军参谋长解方。毛泽东详细询问了战场情况,解方不仅介绍了那里的具体情况,还总结了近阶段战役的经验教训。当时,陈赓插言说:"美军不像蒋介石那样笨拙地计较一城一地的得失,很注意保持战线的连续和完整,必要时不惜放弃汉城,也要发挥其有效的机动性。李奇微的'磁性战术',就是企图让我军吃不掉他们又甩不掉他们,以达到疲惫和消耗我军力量的目的。"毛泽东点头赞同他们的意见,然后充满自信地说:"兵不常势,水无常形。在军事科技手段日新月异的现代化战争中,我们不能抱着老的作战经验不放。我们在国内战场上连续打了20多年的仗,取得的作战经验毕竟来自现代化程度不高的国内战场。我们用老办法打歼灭战就不适应新情况了。李奇微接受了教训,经了脑子,发明了什么磁性战术来对付我们。我们也要来个魔高一尺,道高一丈。我们湖南家乡用稻米精制的一种黏力很强的传统粮块,一般是几斤或十多斤一块,名叫牛皮糖,糖味很甜,群众很喜欢吃,但必须用铁锤一小块一小块地敲下来,才便于吃。"

歼灭战指导我军取得了国内革命战争和抗美援朝、中印边境反击战、对越自卫反击作战等一系列战争的胜利。20世纪90年代以来,我军制定了"整体作战、重点打击"的基本作战思想。虽然这一思想的基本着眼点是歼灭敌人的有生力量,但却蕴含着瓦解敌作战体系、击敌要害的思想。它是我军传统作战思想的升华,符合我军实际。我军基本作战思想由以歼灭敌人有生力量为主,转变为以破击敌人作战体系为主,反映了战争形态和作战方式的发展变化,体现了机械化、半机械化战争与信息化战争的本质区别。

3. 作战法则:集中优势兵力,各个歼灭敌人

集中优势兵力,各个歼灭敌人,是毛泽东人民战争战略战术的重要原则。它既是中国人民解放军的主要作战思想和传统的作战方法,也是实现"保存自己,消灭敌人"这一战争目的和达到歼灭战的重要手段。毛泽东历来强调在敌强我弱、敌优我劣条件下,采用集中优势兵力、各个歼灭敌人的作战方法。

早在井冈山斗争时期,他就提出反对分兵击敌,主张集中兵力以击败小于我或等于我或大于我之敌。1930～1931年,毛泽东同朱德一起,在中央革命根据地采用集中优势兵力、各个歼灭敌人的方法,指挥中国工农红军第一方面军以4万人左右的兵力,先后粉碎了蒋介石发动的第一、二、三次反革命"围剿",取得了辉煌胜利。他在《中国革命战争的战略问题》中总结土地革命战争的军事斗争经验时,就明确提出集中兵力是人民解放军作战的重要原则。他指出,从战略防御中争取胜利,基本上靠了集中兵力的一着。我们的战略是"以一当十",我们的战术是"以十当一",这是我们制胜敌人的根本法则之一。集中兵力之所以重要,是为了改变敌我进退、攻防和内外线的形势使自己从被动中转为主动。抗日战争时期,毛泽东主张在反敌围攻作战中,对数路前进之敌,应集中兵力打败敌之一路后,再转移兵力去打败敌之另一路,如此各个地击破敌之围攻。

1946年9月,即解放战争进行3个月之后,为了进一步统一全党全军的作战指导思想,加速战争进程,毛泽东对战争初期的作战经验进行了科学概括,为中共中央革命军事委员会起草了《集中优势兵力,各个歼灭敌人》的对党内军内的指示,并在《三个月总结》中强调,不论高级指挥员，或中下级干部都必须学会此种作战方法。他指出，集中优势兵力，各个歼灭敌人，是战胜国民党的主要方法，也是唯一正确的方法。这种战法的效果是一能全歼，二能速决。如此就能最有效地打击敌军，充分地补充自己；使敌人士气沮丧，我则人心振奋；能迅速地转移兵力以各个歼灭他路之敌。实行这种战法在作战指导方面应注意和强调：在战役战斗部署方面，必须集中绝对优势兵力，即 6 倍、或 5 倍、或 4 倍，至少也要 3 倍于敌的兵力，反对平分兵力；在敌处进攻地位，我处防御地位，敌军使用多部或分路向我前进时，我应集中兵力于适当时机首先歼灭敌军较弱或较少援助的一部或一路，得手后再依情况歼敌另部或另路；在敌处防御地位，我处进攻地位时，如我军兵力多，敌军兵力弱，则可同时攻击若干部分的敌军。如我兵力不足，则对敌军所占诸城一个一个地夺取之；在攻击敌军阵地时，应选择较弱的一点（不是两点），猛烈地攻击之，务期必克，得手后迅速扩张战果，各个歼灭该敌；当我军主力集中歼敌时，必须同地方兵团、地方游击队和民兵的积极活动互相配合。地方兵团在打弱小目标时，也适用集中兵力各个歼敌的原则。集中兵力歼敌的作战原则，通常以歼灭敌人有生力量为主要目标，而不以保守或夺取地方为主要目标。中华人民共和国成立后，在保卫祖国、反对外敌入侵等武装斗争中，特别是经过抗美援朝战争实践的检验，都证明集中优势兵力、各个歼灭敌人的原则，仍是中国人民解放军在现代战争中战胜敌人的主要作战方法。

4.作战形式：运动战、阵地战、游击战

运动战、阵地战、游击战是中国革命战争的三种基本作战形式，毛泽东在战争指导中，善于根据战争的实际情况，以一种作战形式为主要作战形式，但并不拒绝其他作战形式的作用，而是把各种作战形式看作一个整体，三种作战形式有主有次，紧密结合，既发挥每种作战形势的优长，又发挥其整体威力。"有人说，我们只主张游击战，这是乱说的，我们从来就主张运动战、阵地战。游击战三者的配合。""三种方式互相配合，必能使敌军处于极困难地位。"

运动战"是正规兵团在较长的战线和较大的战区上面，从事于战役和战斗上的外线的速决的进攻战的形式"。其特点是进攻性和流动性，在广阔的战场上，实行高度机动，调动敌人，寻找战机，歼敌于运动之中或立足未稳之际。"打得赢就打，打不赢就走"，"一切的'走'都是为着'打'。"阵地战是军队依托阵地进行防御或对据守阵地之敌实施进攻的作战形式。游击战是民兵、游击队或由正规部队组成的游击部队，分散流动、灵活机动地袭击敌人的作战形式。游击战通常是正规战的辅助形式，是较小规模的作战，但也可以独立进行，特别是当游击作战铺天盖地展开时，可形成战略上大规模的游击战争。例如，抗日战争期间，我军深入敌后广泛开展游击战，把游击战法提升到游击战略。毛泽东在指导中国革命战争中，根据敌我力量对比、我军作战能力和任务及战争形势的发展，灵活地采用各种作战形式，并根据不同的战略形势，适时地进行作战形式上的战略转变，有力地推动了革命战争和反侵略战争的顺利发展。还以抗日战争为例：第一阶段，维持土地革命战争后期以运动战为主、游击战为辅的作战形式；第二阶段，随着日寇集中力量扫荡我根据地的战场形势，我军将游击战上升到主要地位，而以运动战和阵地战辅助之；到了第三阶段，随着我军发展壮大，运动战再上升为主要形式，而辅之以阵地战和游击战。而其哲学基础则是根据变化了的情况，实事求是地采用符合实际情况的作战形式。

毛泽东创造了中外战争史上的神话,他的用兵如神,不仅赢得了全党、全军的敬仰,而且也折服了他的对手。曾与毛泽东沙场较量二十几年的蒋介石败退台湾岛后,曾经对国共两党军队的作战思想作了一番绝妙的对比,他说:"'共匪'自江西以来,因为兵员缺乏,武器寡劣,谈不上军事科学,故以我国古代的军事哲学为基本思想,讲求奇正虚实,讲求运用变化,寓生活于战斗,寓训练于战场,翻陈出新,千锤百炼,狡诡虞诈,神出鬼没,极尽战争艺术化之能事。故其战术思想是基于军事哲学的反复实践而形成统一的一套。""我军则以军事科学为军官学校训练的范本,于是学德国、学日本、学苏俄、学美国,东抄西袭,各鸣其是。头脑先入主观,门户各不相上下,对外国的军事科学未得皮毛,反将自己的传统的军事哲学抛弃无遗,逐渐变成死的训练、死的指挥、死的战法,而无战术思想可言。"

历史证明,不论战争条件如何变化,毛泽东这种运用战略战术的态度将始终适用,这也是伟大军事家毛泽东留给后人的宝贵财富。

三、信息化条件下人民战争战法的创新

信息化正在深刻地改变着社会的面貌,改变着人类战争的形态。信息化条件下人民战争既面临着史无前例的发展机遇,又必须接受针对其地位作用的严峻挑战。这种新的挑战应该说是多方面、全方位的:既有政治、经济、科技、社会等战略环境的,又有战略指导、军事理论、作战思想等战略指导的;既有动员体制、编制体制、武器装备等战争能力的,又有人的素质、人与武器的结合、作战的方式方法等编制体制、战略战术的。我们研究打赢信息化战争,无非是要回答两个根本性的问题:一是打什么战争,二是怎么打赢战争。但如何打好现代技术特别是高技术条件下的人民战争,要根据新形势、新条件加以研究。可以说,研究人民战争在信息化条件下的战略战术,即战法问题,是一个紧迫而有重大意义的课题。

(一)信息化武器装备依赖人的主观能动性的发挥

现代信息化战争从地面打到海上,从海上又打到空中,最终由空中打到外太空。其间充斥了大量的电脑、人工智能技术和机器人技术,但操纵战争机器始终离不开的是人,即使双方把战争形式演绎到了超视距不接触的高级阶段,其作战的主体仍然是人类本身,人的因素依然是决定战争胜负的最关键性东西。刚刚过去的伊拉克战争在向我们展示信息化战争的雄威的同时,也十分清醒地告诫我们不能忽视现代战争中人的因素所起的作用。

在伊拉克战争中,美军虽然掌握了绝对的制海权、制空权和最重要的制电磁权,但是即便如此,美军也并没有放弃对伊军人员开展强大攻心战,他们通过重金收买、战前临阵劝降的形式,使伊军师以上的高级官员全部被争取过来。在战场上,美国中央司令部的弗兰克斯将军知道每一个伊拉克共和国卫队师长的手机号码、电子邮箱、固定电话号码等,其"不战而屈人之兵"的战法简直达到炉火纯青的地步。战后在巴格达的伊军军火库里发现了大量崭新的美制现代化"陶"式反坦克导弹,这种情况令美军士兵不寒而栗,试想伊军士兵若以其对付美军坦克,真不知道有多少人会葬身火海。令人费解的是在战斗最激烈的几十天里伊军竟一弹未发,一触即溃。如果说萨达姆政权失败得那么快仅仅归结为信息化的劣势和飞机大炮及坦克质量低劣的话,那还不如说是伊军战争精神的全面崩溃,是伊拉克落后的军事体制和阿拉伯复兴党的腐败政治统治共同催化的结果。据不完全统计:在 2003 年一个多月的对伊拉克进攻作战的过程中,美军被打死的士兵仅 138 人,而在美军占领后的两年时间里,

因伊拉克反美武装的化整为零的游击战而丧生的美军士兵高达 2000 人。这场现代高技术局部战争的结局,表明了即使在高度信息化的现代战争中,离开了人的精神作用,虽然拥有现代化的武器装备,也将难以打赢战争;只要具备顽强的战斗意识,即使是使用小米加步枪的弱者,也是有可能战胜强敌的。

（二）人民战争需要动员一切信息化资源投入战争

信息化战争中,由于人力流、物质流、能量流全靠信息流的控制,信息资源成为军队作战能力的关键因素。可以预见,未来信息化战争中,一切涉及战争的政治活动、军事活动都将围绕信息和信息系统这个中心来进行,夺取制信息权将成为战争的主导行动。在信息时代,国家的、社会的信息和信息系统既是军队战斗力的重要支撑,更是维系国家政治、经济的关键环节,所以有的重要的民用信息基础设施也将成为攻击的重要目标,这就要求军民一体共同投入战争。因此,信息化条件下人民战争面临的第一个挑战就是如何动员和运用人民群众的一切信息资源来夺取制信息权。夺取制信息权,主要是在信息领域进行无形的对抗,通过阻断敌方的信息传递,来延误敌方各种指令的传递,影响敌方其他部队的作战反应;通过电子欺骗给敌方传递虚假信息,来诱导敌方作出错误决策,导致敌方作战部队采取错误的作战行动;通过心理攻击来影响敌方指挥员和战斗人员的认识和信念系统,进而影响其士气,导致其战斗力下降等。新的作战领域需要新的作战方法,因此,人民战争的战法应该以信息为主导进行深刻的时代性创新,才能适应打赢信息化战争的需要。

（三）人民战争需要组织军民整体对抗并进行战法创新

信息化的武器装备系统是以计算机技术为核心、以信息技术为基础的一体化武器装备系统,其构成主要包括信息攻防武器系统、单兵数字化装备和指挥控制系统。信息化武器装备系统运用的显著特征就是战场的精确打击。目前,发达国家军队已经形成制导炸弹、制导炮弹、巡航导弹、防空导弹等门类齐全的精确制导武器系统,既能在战略战役上对敌人的重要目标实施远程精确打击,也能在战术上提高打击部队、摧毁敌纵深目标的能力。特别是高能激光武器、粒子武器、智能武器的投入使用将提供更多的战术打击手段。伊拉克战争中,美军空袭的精确制导弹药已经超过了 80%。信息化武器大量投入战场,形成了战场对抗的两大景观:系统与系统的对抗,精确对精确的打击。这是信息化战争对人民战争的严峻挑战。为此,人民战争一方面要把"三结合"武力量更加精密地协调起来,组织对敌人的精确打击,力求在多个战场、采取多种行动、应用多种手段对敌实施火力兵力的突击,瘫痪敌人系统结构,打乱敌人精确打击的作战行动顺序和节奏,最大限度地发挥人民战争的整体效能;另一方面,还要高度一致地组织防御敌人远程精确打击,如城市防空、网络防护、重大目标防卫等。这些就要求我们必须创造一套全新的军民联合作战的战法。

（四）信息化战争同样需要发挥人民战争的传统优势

信息化战争产生了多种多样的作战形式,如网络中心战、电子战、心理战、太空战等作战样式,非接触、非线式、非对称等作战方式,以消灭目标为主要目的的"基于效果"作战方法等。比如,信息化战争中,拥有强大空、天、地综合信息系统优势、空天力量优势、精确打击优势的一方可以在几万千米以外出动战略轰炸机实施轰炸,可以在上千公里以外发射巡航导弹,在 200～1600 千米以外出动战术飞机实施高空轰炸。在这种新情况下,人民战争对信息化战争的非对称性就成了我们取胜的强大优势。而为了发挥人民战争的优良传统,如全民参战、敌后游击战等,我们必须创新战法。比如,信息分队能够全天候寻找到敌方信息化系统的破绽,就有了立体游击战、"信隙"致盲战等新战法。只要我们围绕传统优势,不断地探索创新,信息化条件下人民战争的战略战术必会大放光彩。

(五)人民战争需要围绕多维战场、全时空作战进行战法创新

信息化战争开辟了巨大的多维作战空间,不仅从陆海空三维物理空间扩展到了外层空间,而且产生了新的作战空间,形成了陆海空之外的太空、电磁、网络、心理、虚拟等诸多战场。人民战争在信息化条件下面临的又一个挑战就是作战空间立体多维。人民战争能否经得起信息化战场的考验,在每一个空间都能牢固地巩固自己的阵地,最终夺取胜利,主要就看我们的战法是否对路,看"三结合"武装力量和广大人民群众能否在各个战场上八仙过海各显神通,形成全维、全时打击与防御的优势,使每个空间都有陷敌于灭顶之灾的火海。比如,电磁战场上的干扰战、心理战场上的欺骗战等。这就要求,人民群众参战支前的途径和方法应该改变仅限于陆海空战场所形成的固定模式,尤其是不能被陆战场上取得的经验所束缚,而应按照新的战争空间、战场需要去设计和探索各种灵活的战略战术,"你打你的,我打我的",不管敌人从哪个空间来,也不管敌人在哪个时间,都有对付它的一套打法。

(六)人民战争需要围绕重点目标防护进行战法创新

信息化战争的最大特点之一是把推翻敌对国的政治制度或政治领导、打垮对方的经济潜力、摧毁其军事战略目标确定为战争的主要目的,而不是像以往战争那样强调打击对方的有生力量,攻城略地。信息化战争中,交战方往往以大量的高精度的信息制导武器摧毁对方最重要的政治、经济、能源、交通、信息化设施,来个釜底抽薪,震慑敌方,使其丧失抵抗意志和战争能力,从而达到少战、精战、速战而屈人之兵的目的。为此,开展人民战争就要以国家经济实力、军事实力、民族凝聚力来进行综合较量。在这种综合国力的较量中,人民群众围绕保卫国家政治经济利益、维护国家主权和尊严,在党的统一领导下来创造和运用新的战法有着更为重要的意义。

总之,信息化条件下人民战争面临的挑战是严峻的。在未来信息化战争中,我们既应注重加强信息化武器装备的建设,更应加强人民战争战法创新的研究,寻找在信息化条件下与敌"不对称"的战略战术,唯有如此,才能形成信息化战争中整体对抗的劣优转化,实现打得赢的目标。

第七章　国际战略格局和安全形势

国际战略格局,是指对国际事务具有重要影响力的力量,在一定历史时期内相互联系、相互作用而形成的较为稳定的力量结构。国际战略格局形成、发展和变化的物质基础是各国政治、经济和军事力量间的相互对比。大国实力地位的变化是导致国际战略格局演变的重要因素。

一、国际战略格局进入"新一超多强"时代

国际金融危机爆发 5 年来,国际格局多极化进入历史新阶段,冷战后形成的"一超多强"经过 20 多年的发展,现在已经演变成"新一超多强",当今国际新格局呈现出错综复杂的"立体几何"图景,具体来说包括如下三大特征:

(一)"一超多强"渐成"一超六强",中国提前"被第二"

当今世界存在着七大"力量中心"(即有影响力的国家或国家集团),分别是美国、中国、欧盟、俄罗斯、日本、印度与巴西,其中,西方发达国家不仅整体上相对下滑,而且其"三驾马车"可谓"家家有本难念的经"。美国虽然仍是"唯一超级大国",但其超强实力今非昔比,已相对削弱。美国虽然凭借美元霸权,连续实施三轮"量化宽松"货币政策,通过超低利率与狂印美钞等维持了其经济增长,但财政赤字与公共债务尾大不掉,失业率高位徘徊,国防等预算面临削减。欧元区主权债务危机深重,经济增长长期处于衰退状态,南部"重灾区"国家与北部国家分歧加深,危机国家内部社会矛盾激化,未来较长时期欧盟的主要精力将在于应对危机后遗症,对外影响力与整体合力大不如前。日本政府债务规模惊人,自民党安倍政权企图通过宽松货币政策与日元贬值刺激经济增长,其既是治标不治本,也难以扭转人口严重老龄化等不利趋势。

综合国外普遍看法,结合其"现实力"与"潜力",金融危机不仅造就了"一超六强"的当今格局,而且还使得"六强"的排序发生了明显的变化,欧盟与日本的位置相对后退,新兴大国的位置相对前进,中国尽管还只是发展中大国,但已被外界越来越多地看成是"六强之首"与"世界第二"。由此,七大"力量中心"的排序依次是:美国、中国、欧盟、俄罗斯、日本、印度和巴西。

(二)七大"力量中心"分三个层次

美国无疑仍然独处第一个层次;中国、欧盟、俄罗斯同处第二个层次,其原因之一是这三家都是或都有联合国安理会常任理事国(如欧盟中的英国与法国),具有不可或缺的政治影响力;日本、印度、巴西同处第三个层次,其原因之一也是这三家都不是安理会常任理事国,其政治影响力被大打折扣。

(三)两大"集群"的"竞合博弈"成为国际关系的"主要矛盾"或"主线"

基于国家利益以及意识形态、价值观与发展道路的异同,七大"力量中心"在参与国际战略博弈时选择了不同的伙伴或盟友,这在客观上形成了西方发达国家与非西方新兴大国这

两大"集群"的分野与组合。而由于经济全球化的作用,当今的两大集群又不同于冷战时期的"两大阵营",彼此不是对抗与截然分割的"零和"游戏,而是竞争与合作并存的"竞合博弈"。在国际金融危机爆发5年后的今天,当前两大集群各自的发展态势又呈现出阶段性新特点:西方发达国家集群接近摆脱危机,相继"止跌反弹",同时开展了新的大联合[如美欧"跨大西洋贸易与投资伙伴协议"(Transatlantic Trade and Investment Partnership,TTIP)、美日等"跨太平洋伙伴协议"(Trans-Pacific Partnership Agreement,TPP)],力图联手重振往昔雄风,继续把持国际体系的主导权;非西方新兴大国集群则因为经济增长放缓而处于阶段性困境,与此同时也在开展彼此之间的大合作(如中国、俄罗斯、印度、巴西和南非五国共同参与的"金砖五国"峰会)。

两大集群之间的矛盾与"竞合博弈"成为当今国际关系的一条主线,双方的地缘博弈主要集中于中东、北非与亚太两大"热点板块",并在前者主要体现为美俄博弈,在后者主要体现为中美博弈。与此同时,两大集群还在多个问题领域展开全方位的"领域"博弈,包括在经济、金融、能源、气候变化与科技领域,竞争新工业革命与新能源革命的制高点;在"全球四大公地"领域,博弈网络、海洋、太空与南北两极的话语权与权益;在发展模式、价值观与意识形态领域,竞争软实力与话语权。中美两国分别在各自集群之中的综合实力最强,使得中美关系越来越具有全球格局性意义,中美战略博弈愈发牵动全球,堪称"主线中的主线",双方共同探索构建的中美"新型大国关系"也备受国际社会的瞩目。

二、亚洲整体性崛起态势及其效应不断凸显

从地区格局变动的视角看,亚洲及其关联的西太平洋和印度洋作为一个地缘板块的整体性崛起尤显突出,新态势持续展现,引发的动力和产生的效应不断变化和释放。这种整体性崛起是从综合性和全方位角度而言的,既包括地缘战略角度的板块隆升,又强调政治、经济、军事实力和影响力的提升等方面,还强调是由多个国家(地区)的显著发展甚至不同程度的崛起所共同支撑的。20世纪80年代,亚洲"四小龙"(韩国、新加坡、中国香港、中国台湾)快速发展和率先实现工业化;90年代亚洲"四小虎"(泰国、马来西亚、印度尼西亚、菲律宾)的快速发展开始显现;进入21世纪尤其是2008年金融危机之后,中国、印度、俄罗斯、土耳其、哈萨克斯坦等国快速发展,这些国家不同批次前后延续的持续撑托使得亚洲的崛起态势变得越来越突出。这种凸显在经济和政治方面均有体现。在经济维度上,亚洲地区国家的国内生产总值(GDP)、进出口贸易、吸引外资和对外投资等都呈现快速增长态势,2013年年底世界GDP前10位的国家有4个在亚洲(中国第二、日本第三、印度第八和俄罗斯第九),整个地区的经济规模占世界的1/3。亚洲开发银行预测,亚洲经济占世界的比重到2035年将升至44%,到2050年将进一步上升到52%。在政治维度上,泰国、菲律宾提供了亚洲国家采取西方民主制度之后的发展范例,韩国、新加坡、中国香港和中国台湾提供了儒家文化圈国家和地区工业化、民主化的例子,马来西亚、印度尼西亚和土耳其等提供了伊斯兰国家对现代化的发展路径探索,俄罗斯、哈萨克斯坦、吉尔吉斯斯坦等则提供了前苏联成员国转型的经验和教训。

作为亚洲整体性崛起的重要因素,同时也是亚洲整体性崛起的重要效应之一,区域外的战略力量纷纷加大对亚洲的关注和力量投放。美国为了掌控从西太平洋和东亚延伸到印度

洋和南亚的弧形地带,进而掌控整个亚洲和继续维护其全球领导地位,在中东(西亚和西南亚等)和亚太地区进行"再平衡",一方面适度减少小布什时期因阿富汗战争和伊拉克战争而在中东地区过多投入的力量,但不离开该区域;另一方面增加对亚太地区的关注和投入,以确保美国在该区域的存在和主导地位不受严重削弱。特别是着力加强在中东与亚太地区的连接部位,即中亚、东南亚和西南太平洋的力量部署,力图形成强有力的战略支撑。为此,美国奥巴马政府持续加大投入,推进"新丝绸之路倡议",打造以阿富汗为核心,囊括中亚国家,以及巴基斯坦、印度、孟加拉国在内的贸易和能源合作机制,为2014年撤军之后继续保持足够的影响力进行相关部署;推进与菲律宾、越南、新加坡、印度尼西亚、澳大利亚等国的外交联系、经贸往来、安全合作,进一步激活与泰国的安全同盟关系,改善与缅甸、老挝等国的关系。受美国战略调整的刺激和推动,欧盟、澳大利亚等纷纷强化与亚洲国家的多方面关系。欧盟《2020年战略》强调重视与亚洲国家的关系,英、法、德等国均越发重视并不断推进与东北亚、东南亚、南亚国家关系。澳大利亚更是越来越重视加强与亚洲的联系,扩展在亚洲的利益。吉拉德政府在2012年10月制定并发表了《亚洲世纪中的澳大利亚》白皮书认为,亚洲成为世界经济龙头的进程势不可当,而且加快了步伐;澳大利亚要在2025年前变得更加繁荣、更有活力并分享新机遇,进而成为亚洲世纪的赢家,就要成为一个更了解亚洲、更具能力的国家;要有明确的计划,抓住即将涌现的经济机遇,应对将要出现的战略挑战。

同样既是亚洲整体性崛起的重要内生支撑和内在驱动,又是亚洲整体性崛起效应的重要体现之一,板块内部不同层面和不同领域的联动持续加剧,包括:东南亚方向的东盟从加强自身一体化建设向牵引亚洲地区整合方向发展;上合组织作为亚洲中心地带最重要的多边合作机制的发展及其影响辐射,强化了东亚、中亚与南亚之间的联系;西亚的海湾合作委员会在应对中东大变局的过程中进一步扩员和扩大影响;美国提出并推进的"新丝绸之路"计划促进了南亚和中亚的联系;俄罗斯力推的欧亚经济联盟则增强了前苏联成员国之间的合作。这些机制从5个不同方位,各有侧重和特点,在不断推动次区域合作的同时,促进了整个地区范围内部的联动,增强了整体性及其凸显。以经济内部联系为例,区内贸易从21世纪初的8000亿美元增长到如今的3万亿美元,贸易依存度超过50%;区内已经签署的自贸协定从2002年的70个快速增加到2013年年初的250多个,成为全球自贸区建设最活跃的地区;大多数国家的入境游客80%以上来自亚洲内部。中国与亚洲国家之间的经贸联系更是日趋紧密,已经成为许多亚洲国家的最大贸易伙伴、最大出口市场和重要投资来源地,前十大贸易伙伴中1/2来自亚洲,对外投资约70%投向亚洲,截至2012年年底,在亚洲国家开设了66所孔子学院和32所孔子课堂,互派留学生近50万人;同亚洲国家人员往来超过3000万人次,入境中国内地的亚洲国家人员达1500多万人次,占入境外国人总数的57%,外国人入境人数前10位的国家中有7个是亚洲国家。

三、发达国家与发展中国家力量差距持续缩小

从国家群体分野的视角看,美、欧、日等发达国家面临的经济、政治和社会问题凸显,新兴市场和发展中国家的整体实力增强,这两个大的国家群体之间的力量此消彼长,差距不断缩小。

首先,在经济方面,根据世界银行提供的数据,"西方七国"(G7,美、加、日、英、法、德、

意)从 2007 至 2012 年年底,GDP 总和在世界 GDP 总量中所占的比例从 54.82％下降为 47.3％,外汇储备总和在世界外汇储备总量中所占的比例从 22.92％下降为 15.51％,出口贸易额总和在世界出口贸易总量中所占比例从 41.16％下降为 33.54％。相比之下,一批新兴市场国家和发展中国家呈现比较快速的群体性的梯次崛起态势。其中,"金砖五国"的整体实力提升明显。从 2007 至 2012 年年底,五国 GDP 的总和在世界 GDP 总量中所占比例从 13.79％增长为 20.52％,外汇储备总和在世界外汇储备总量中所占比例从 34.03％增长为 41.17％,出口贸易额总和在世界出口贸易总量中所占比例从 13.96％增长为 16.44％。根据国际货币基金组织 2013 年 7 月发布的预测,美国和欧元区 2013 年的经济增速预计分别为 1.75％、−0.5％,2014 年可能达到 2.75％、1％;新兴经济体和发展中国家 2013 年和 2014 年的经济增速仍可能达到 5％和 5.5％。凭借不断累积的经济实力,"金砖五国"在世界经济和国际金融领域的影响力持续上升。在 2012 年 3 月于印度举行的金砖国家峰会上,五国要求国际货币基金组织继续落实 2010 年的投票权改革方案,并在 2014 年全面重新审议投票权分配方案。2013 年 4 月在南非举行的峰会发表了《德班宣言》和行动计划,决定建立金砖国家开发银行和外汇储备库。尽管 2013～2014 年,金砖国家经济增长普遍放缓,但墨西哥、印度尼西亚、尼日利亚、土耳其构成的"薄荷四国"(MINTS),以及其他更多的发展中国家依然保持较快速度的增长,这就使得发展中国家的梯次群体性崛起态势继续保持。

其次,在政治方面,美欧等国主导和塑造国际事务的意愿和能力有所减弱,在全球和地区问题上的话语权和影响力有所下降,对新兴大国和地区重要国家的倚重明显增大。基于此,美国领导的北约国家加快从阿富汗撤军,在乌克兰问题上应对乏力,对俄罗斯的攻势采取守势;在中东事务特别是叙利亚和伊朗问题上施压手段有限,以寻求政治和外交谈判解决为主;在朝核问题上继续奉行"战略忍耐";在国际金融体系改革、核安全、气候变化应对、粮食危机处理等全球性问题上的着力有所下降。相比之下,新兴经济体在联合国安理会和联合国大会、"金砖五国"峰会、20 国集团(G20)峰会、77 国集团、不结盟运动等多种多边机制中积极开展合作,群体性崛起的合力以及经济实力增长转换而来的政治影响力继续增强,在全球和地区事务中更趋活跃,话语权扩大。根据 2010 年提出的改革方案,国际货币基金组织(IMF)和世界银行(WB)的股权结构和职能要进行调整,前者已经把新兴市场和发展中国家的投票权增加到 6％,后者把发展中国家和转型经济体的投票权提高为 3.13％,未来还将进一步展开改革。在发展模式方面,西方资本主义尤其是美英自由市场经济模式遭受质疑,经济民族主义、贸易保护主义和反全球化力量上升,社会政治生态加快演化,激进思潮有所抬头,影响力增大,不同政党之间、不同种族和族群之间、不同阶层尤其是少数富人和大多数中低收入者之间、本国人和外国人之间等多重矛盾有所激化,政治生态的复杂性和脆弱性上升,这些问题使得发达国家作为世界发展引领者的道义优势和感召力受损。相比之下,中国等新兴大国的发展模式在应对危机方面彰显优势,越来越多的发展中国家积极探索符合本国国情的发展道路和发展模式,各种非西方道路和模式的发展潜力受到越来越多的关注。

四、大国关系呈现新特点

(一)"竞合"关系与伙伴化

全球化导致大国关系的"内涵"变得更加深刻复杂,竞争与合作并存交织的"竞合"关系成为主流,你死我活的"零和"关系逐渐式微,伙伴化而非同盟化或敌对化的"新型大国关系"逐渐流行。

当今大国关系是在全球化深入发展的时代背景下展开的,在总体上呈现为"竞合化"、"矛盾可控化"、"低对抗化"与"伙伴化",其根本原因就在于,难以逆转的经济与科技全球化导致各国的相互依存度加深,共同利益增大,各国利益交融,彼此命运休戚与共,你中有我、我中有你,一损俱损、一荣俱荣,难以再泾渭分明、相互割裂。

进一步而言,五大因素导致大国关系"内涵"生变:一是面对金融危机、气候变化、国际恐怖主义、重大疫情等各类全球性挑战,各大国都难以独善其身,而只能是协调应对、同舟共济、共渡难关,全球性挑战因而成为促进大国合作的新平台;二是大国共同经济与安全利益增多,相互依存的深度与广度不断增加,矛盾的对抗性有所下降,竞争的可控性显著上升,彼此竞争以和平与发展竞争为主,军事较量大多"引而不发",恶性竞争与"零和"博弈有所减少;三是大国竞争与合作交织缠绕,"竞合关系"凸显,敌友界线趋于模糊,博弈更为复杂,至于西方老牌大国与非西方新兴大国这两大"集群",也有别于冷战时期的"两大阵营"或"两大集团",二者之间的"集群博弈"属于"竞合博弈",而非"集团对抗";四是主要大国相互核威慑以及常规武器日趋高科技化,致使大国之间的战争代价过高,一旦事发各方均难以承受;五是各大国大多也能够汲取大国对抗两败俱伤的历史教训,其对外战略也在不同程度地与时俱进,加之还有来自国际法、国际组织与国际舆论的制约,各大国因而难以随心所欲、为所欲为或恣意妄为。

(二)两大"集群"之间的"竞合博弈"渐次全方位展开

西方大国力图把持国际体系主导权,新兴大国则努力争取对国际体系的平等参与权,两大集群之间的"竞合博弈"还将向纵深发展,并将在以下四大层面深入博弈:一是围绕改革国际货币金融体系、应对欧美主权债务危机等,竞争全球经济治理的话语权。当前新兴大国经济可持续增长正面临着来自发达国家不负责任政策的三重冲击:欧美发达国家债务危机久拖不决,严重连累了新兴经济体,导致其经济增长普遍减速;发达经济体为了摆脱与转嫁债务危机,竞相推行"宽松"货币政策,变相压低本币的币值,借以稀释主权债务、扩大出口与争夺国际市场份额,不仅抬高国际大宗商品价格,而且推升新兴经济体本币的币值,导致新兴经济体的比较优势与竞争力被削弱,其巨额外汇储备面临缩水危险;发达经济体肆无忌惮地实施贸易与投资保护主义,重点针对新兴大国发难,动辄实施反倾销与反补贴制裁,搞得国际经济环境乌烟瘴气。对此,新兴大国迫切需要强化经济政策协调,共同抵制发达国家的不负责任行为。二是围绕中东、北非新秩序与经济重建,围绕是坚持不干涉内政还是强调"保护的责任",竞争道义制高点、地缘战略与经济权益,其中叙利亚与伊朗核问题是两大焦点。三是围绕网络、海洋、太空、极地四大"全球公地",角逐"新边疆"与"高边疆"规则的制定权。四是围绕《京都议定书》第二承诺期温室气体减排细节与新能源经济,竞争"气候新秩序"与新能源产业的主导权。

(三)美俄明争暗斗加剧

俄罗斯收留曝光美国网络监控庞大计划的斯诺登,美国愤而取消原来计划好的"奥普会",奥巴马反咬一口,指责俄对外抱持"冷战思维与心态",俄总统顾问则一针见血反唇相讯,称美至今不能"平等对待俄"。"斯诺登事件"导致原本就渐冷的美俄关系进一步降温,美俄矛盾在短时期内难以缓解。从中长期来看,普京主政下的俄罗斯将与美展开全方位的竞争角力。其实,美俄矛盾趋于加剧有其必然性,"斯诺登事件"只不过是一个导火索而已,双方的"结构性矛盾"可谓根深蒂固、错综复杂,具体包括如下多个方面:

一是不同的国际秩序观,美仍谋求建立所谓"单极"世界,俄则致力于"多极"格局;二是美傲慢自大,自视为冷战的大赢家,长期把俄看成是冷战的"手下败将",一贯轻视与贬低俄,骨子里不愿平等对待俄,俄有强烈的不被尊重感;三是美惯于干涉别国内政,视俄为"专制""威权"国家,对于普京的东山再起、再度出任俄总统相当反感,坚持资助俄罗斯的"反对派",策划所谓"颜色革命",干涉俄罗斯内政;四是地缘战略冲突,美自冷战结束后便持续挤压俄罗斯地缘空间,坚持推进北约"东扩",在俄罗斯与格鲁吉亚的冲突中偏袒格方,在中东的叙利亚危机与伊朗核问题上敌视叙、伊现政权,俄则相反,坚决支持叙政府"反恐"与"平叛",主张对话与政治解决伊朗核问题;五是战略安全冲突,美持续推进研制部署反导系统,企图实现战略武器的"矛""盾"兼备,俄则反对美推进反导系统,力求维持战略平衡;六是斯诺登曝光的"棱镜"等计划暴露了美国的网络霸权野心,美国的对外网络渗透窃密严重侵害了别国主权,俄也是美重点监控对象之一,俄对此当然不会买账;七是美国页岩油气大开发导致全球能源供应格局重组,作为能源供应大国的俄罗斯明显感受到了来自美国的新挑战;八是普京总统个人的因素,普京不仅是条"硬汉",而且足智多谋,对外善于"打牌",堪称当今世界屈指可数的"战略玩家",他以复兴俄罗斯民族与国家为己任,具有强烈的历史使命感,对外当仁不让、刚直不阿、敢于担当,美国的霸权主义与强权政治自然会在俄罗斯碰壁。

综上所述,无处不在的美俄矛盾在一定程度上难以调和,因为究其矛盾的实质,美国坚持对外称霸谋霸与干涉扩张,俄则反霸权求平等、捍卫自身主权与自主发展道路、维护自身战略安全与地缘利益,二者之间可谓是针锋相对。

(四)中美战略博弈加剧

国际金融危机导致中美力量对比"美消中长"与中美相对实力地位"中升美降"。正是在此大背景下,中美关系越来越具有"竞合博弈"的特点,彼此之间既有合作的一面,更有竞争的另一面。在"后金融危机时代",中美竞争呈现加剧之势,竞争主要包括以下六个领域:

一是双方的综合国力与国际影响力竞争,美国虽仍为"唯一超级大国",但中国的 GDP 总量已位居世界第二,霸权国家与崛起大国之间的力量对比此消彼长还在加快,而这便是制约中美关系的所谓"结构性矛盾";二是双方价值观、意识形态与政治体制反差巨大,中美分别是社会主义大国与资本主义头号强国,彼此之间的发展模式竞争趋于激烈;三是地缘战略竞争,尤其是围绕亚太地区,美国企图在中国的"家门口"喧宾夺主,以"海洋航行自由"与"海洋乃全球公域"等为幌子,插手中国与邻国的海洋争端,极力阻拦中国的"海洋崛起",竭力维护其海洋霸权;四是经贸竞争,面对中国经济的后来居上,奥巴马政府推行贸易投资保护主义与经济民族主义,一再炒作人民币汇率与"贸易平衡",对华滥用"双反"制裁;五是网络空间竞争,美国假手"网络自由"与"网络安全",奉行双重标准,视中国为其称霸网络空间的"主要威胁";六是围绕中东、北非乱局竞争道义制高点与国际话语权,美国针对叙利亚等大肆推行"保护的责任"与"政权更迭",中国则坚持尊重当事国主权与不干涉内政,双方围绕安理会的有关决议针锋相对。

五、激烈竞争中的军事战略调整

(一)大国军事战略面临全面调整

1. 美国国力相对衰落,全球战略趋向收缩

2008 年金融危机爆发,美国经济泡沫破裂,国民经济陷入衰退,联邦政府背上巨额债务。面对国力不济的事实,美国不得不减少各项开支,以削减外债和巨额财政赤字。2013年 3 月 1 日,自动减赤机制生效,美国年度国防开支缩减 460 亿美元,约占全年国防预算的8%。这是 9·11 事件以来美国首次削减军费。军费削减给美军带来诸多现实问题,包括减少军事训练和战备活动,限制新装备采购等。与此对应,美国不得不在全球范围内进行战略收缩。根据《维持美国的全球领导地位:21 世纪国防的优先任务》报告,美国在未来 10 年内将逐步减少在欧洲的军事部署,相应缩减陆军规模并减少单边军事行动,同时放弃自冷战结束以来同时打赢"两场战争"的目标,改为目标,即参加并打赢一场战争,同时在另一场战争中干扰破坏敌人的行动。

2. 地区大国根据需求调整军事战略

在欧洲,由于美国宣布将逐步减少驻欧美军,并推迟欧洲分阶段建设导弹防御系统计划,欧洲认识到,作为一个整体,欧洲将在防务问题上面临越来越大的压力,未来欧洲防务需要更多地依靠欧洲自身的力量。此外,由于欧盟深陷债务危机,各国均面临减少国防经费的压力,各国有意愿通过推动共同防务建设,达到既节约经费又确保安全的双重功效。欧洲共同防务建设迎来新的契机。2012 年 11 月 15 日,来自法国、德国、波兰、意大利和西班牙的 5个欧盟主要国家的外长和国防部长在法国巴黎召开会议,呼吁推动欧盟防务建设,加强欧盟的军事能力和国防工业实力。2013 年 12 月 19 日至 20 日,欧盟 28 国领导人在比利时布鲁塞尔举行年度峰会,重点议题就包括塑造一个更具凝聚力的共同安全及防卫政策。

在中东,美国从伊拉克撤军后,地区局势发生了一些新变化。一些地区大国,如以色列等海湾国家,积极加强各自军力建设,拓展军备实力,提升国防水平。2011 年 12 月,以色列军方宣布,为把以色列国防军的联合行动扩展为兼具战略深度的作战部队,将对所有特种部队进行整合,成立"深度部队",用于在"远离以色列边界"的地方开展行动。2013 年 8 月,鲁哈尼就任伊朗总统后,伊朗在核问题上采取温和政策,美伊关系在一定程度上得到缓和,中东地区局势增添新变数。此外,作为在中东地区拥有传统影响的域外大国,俄罗斯积极参与中东事务。在叙利亚问题上,俄罗斯坚定支持巴沙尔政权,向叙政府提供武器装备,并保留其在塔尔图斯港的军事基地。为保护俄在地中海地区的利益,2013 年俄海军成立了驻地中海舰艇行动编队。

在亚洲,日本加紧走军事、政治大国之路。9·11 事件之后,日本为使自己成为"正常国家",实现由经济大国向政治、军事大国转变的目标,积极参与国际安全事务。阿富汗战争中,作为美国的盟友,日本借美国反恐之船实现了二战以来向海外派出武装力量的突破。美国新国防战略出台后,日本认为美国的收缩将使其周边出现"力量空白",日本完全依赖美军提供安全的局面正在发生变化。为此,日本加速推进"外向型"军事力量建设。2013 年 12月 17 日,日本政府通过三份军事安全领域的纲领性文件(即《防卫计划大纲》、《中期防卫力量整备计划(2014～2018 年)》以及首度制定的《国家安全保障战略》)。根据上述文件,未来 5 年,日本防卫预算将由 23.5 万亿日元增至 24.9 万亿日元(约 2400 亿美元),增幅达 5%;以"统合机动防卫力量"为指针,对自卫队进行整编,并将陆上自卫队数量由 15.4 万人扩充至 15.9 万人。

(二)大国军事战略布局聚焦亚太

美国在全球战略收缩的大背景下积极推动战略重心东移,俄罗斯、印度军事战略调整和军力部署"向东看"的指向日益明显,澳大利亚则强调"深度融入"亚洲。

1.美国军事战略重心稳步东移

2012 年美国出台的新国防战略报告在决定实施战略收缩的同时,明确指出"美国经济和安全利益系于西太平洋—东亚—印度洋南亚三角地带的发展",因此,美军将进行"亚太再平衡"。2013 年 6 月,美国国防部长哈格尔不仅重申,美国将在 2020 年前把 60%的海军军舰部署到太平洋地区,并且宣布,要把美国本土以外 60%的空军力量也部署至亚太地区。2013 年 3 月 15 日,美国以应对朝鲜导弹威胁为由,宣布将在阿拉斯加增加部署 14 枚陆基拦截导弹,增幅近 50%。

2.俄、印、澳等国战略布局聚焦亚太

俄罗斯战略布局聚焦亚太,力求最大限度地汲取亚太地区经济发展的动力。2012 年 12 月,俄罗斯总统普京提出"东进"战略:"21 世纪发展的风向标是向东部发展。西伯利亚和远东地区是我们的巨大潜力。亚太地区是全球最有活力和最有动力的发展地区。东进能使我们在亚太地区获得应有的地位。"为更好地"贯通东西",2013 年 8 月 7 日,俄罗斯政府宣布普京总统已批准投资 170 亿美元,改造升级连接欧洲和太平洋的铁路大动脉西伯利亚铁路设施,在 2018 年前将其运输能力提高 46%。

自 20 世纪 90 年代以来,印度开始奉行"东向政策"。近年来,受全球财富和权力重心东移、中国崛起势不可挡、美国加紧重返亚太、印度洋和西太平洋沿岸国家间的海上航运日益密集等诸多因素影响,印度将融入东亚地区、参与"亚洲世纪"构建视为其大国崛起的必由之路。为此,除经济上竭力构建以印度为主轴的南亚—东南亚—东亚一体化经济合作网络外,印度有意加强其在亚太地区的军事存在,密切与亚太国家的军事联系,主动参与亚太地区安全秩序的构建。

澳大利亚地处大洋洲,但深受亚太地区的影响。2012 年 10 月,澳大利亚发布题为《亚洲世纪的澳大利亚》的白皮书。白皮书强调,在未来 5 年乃至更长远的战略规划中,澳大利亚将深度融入亚洲,把发展与亚洲国家的关系提升为 2025 年前对外战略的主要目标。2013 年 1 月 23 日,澳大利亚总理吉拉德在发布澳国历史上第一份题为《强大与安全》的国家安全战略时指出,维护亚太地区的和平稳定和网络安全是澳大利亚的首要任务。

(三)全球公域成为大国争控要地

全球公域是指超越国家主权和管辖范围之外,使一切人共同受益而存在的区域。通常来说,全球公域包括南北极、大气、公海和外层空间等。随着信息技术的发展和互联网的兴起,一些国家认为全球公域不再仅仅局限于传统的地理空间,它已经延伸至虚拟网络空间。以网络空间、外层空间和北极航道为代表的全球公域成为大国争控的战略要地。

1. 网络空间成为新的争夺战场

为确保网络空间安全,防止网络空间掌控大权旁落,美国早在 2010 年 5 月就在战略司令部下设立网络司令部,负责统一协调保障美军网络战、网络安全等与网络空间有关的军事行动。2013 年 3 月 12 日,美军网络司令部司令基思·亚历山大称,美国国防部正在组建 40 支网络安全部队,其中 13 支专注于"进攻性"行动,另外 27 支负责网络安全监控、相关培训和后勤支持,所有 40 支部队将在 2015 年秋季前全部建成。

澳大利亚决定把网络安全作为其国防、司法和情报机构未来 5 年的工作重点,并决定建立国家网络安全中心,统管网络安全事务。2013 年 5 月 21 日,日本"网络安全战略"最终草案出炉,内容包括成立自卫队"网络安全卫队",2015 年前组建政府网络安全中心等多项强化网络安全措施。2013 年 8 月 20 日,俄联邦安全局公布《俄联邦关键网络基础设施安全》草案及相关修正案,建议成立国家网络安全防护系统和俄联邦计算机事故协调中心,用以发现网络病毒和网络入侵行为,提出预警或采取措施消除网络入侵带来的后果。

2. 外层空间军事化倾向日益明显

作为全球技术强国,美国在争夺外层空间主导权方面走在了世界前列。这突出表现在由美国空军发射和控制的 X-37B 轨道测试飞行器。继 2010 年 4 月进行首发后,美国又相继于 2011 年 3 月、2012 年 12 月两次发射 X-37B 轨道测试飞行器。此外,自太空司令部于 2013 年 9 月关闭老化的"太空篱笆"(即空军太空监视系统,AFSSS)系统之后,美国防部正计划签署新的项目合同,加强对中地球轨道、大椭圆轨道和地球同步轨道等太空目标的监视能力。

除美国外,其他大国也加紧推进外层空间计划。2012 年 3 月,俄联邦航天署制订《2030 年前航天活动发展战略》草案,将"确保世界三大航天大国之一的地位"作为战略目标,提出了登月、建立火星研究站等一系列计划,并制订了整合火箭航天工业的分步方案。4 月,普京宣布,俄罗斯将斥资 10 亿美元在远东地区建造新的航天发射基地。与此同时,欧盟、印度等也加大了外层空间项目的研发投入,加速推进外空探索。2012 年 11 月,欧洲航天局成员国部长级会议在意大利那不勒斯举行,来自欧航局 20 个成员国的代表及观察员出席会议,通过了总额为 100 亿欧元的投资决议,用于增强欧洲在太空领域的竞争力。印度国家科学院 2013 年 4 月发布报告称,2016 年前后发射完全自主研发的"月船 2 号"月球探测器,对月球进行实地勘察。2013 年 11 月 5 日,印度首个火星轨道探测器"曼加瑞安"号发射升空,比原计划提前 3～5 年。

3. 北极航道冰雪未融争权先行

北极航道是指随着全球气候变暖,北极冰川逐渐消融,原来终年冰冻无法通行的北冰洋未来可能成为一条连接亚洲、欧洲和北美洲的全球贸易通道。作为北极航道上必经的两个国家,俄罗斯和加拿大坚持各自拥有北极航道的所有权,不断加强各自对北极航道的控制能力。俄罗斯自 2011 年开始恢复破冰船的建设,截至 2013 年上半年已拥有 9 艘核动力破冰船。根据计划,2020 年前俄罗斯还将建造至少 3 艘新一代核动力破冰船。2013 年 9 月 16 日,俄罗斯总统普京宣布,俄罗斯计划恢复其在北冰洋新西伯利亚群岛上的军事基地,以便为北方航道的开通保驾护航。欧盟、美国、日本、韩国等主张北极航道是国际航道,希望通过国际合作共同制定有关北极航道的通航规则。为此,它们加紧出台各自有关北极的战略规划。2013年5月10日,奥巴马宣布美国新的北极战略,将"保护美国国家安全利益,促进对北极的责任化管理,以及加强国际合作"作为优先考虑的三个方面。

(四)大国安全战略指向注重传统威胁

世界各国面临的安全威胁可以划分为两类,即传统安全威胁或非传统安全威胁。以"冷战"结束为分界点,之前,传统安全面临的挑战是各国军事战略需要应对的主要威胁。冷战结束后,尤其是9·11事件之后,应对以恐怖主义为代表的非传统安全威胁成为美国军事战略的核心内容,也成为其他许多大国军事战略的关注重点。然而,随着新兴市场国家的崛起,以美国为代表的世界大国在最新一轮战略调整中明显降低了非传统安全在军事战略中的地位,转而更加关注传统安全面临的挑战。

在美国新近提出的"亚太再平衡"战略中,国家安全面临的最主要威胁不再是以恐怖主义为代表的非传统安全挑战,新的主要威胁来自于新兴市场国家崛起所带来的传统安全挑战。美国认为,这种挑战在性质上更具本质性,因为它从根本上关系到维护美国在亚太和其他地区的优势地位,涉及区域和全球权力结构的未来。为应对这种挑战,美军提出并积极在作战层面推进"空海一体战""联合作战介入"理念,矛头直指中国军队的"反介入"和"区域拒止"能力。

2013年年初,澳大利亚总理吉拉德在公布澳国历史上首份国家安全战略时表示,"未来驱动和塑造澳大利亚国家安全战略思维的,将更多的是国家,而不是非国家主体"。日本认为,随着新兴市场国家的崛起,虽然大国间非传统安全合作有所加强,但国家间的政治、经济分歧和冲突依然存在。基于中国崛起将会"改变现状"这一威胁判断,日本新《防卫计划大纲》提出以"统合机动防卫力量"为防卫方针,增强离岛防卫、提高水陆两栖作战能力和应对弹道导弹的能力。为达成上述目标,日本在《中期防卫力量整备计划》中特别强调,创建具备海军陆战队性质的水陆两栖部队,强化日本海上和空中控制能力。英国智库国际战略研究所2013年3月14日发布的题为《军事平衡2013》的全球军事报告,2012年亚太军费(含澳大利亚和新西兰)总额历史性地超过欧洲,达到3148亿美元,较2011年实际增加4.94%。这表明,亚太国家经济实力转化为军事能力的进程加快,亚太地区正在成为世界军事竞争的中心舞台。

第八章 美国的"亚太再平衡"战略及我国的应对

中美两国一个是世界性大国,一个是地区性的大国,两者在当今世界格局中的作用都举足轻重。一个是正在崛起中的大国,一个是守成的大国,当前的情形是美国经济持续走低、内忧外患,而中国在全球经济低迷的背景下一枝独秀。面对世界政治和经济重心向亚太地区的转移以及亚太地区新兴国家的崛起,在 2012 年 6 月 3 日闭幕的香格里拉对话会上,美国国防部长帕内塔提出了美国"亚太再平衡"战略。

一、"亚太再平衡"概念的界定

(一)"亚太"概念的界定

从奥巴马政府官员就亚太地区的公开表态和政府文件的公布中,我们可以对其亚太"再平衡"战略中的"亚太"作出界定。

美国前国务卿希拉里·克林顿(Hillary Clinton)为 2011 年 10 月 11 日出版的《外交政策》(*Foreign Policy*)撰写的《美国的太平洋世纪》文章中称:"亚太地区是从印度次大陆一直延伸到美洲西海岸,横跨太平洋和印度洋两个大洋,由于交通运输和战略因素而日益紧密地联系在一起。这个地区已成为全球政治的一个关键的驱动力。"

美军太平洋司令部威拉德海军上将在 2012 年 1 月的一次演讲中指出美国太平洋司令部的责任从美国西海岸开始直至印度和巴基斯坦的分界线。因此,有一个"我们的责任当然包括亚太层面和西太平洋层面,责任也涉及印度洋层面"。他进一步指出,重要的是要综合考虑太平洋和印度洋之间的平衡,因为在全球环境下,有越来越多的互动——这取决于美国考虑全世界的哪些地区。

2012 年 1 月公布的,作为政府公开文件的《维持美国的全球领导地位:21 世纪国防的优先任务》的新军事战略报告指出,美国未来的繁荣和安全与美国增进从西太平洋和东亚延伸到印度洋和南亚的弧形地带的和平与安全的能力息息相关。

由此不难看出,奥巴马政府"亚太再平衡"战略中的"亚太"已不再是传统的亚太,而是横跨太平洋和印度洋两个大洋,从印度次大陆一直延伸到美洲西海岸的"大范围"亚太。但是,在具体操作层面上,侧重的又是从东北亚到东南亚,以及南亚的印度,大亚洲的新西兰和澳大利亚,南太平洋的这一广大区域,而对美洲西海岸涉及的则不多。

(二)"亚太再平衡"概念的界定

总的来说,奥巴马政府的"亚太再平衡"战略从 2009 年 1 月奥巴马上台开始,到 2012 年 6 月前国防部长帕内塔正式提出美国"亚太再平衡战略",从外交上的提法经历了"重返亚太"(return to Asia Pacific)到"转向亚太"(pivot to Asia Pacific)再到较为语调温和的"亚太再平衡"(rebalance to Asia-Pacific)等说法。虽然说法有异,但本质都是要将战略重心东移。

"重返"是一个太强烈的词,并且容易让人误解美国将完全撤出在中东的投入转向亚太。而且自二战结束以来,美国从未放弃过对亚太地区的经营。相较于"重返","再平衡"更能体现该政策对资源配置重新调整的意图。

"转向"可以解释为将你的全部注意力对准一个方向,从而完成一次转向,转移你在另一个方向的全部注意力。很明显的——美国不能"转向"亚洲,它将需要继续参与世界的其他部分。不过,它将重新平衡自己的姿态,更加侧重于亚太事务。此外,"转向"过多强调军事层面,而"再平衡"是全方位的战略,涵盖军事、外交和经济等各个方面。

而且,希拉里提出"重返亚太"就遭到美国国内共和党人的批评:美国从未离开过亚太,何来重返?美国提出"转身亚洲"时,它的欧洲盟友就表示了不满,担心美国是否准备放弃欧洲,直到提出"再平衡"战略时,战略重心东移才被欣然接受。从这三个概念提出的过程可以看出,奥巴马政府在战略重心东移的过程中,一直在对其亚太战略进行微调和完善。

2011年11月,美国总统奥巴马在亚太经济合作组织非正式首脑会议上正式提出了"亚太再平衡"战略。战略要点包括:在亚太地区日益成为世界财富与权力中心的背景下,将美国军事、政治和外交资源的分配向该地区倾斜,强化与亚太盟国、伙伴国的关系,将南亚次大陆纳入亚太战略范围,并开始接触缅甸、柬埔寨等非伙伴国;通过参与主导跨太平洋伙伴关系协议(Trans-Pacific Partnership Agreement,TPP),介入亚太经济的一体化进程;增强美军在亚太的超级优势,并制定以威慑和击败中国的"反介入"实力为主要目标的新军事战略;其最终目标是强化美国的亚太"领导"地位,实现亚太地区内部的"再平衡"。这意味着,该战略实施的主要目的是限制中国不断增长的影响力。

二、"亚太再平衡"战略的形成

奥巴马政府"亚太再平衡"战略的推出和实施是一个渐进的过程,"再平衡"战略的出台是循序渐进而又系统化的。

奥巴马从2009年2月上台到2011年11月,可以说是"亚太再平衡"战略的酝酿阶段,或者说尚处于试探期或谋篇布局阶段,外界难以摸清其战略调整的全局构想。国务卿希拉里的首次对外出访选择亚洲,2009年2月16日至22日先后访问了日本、印度尼西亚、韩国和中国,打破了多年来"先欧后亚"的惯例。在亚洲之行前夕于美国亚洲协会的讲话中,希拉里称:"我希望通过我以国务卿身份首先访问亚洲来表明,我们需要太平洋彼岸的国家,就如同我们需要大西洋彼岸的强大伙伴一样。我们毕竟是一个跨大西洋大国,也是一个跨太平洋大国。"

2009年11月13日至19日,奥巴马访问日本、中国和韩国,并出席在新加坡举行的亚太经合组织领导人非正式会议。同时,美国还首次参加了东亚峰会。奥巴马在访问日本时发表演说,奥巴马称:"作为美国第一位太平洋总统,我承诺,这个太平洋国家(美国)将加强和维护我们在这个世界至关重要的一部分的领导。"强调美国与亚太地区的命运比以往任何时候更紧密地联系在一起。

而随着2011年11月美国完成从伊拉克撤军,及确定2014年年底前从阿富汗撤军,给奥巴马政府出台亚太"再平衡"战略提供了机遇,这期间的标志性事件是奥巴马2011年11月的亚洲之行,正式宣告"亚太再平衡"战略的开启。

2011年10月22日至28日,国防部长帕内塔开始其上任的首次亚洲之行,出访印度尼西亚、日本和韩国。他在巴厘岛的会议上对东盟国家军方领导人表示:"我重申,美国是太平洋国家,在这一地区有持久利益,对我们的地区盟友和伙伴有持久承诺。我知道你们可能密切关注美国国内的预算论战,质疑我们是否继续信守这些承诺。我向你们保证,我们不会减少在亚洲的存在。这一承诺不会改变。"

2011 年 11 月,美国在夏威夷主办亚太经济合作组织第十九次领导人非正式会议,随后奥巴马出访澳大利亚并前往印度尼西亚出席东亚峰会,成为参加东亚峰会的首位美国总统。奥巴马在澳大利亚国会发表演讲时宣称,美国是"太平洋大国",将留驻亚太。"作为总统,我做出这样一个战略决定——作为一个太平洋国家,美国将坚持核心价值观和盟友的密切伙伴关系,在重塑该地区及其未来方面,发挥更大、更长久的作用"。

2011 年 11 月,国务卿希拉里在《外交政策》发表文章称 21 世纪是美国的太平洋世纪,"并指出美国转向亚太工作将遵循六个关键的行动方针:加强双边安全联盟;深化我们与新兴大国的工作关系,其中包括中国;参与区域性多边机构;扩大贸易和投资;打造一种有广泛基础的军事存在;促进民主和人权"。

奥巴马的连任,给亚太"再平衡"的精耕细作提供了继续深入推进的机会。

国防部长帕内塔 2012 年 6 月在新加坡香格里拉论坛上的以美国新防务战略和亚太政策为主线的演讲则是从军事层面对亚太"再平衡"战略作出阐述。帕内塔称,虽然美军将继续为全球范围的安全作出贡献,但是美国必须恢复亚太地区平衡。"增强并调整美国在本地区的持久的军事存在,进行新的投资以建设在亚太地区投射力量和展开行动所需的能力。在 2020 年之前,海军力量将从今日在太平洋和大西洋之间平分的比例转为 6∶4 的比例。"

奥巴马 2013 年进入第二任期后,内阁重组。约翰·克里(John Kerry)接替希拉里·克林顿出任国务卿,这是 16 年来美国第一位白人男性国务卿;共和党人哈格尔出任国防部长,苏珊·赖斯(Susan Rice)担任总统国家安全事务助理。为打消外界对"再平衡"命运何去何从的疑虑,美国政府表示"再平衡"战略将紧抓不懈。2013 年 11 月 20 日,赖斯就美国的"再平衡"问题以及美国的亚太战略发表了讲话,特别强调"亚太再平衡"战略为奥巴马对外政策的"基石"。美国政府的目标是,要强化安全与繁荣、推广民主和促进人的尊严。美国将继续推进其"再平衡"战略,到 2020 年把美国 60% 的军舰部署到西太平洋地区,太平洋司令部将拥有绝大多数最先进的技术力量。在谈到与中国的关系时,赖斯表示,美国将使与中国的合作性新型大国关系"操作化",特别是要处理好那些无法避免的分歧。

而美军参谋长联席会议主席马丁·登普西(Martin E. Dempsey)认为,美国"再平衡"战略有三个"更多",即对该地区投入更多兴趣、有更多参与、投入更多人员及装备。2013 年 7月 22 日,美国国务院东亚和太平洋事务助理国务卿丹尼尔·拉塞尔(Daniel Russell)表示,美国将继续全力推行"亚太再平衡"战略。他认为这一战略有三大重点:一是要将美国在该地区的联盟关系现代化并升级,二是积极参与并投资区域组织的活动,三是要同本地区的新兴国家建立更好、更强劲的关系。

三、美国提出"亚太再平衡"战略的原因

美国对某一特定区域战略关注程度的强弱与否主要是由美国在这一区域存在的利益和面临的挑战来决定的。冷战时期美国的战略重点基本上一直锁定在欧洲,那里是美国最重要的经济利益、政治、文化利益之所在,苏联则被美国视为最大的威胁。近年来,美国对亚洲

地区的关注度大体上是与美国在这一地区存在的利益和面临的挑战同步增加的。

(一)亚太地区在全球的地位

美国认为,目前,亚太地区不仅是世界上人口最多的地区之一,而且是经济发展最具活力和财富最集中的地区之一。同时,亚太地区还是世界军事力量最密集、军事发展潜力最大和核扩散问题最严重的地区之一。美国国务卿希拉里·克林顿承认:"亚洲国家在几代人以前曾是赤贫的国家,现在它们自豪地认为它们是世界上生活水平最高的地区。东亚到 2015 年将实现并超越'千年发展计划'目标,即减少 1990 年极端贫困人口水平一半目标。"因此,亚太地区无论在经济上,还是在安全上,在美国天平上的分量已变得越来越重。

(二)美国在亚太地区的利益

美国再三强调美国的利益与亚太地区紧密相连。希拉里宣称:"美国的未来与亚太紧密相连,而亚太的未来依靠美国。美国在经济和战略上在继续领导亚洲方面具有重要的利益。""在经济上,我们无法摆脱与之相连。美国公司对亚太国家商品和服务方面的出口高达3200 亿美元,并创造了成百万的高工资就业机会。与此同时,成百上千的军人和妇女在为这个地区的安全服务着……"美国国际问题专家詹姆斯·皮兹塔普则把美国在亚太地区的利益概括为:保卫美国公民在亚洲的利益,保护美国在该地区的市场,保证海上通道的自由和安全,维持地区均势,防止大规模杀伤性武器扩散,推进民主和人权等多个方面。

(三)美国在亚太地区面临的挑战

《美国亚太安全战略报告》中指出,近 10 年来,亚太地区发生了 4 个带有根本性的变化:其一,这一地区的经济发展和政治分量在世界各地区中迅速上升。亚太地区的出口目前占全球出口总量的 30%,它与美国每年的贸易额超过 1 万亿美元,外汇储备占世界总量的2/3。其二,中国的崛起一方面为周边国家经济繁荣带来了机会,另一方面却令它们感到担忧和恐惧。其三,亚太地区不断增多的有核国家、非政府组织对大规模杀伤性武器的追求和美国在该地区导弹防御系统的部署都有可能导致亚太地区军备竞赛的加剧。其四,不断增加的地区多边合作机制为地区一体化的出现增添了更多的可能。

所有这些变化对美国来说,与其说是增加了新的机会,不如说是增加了新的挑战,而在所有的挑战中,美国最担心中国的崛起。受冷战思维影响,美国担心中国军力的"不断壮大",军事发展的"不透明",军费开支的"快速增长",以及中国海军在南海的"频繁活动"。美国传统基金会专家彼得·布鲁克斯毫不掩饰地说:"毫无疑问,中国的崛起在未来若干年内对亚洲安全环境的内涵和结构将产生重大影响。中国的崛起对美国在亚洲的利益也会造成根本性影响。事实上,一些专家认为北京是很有野心的,并相信中国正在试图取代美国在太平洋,乃至全球的主导性地位。"另外,美国在亚洲还担心朝核、伊核问题及印巴拥核等大规模杀伤性武器扩散问题。美国还认为,南亚和东南亚伊斯兰恐怖主义势力对美国在亚太地区的安全利益构成严重威胁。在新的挑战中,美国还看到了金融危机威胁、环境威胁、跨国传染病威胁等其他许多威胁。所以,希拉里说:"亚洲不仅是崛起国家之地,也是孤立于国际社会的政权所在地;不仅存在长期的挑战,而且面临着从未有过的威胁。"

四、美国"亚太再平衡"战略的内容

"亚太再平衡"战略提出之后,美国采取了一系列的举动来提升它在亚太地区的影响力。政治上,美国加大了对亚太各国外交的投入;在经济上,美国通过 TPP 力求掌握亚太经济主导权;在军事上加大了军事人员和装备的部署。通过其整个"再平衡"过程不难看出,美国"亚太再平衡"战略只不过是霸权主义和实用主义的延续而已,它追求在亚太地区以大国制衡为着力点,在手段上软硬兼施,希望在亚太地区获得更多战略利益。

（一）政治上加大对亚洲外交投入

美国"亚太再平衡"在政治上的部署主要包括:进行前沿性部署外交、多边外交、价值观外交。

1. 对亚太地区首推前沿性部署外交

所谓前沿性部署外交就是美国政府将政府的首脑、外交官员、专家学者、商业巨子等工作人员派往亚太各地,通过对亚太地区沟通交流的全覆盖,达到将影响力无缝扩散到亚太的每个角落的目的。这点从美国宣布"亚太再平衡"战略以来的首脑外访便可以看出。先是美国助理国务卿坎贝尔在公开场合表示:"任何涉及亚太地区经济、贸易、安全的重要机制美国都应该加入并其主导作用。"这种强势的表态为奥巴马、希拉里的亚洲外交作好了铺垫。后是希拉里打破美国新政府"先欧后亚"的外访惯例,她于 2009 年 2 月先后访问了日本、印度尼西亚、韩国和中国。

2009 年 11 月 13 日至 19 日,奥巴马上任后首次亚洲之行便相继访问了日本、中国、韩国。2011 年 11 月,希拉里在美国《外交政策》撰文《美国的太平洋世纪》,重申了亚太地区对美国外交的重要性,要加大对亚太地区的外交投入,希拉里并于该月月底访问缅甸,她不仅带去了 120 亿美元的援助,还称要与缅甸恢复正常的外交关系,同时她宣布将取消对缅甸的贸易进出口、旅游限级和经济封锁。同年她还和奥巴马一同访问了菲律宾、泰国、澳大利亚和新加坡等国。希拉里和奥巴马的亚太外访不仅向阿基诺三世许诺经济和军事援助,也向澳大利亚宣传增加驻军和部署更加先进的武器装备。

2. 高度重视多边外交

美国"亚太再平衡"推行多边外交主要体现在参与并主导东亚多边合作机制上。一是强化美国主导的传统东亚多边外交机制。奥巴马积极倡导亚太地区发挥亚太经合组织的作用,他意欲将亚太经合组织变成商讨亚太事务的平台,并要求各原组织创始成员国发挥议程设置的权利。在 2011 年奥巴马高调在亚太经合组织峰会上高调将中小企业融资问题、人民币汇率问题、TPP 提上议程。二是争取在非美国主导的东亚多边外交机制中发挥主导作用。2011 年 11 月,奥巴马和希拉里同时出席第六届东亚峰会,这是美国首次参加东亚峰会。而此次东亚峰会的关注焦点在于亚太地区安全与稳定,其中南海问题最为引人注意。由此可见,美国希望通过参加东盟的多边外交渠道,增进与东亚各国的了解,参与亚太地区的安全事务,增进亚太各国与美国的安全共识。

3. 适时力推价值观外交

希拉里称,"价值观是比我们的军力和经济规模更强大的东西"。足可见美国对价值观外交的重视。在亚太地区推行价值观外交,美国最主要的"攻取"对象就是印度尼西亚和缅甸。印度尼西亚既是东盟中的最大国家也是东盟的主要创始国。同时,印度尼西亚是亚太最大的伊斯兰国家,它是集权制向西方民主制转型过程中的国家。奥巴马和希拉里一再表示对印度尼西亚的重视,并向亚太地区其他国家称"印度尼西亚的例子表明,一个发展中国家是完全可以边发展边拥有民主化和多元化的,伊斯兰、民主与现代化不仅可以共存,而且可以一起繁荣"。奥巴马为表示对印度尼西亚的重视,近些年对印度尼西亚军力发展、教育改善、经济建设给予了多项援助。而对于缅甸,为了改善近 20 年来,两国没有大使级外交关系的局面,美国派包括负责东亚事务的助理国务卿坎贝尔在内的官员等对缅甸进行了四次访问,希望缅甸军政府进行"民主化变革"。美国所作的努力得到了"回报":缅甸自 2010 年开始,相继进行了大选,军政府退居幕后建立文官治理制度,修改选举法,开放党禁报禁,释放包括昂山素季在内的"不同政见者",让他们参加选举,很显然这是美国价值观"民主化"的胜利。2011 年希拉里在会见缅甸总统吴登盛时指出,"希望缅甸继续朝民主化的方向努力",还要求缅甸实行外交多元化,摆脱过多依靠中国的做法。可见美国对亚太部分地区推行的"一手大棒、一手胡萝卜"的价值观外交还是卓有成效的。

(二)经济上推动 TPP 扩容与发展,力求掌握亚太主导权

TPP 是一个由多个国家达成的潜在的自由贸易协定(Free Trade Agreement,FTA),并可能在未来会有更多的成员国加入。TPP 的前身是跨太平洋战略经济伙伴关系协议。新加坡、新西兰和智利在 2003 年最初构想出这个协定,旨在为实现亚太地区贸易自由化而提供渠道。文莱在 2005 年加入协议。四国最终在 2006 年缔结"P4 协议"。2008 年 2 月美国宣布加入,并于同年 3 月、6 月和 9 月就金融服务和投资议题举行了三轮谈判。2008 年 9 月,美国总统奥巴马决定参与 TPP 谈判,并邀请澳大利亚、秘鲁等一同加入谈判。2012 年 12 月,在新西兰的奥克兰回合谈判上,墨西哥和加拿大正式开始以洽谈伙伴国的身份加入 TPP。2013 年 3 月 15 日,日本首相安倍晋三正式宣布日本对于加入 TPP 的明确兴趣,并且加快了双方磋商的进程。

美国作为 TPP 谈判的主导力量,奥巴马将这个贸易协议的提议作为其在东亚外交政策的核心。美国政客们认为,在东亚地区,中国不断增长的经济实力和军事力量正在对美国在该地区长期主导的影响力形成挑战。在这个意义上,奥巴马要想留下自称为"太平洋总统"的影响力,就取决于 TPP。

TPP 针对中国等竞争对手设置的高标准实际提高了中国加入的门槛。TPP 要求的降低环保产品关税,中国现阶段难以达到;降低 GDP 能耗同样是中国的难题;国有企业在买卖商品和服务时,必须以商业方式进行运作,则直接打在中国改革的软肋上。美国企图通过 TPP 将中国排除在外,以制衡中国—东盟自由贸易区体制来稀释中国在亚太地区的经济影响力。

2013 年 11 月,美国政府与国会之间就债务问题正处于争论不休的阶段,奥巴马只好留在国内处理这一危机,因而缺席在印度尼西亚巴厘岛举行的第 21 次亚太经济合作组织峰会,同时也缺席了其间将召开的 TPP 峰会。后者因牵头人——奥巴马缺席,也被迫取消。虽然奥巴马没有参加亚太经济合作组织和 TPP 峰会,但他 11 月 9 日在白宫举行的记者招待会上坦言:"我本来应该可以利用此次出访推动泛太平洋伙伴关系磋商,并制衡中国的影

响力。我敢肯定,中国肯定不介意我缺席,但我却被迫缺席。只是我们这么做,就会损害美国的全球声誉,令美国看上去无法在 TPP 内统一行动。"奥巴马的意图再明白不过了,他的目的其实就是创建一个将中国这个全球第二大经济体排除在外的"高标准"贸易协定。美国将 TPP 作为对付中国的"杀手锏",似乎想要达到以下两个目的:

其一,是实施安全保障政策。在军事方面,美国将 TPP 视为抗衡不断扩张的中国的威慑力。美国一位政府高官表示,"将在不依靠中国的前提下重返亚洲"。美国推动 TPP 的根本意图是为了避免过于依赖中国市场,为了保证经济安全。

其二,是构建新贸易规则。在世界贸易组织协定生效的 18 年前,互联网尚不发达,新兴经济体的发言权仍然很小。但随着世界的改变,美国希望主导建立新的规则。欧盟、中国和日本都拥有自己特有的制度,统一起来并非易事。

更进一步推论,美国的真实目的是防止亚洲出现一个没有美国参与的区域经济体系,特别是要遏制中国在贸易上的崛起。2009 年,美国助理贸易代表卡特勒曾在美国众议院的听证会上提出警告:"某些组织机构正在趋向以中国为中心,美国参与亚洲地区活动的机会被削减了。"

假如说 TPP 作为美国重返亚洲战略的有利"武器"之一,甚至被视为制衡中国的关键架构,当不为过。美国牵头的 TPP,实际上就是一个"禁止中国加入"的大型俱乐部。换句话说,美国把禁止中国加入 TPP 作为既定方针,至少是迎合了一批政客、企业家的愿望,削减中国优势,减慢中国崛起。

(三)军事上战略重心向亚太倾斜

1. 巩固老盟友,拉拢新盟友

美军的军事战略必须为美国的大战略服务。2012 年 1 月 5 日,美国国防部公布了题为《保持美国的全球领导:21 世纪防务的优先任务》的新军事战略指针,该战略指针修正了在2010 年美国《四年防务报告》中关于"同时打赢两场战争"的思想,强调指出:美军必须确保"在一个区域进行大规模作战的同时,有能力在另一个区域阻止侵略者趁机实现其目标"。"与此相适应……我们(的军事态势)将必然地向亚太地区倾斜。"在东北亚地区,美国同日、韩等盟国合作,执行"亚洲小北约"在东北亚的共同计划,共享建立双边、地区性、全球性联盟的意愿,增强联合遏制和防卫能力。这些变化将巩固盟国的安全环境,确保他们拥有面向未来的实力、战备和稳定性。在环太平洋地区,美国深化了同澳大利亚的合作伙伴关系,提高了应对广泛的全球安全挑战的能力。在东南亚,美国努力加强同泰国、菲律宾的长期性联盟关系,深化与新加坡的合作伙伴关系,发展与印度尼西亚、马来西亚、越南等国家之间的新型战略关系,解决该地区反恐、反毒品和人道主义救援行动等问题。美国同时也在推动多边机构和其他综合性途径的发展,解决地区性安全事务。

2. 扩充美国在亚太地区的军力

从军事层面看,美国战略重心向亚太转移旨在增强在该地区的威慑力、遏制力、兵力投送能力和应急作战能力,确保美军的绝对优势和主导地位不受挑战。为了适应在亚太的军事战略需要,美国在武器系统的建设和部署方面更加强调海军和空军力量,从目前看,主要包括两大方面:

一是在太平洋区域增加部署战略武器。由于美国战略重心的转移,美国"潜在战略对手"主要集中在亚太地区,为此美国将近年来新研发的武器和装备部署在亚太地区。比如,"俄亥俄"级战略核潜艇中已有 9 艘部署在太平洋,而只有 5 艘部署在大西洋。在 2012 年 6 月 2 日的"亚洲安全峰会"上,美国防部长帕内塔重申了美军军力的亚太分布计划:美国主力的第七舰队从 10 年前的 50 艘舰艇增加到目前的 70 余艘。而且随着美国战略重心东移的加快,在未来数年,美国将进一步增加在太平洋海军舰艇的部署,并计划将一半以上的航母派至太平洋,太平洋和大西洋美国舰艇的比例由目前的 1∶1 提高到 3∶2,并与新加坡防长协商,将在新加坡的樟宜海军基地部署 4 艘新型海岸作战舰艇。

美国的空军在未来 5 年也会逐步将重心转到太平洋地区。五角大楼(Pentagon)正在制订计划,为太平洋司令部(Pacific Command)优先配备最为现代化的军事能力,包括潜艇、F-22 和 F-35 等第五代战机和各种侦测平台。

二是调整亚太前沿军力分布。美国由于财政危机严重,2011 年 8 月美国国会通过的《预算控制法》将要求国防部在未来 10 年内把基础预算削减 4870 亿美元,将 2013 财年的防务预算定为 5250 亿美元,比上一个财年减少了 60 亿美元。美国防务和军力建设虽然已经进入"节俭和瘦身"时代,但美军在整体削减的同时却增加在亚太的军力部署。在整体上,美军在亚太的军事存在保持着日本 4 万驻军,韩国 2.8 万,关岛约 4500 人,海上流动执勤人员和战备人员 1.6 万。这些人员分别驻扎在日本的横须贺基地、冲绳基地,韩国乌山基地、大邱基地,菲律宾苏比克湾海军基地、克拉克空军基地,新加坡樟宜海军基地,以及关岛和澳大利亚达尔文等主要军事基地。除此之外,美军在澳大利亚未来 5 年澳北部轮换部署一支 2500 人的海军陆战队空地特遣分队。美国通过军力的重新部署而后调整,使得驻军在分布更趋平均,在作战上更具灵活机动性。

3. 从"空海一体战"到"全球公域介入与机动联合"(JAM-GC)

近年来,随着中国国防现代化的发展,美国对中国军事能力和意图的担心上升。2009 年 9 月,美军启动由空海军共同开发的新作战概念——"空海一体战"计划。2010 年 2 月,美国国防部长盖茨发布的新版《四年防务评估报告》正式确认"空海一体战"这一联合作战新概念,并授权美国空海军加紧研究制定相应的理论和计划。2011 年 11 月,五角大楼新建一个由 4 个军种共计 15 人组成的空海一体战办公室,以便将陆军纳入"空海一体战"作战行动中,并进行联合管理。

"空海一体战"核心内容体现在美国国防部于 2013 年 5 月 12 日发布的《"空海一体战":以军种协作方式应对"反介入/区域拒止"挑战》文件中。这份报告写到:"'空海一体战'概念旨在应对'反介入/区域拒止'对全球公域构成的挑战,目标是发展网络化、一体化的部队,并通过遂行纵深攻击行动,扰乱、摧毁和击败敌军部队。""空海一体战"实质是强调美军要充分利用在航空航天、网络、电子技术等方面的垄断优势,以关岛和日韩等盟国的作战和后勤基地为依托,以空海作战力量、太空及网络空间作战力量为主导,联合构成一个以天基系统为核心,由天基平台、空基平台和海基平台构成的多层次立体作战体系,在全维空间内加速实现其各种作战力量的有效融合,在西太平洋战区组织实施战役级别的作战行动,旨在摧毁作战对手(实质指的就是中国)的"反介入/区域拒止"作战能力。

2015 年 1 月 8 日美军参联会联合参谋部主任、空军中将大卫・高德费恩签发备忘录,将"空海一体战"作战概念更名为"全球公域介入与机动联合"概念。按照美国《国家安全战略报告》的说法,全球公域是"不为任何一个国家所支配而所有国家的安全与繁荣所依赖的领域或区域",是美国国家安全战略的重要目标。全球公域不涉及陆地,不属于一国主权内事务。

根据美国的提法,所谓全球公域主要包括四类:

第一类是"海上安全"。90％以上的全球贸易经由海洋,而巴拿马运河、苏伊士运河、马六甲海峡等 6 个海上通道是全球海上公域安全的核心。

第二类是"外太空安全"。以卫星导航系统为例,目前存在着美国的 GPS、欧洲伽利略卫星导航系统、俄罗斯 Glonass 系统及中国北斗系统的相互竞争,"如能开发互补性、展开合作,将有利于维护太空安全,避免太空军事化"。

第三类是"网络安全"。来自政府或非政府的各种黑客攻击,日益成为各国民用与军用网络的头痛问题。为避免网络战,急需制订网络安全规范和相应的国际法。

第四类是"航空安全"。目前全球每天约有 10 万个各类航空器在空中飞行,民用航空每年搭载 22 亿名乘客,并承担着 35％的国际贸易量。冰岛火山灰事件表明,自然灾害日益威胁到航空通道安全,当然还有其他威胁。

那么,什么是"全球公域介入与机动联合概念"呢? 它主要是指这些美国可以定义为"全球公域"的地方,美国都可以根据自己的战略需要介入,以让这些公域符合美国的国家利益。在这些公域的节点,美国将进行相应的部署,其中包括军事部署。说白了,就是美国通过利用自己的军事实力、科技实力,随时掌控这些全球都在利用的公域,以图让这些公域为美国所利用,并遵守美国制定的规则。谁违反了美国的规则,那么美国就会直接介入。

但是,以美国现在的国家实力,在全球所有公域,特别是海上、空中和太空这些公域都以美国规则为标准已不太可能,这是由现实实力决定的。那么,美国如何实现对全球重要公域节点进行控制呢? 按现在的格局看,就是充分利用地缘中美国的盟友。也就是说,美国在这些公域中,将会以自己的实力为依托,和相关公域的相关国家建立盟友关系,并推动美国战略布局的实施。这也就是后面"机动联合"的内涵所在。譬如,在全球公域军事部署方面,美国的航母舰队就是机动的。在这种机动的基础上,联合公域周边的相关国家,形成以美国为核心,以盟友为抓手,以美军军力为纽带的控制机器。

经过这样的改造,过去美国拉开架势和中国对抗的高成本、高系统性风险就不存在了,美国就能通过较低的成本来对相关公域进行控制,从而最终实现美国霸权维持的目的。

美国的这一策略调整意味着什么呢? 意味着美国将更加倚重盟友,会更加支持盟友对自己的战略对手进行挑衅。譬如,针对中国,美国在东海将会继续帮助日本修改和平宪法,对日本自卫队进行武装,从而增加日本给中国制造麻烦的能力。在南海,美国将可能给予菲律宾和越南进行更加实质的支持,以帮助他们在南海挑起争端。在南亚,美国很可能会在很多方面支持印度,从而在中印之间尽量制造竞争、对立甚至是对抗气氛。在台海,美国很可能会在民进党胜选后支持民进党的"台独政策"。在朝鲜半岛,美国会加大南北对立的运作,甚至会加大对朝鲜的挑衅力度以图激怒金正恩。总之,所谓公域介入和联合,并不仅仅止于公域,而是要用一种更节省成本的战略,破坏包括中国在内的大国战略。譬如,美国近期介入缅甸内战,就是想将缅甸搞乱,在中国周边给中国制造麻烦,从而切断中国的"一带一路"

战略。缅甸显然不是公域,但它符合"介入与机动联合"的思想内涵。

五、中国自身发展战略与应对

面对咄咄逼人的美国"再平衡",中国怎么办?第二次世界大战后大西洋体系的二元对立是否会在太平洋重演?中国既不能做美国的敌人,也不可能成为美国的盟友。自从美国出台"再平衡"战略以来,中国一直从容应对,避免与美国迎头相撞,与美国进行巧博弈,该合作的时候合作,该说"不"的时候就说"不"。更重要的是,中国不随之起舞,而是增加定力,主动进取,积极构筑友善的周边环境,使美国的"再平衡"战略受阻。

(一)阐述"中国梦",并以实现中国梦来统合中国内外战略

习近平主席指出:"实现中华民族伟大复兴,就是中华民族近代以来最伟大的梦想。到中国共产党成立 100 年时全面建成小康社会的目标一定能实现,到新中国成立 100 年时建成富强民主文明和谐的社会主义现代化国家的目标一定能实现,中华民族伟大复兴的梦想一定能实现。"2013 年 6 月习近平与奥巴马会晤时,重申中国坚定不移走和平发展道路,坚定不移深化改革、扩大开放,努力实现中华民族伟大复兴的中国梦。中国梦要实现国家富强、民族振兴、人民幸福,是和平、发展、合作、共赢的梦,与包括美国梦在内的世界各国人民的美好梦想相通。中国梦的实现需要一个和平、稳定的国际和周边环境。中国将在实现自己梦想的过程中,为亚太地区和世界的和平、稳定与繁荣作出贡献。这一思想与中国共产党第十八次全国代表大会报告强调"弘扬平等互信、包容互鉴、合作共赢的精神,共同维护国际公平正义",提出中国将继续高举和平、发展、合作、共赢的旗帜,坚定不移致力于维护世界和平、促进共同发展的思想一脉相承。新形势下,中国外交的新动力就是要为中国梦创造更加广阔的国际空间。

(二)提出构建中美新型大国关系的倡议,加强对中美关系的塑造与引导

中美关系的日益密切与中国主动为中美关系设置议程是大势所趋。2013 年 6 月,习近平在加利福尼亚州安纳伯格庄园与奥巴马会晤。两国元首强调了中美关系的重要性,并在如何推进中美关系的未来发展方面达成重要共识,即中美两国不走历史上大国冲突老路,展现了努力开创大国关系新模式的政治智慧和历史担当。关于中美新型大国关系的内涵,习近平归纳为三句话:一是不冲突、不对抗。就是要客观理性看待彼此的战略意图,坚持做伙伴、不做对手;通过对话合作、而非对抗冲突的方式,妥善处理矛盾和分歧。二是相互尊重。就是要尊重各自选择的社会制度和发展道路,尊重彼此核心利益和重大关切,求同存异,包容互鉴,共同进步。三是合作共赢。就是要摒弃零和思维,在追求自身利益时兼顾对方利益,在寻求自身发展时促进共同发展,不断深化利益交融格局。奥巴马政府推出"亚太再平衡"战略,对中美关系的影响也随之而来。如今,中美关系的内涵与外延已经大大拓展,双边与多边的合作与挑战并行,这就要求在处理中美关系时超越旧式思维。特别是中美如何在亚太地区共处,将是中美能否建立互利共赢的新型大国关系的严峻考验。目前,中美之间已经有 100 多个对话机制,这是前所未有的,在国际上也是独一无二的。两国贸易额已超过 5000 亿美元,相互投资超过 800 亿美元。中美正在进行双边投资协定谈判,核心内容包括负面清单。两国有望在不久的将来,成为彼此最大的贸易伙伴。

世界的未来要求中美两国以负责的态度,共同提供新的公共产品。中美关系不能,也不应当重复历史上大国零和对抗的老路,只有超越大国必然对抗的历史,创新思路,走互利共赢之路,才能共享未来。一个稳定发展的中美关系有助于东亚秩序的和平转型,有助于管控亚太地区的矛盾和分歧。

(三)倡导"一带一路",构建与周边国家的命运共同体

2013 年 10 月,中国召开了新中国成立以来首次周边外交工作座谈会,确立了今后 5～10 年中国周边外交的战略目标、基本方针和总体布局,统合思想认识,为周边外交注入了新的活力,开辟了更广阔的前景。习近平在会议上指出,"我国周边外交的基本方针,就是坚持与邻为善、以邻为伴,坚持睦邻、安邻、富邻,突出体现亲、诚、惠、容的理念"。他强调:"要着力维护周边和平稳定大局。走和平发展道路,是我们党根据时代发展潮流和我国根本利益做出的战略抉择,维护周边和平稳定是周边外交的重要目标。"2013 年 9 月 7 日,习近平在哈萨克斯坦纳扎尔巴耶夫大学演讲时,提出了共建"丝绸之路经济带"的重要倡议。2013 年 10 月 3 日,习近平在印度尼西亚国会演讲时阐述了共建 21 世纪"海上丝绸之路"构想。"一带一路"陆海结合,旨在传承与弘扬古代丝绸之路友好合作的精髓,顺应时代潮流,并赋予丝绸之路新的内涵,那就是让欧亚各国经济联系更紧密、贸易空间更广阔、民众往来更便利,以形成紧密的利益共同体和命运共同体。该倡议表达了中国与周边各国加深国际经济合作的愿望,得到了积极回应。

引人注目的是,中国与东盟关系获得跨越式发展,正从"黄金十年"向"钻石十年"迈进。这要求中国与东盟始终坚持从战略高度和长远角度看待双方关系,加强对话,积累互信,充实双方关系的战略内涵;坚持通过务实合作促进共同发展;在遇到分歧时,坚持协商一致、互谅互让等原则。打造中国—东盟自贸区的升级版,加强互联互通以及在区域全面经济伙伴关系(RCEP)的框架下达成全面、优质和互利的经济合作协议,都将为中国与东盟的企业带来巨大的商机。美国"再平衡"的用意之一就是企图挑拨中国与周边国家的关系,从中渔利,鉴于此,中国大力改善与拓展同周边国家的友好合作关系,可以起到釜底抽薪的作用,不给美国分化离间中国与周边关系的机会。

(四)大力维护领土主权和海洋权益,建设海洋强国

党的十八大报告提出要建立海洋强国,是中国在 21 世纪的奋斗目标,这说明建设海洋强国已经升级为国家战略,是中国制定新时期海洋战略的指导方针。建立一个跨部门的、多层次议事协调机构国家海洋委员会,是中国在海洋强国战略中的一项重要顶层设计,旨在更有效地推动发展海洋经济,维护海洋权益。近年来,中国有力地维护了领土主权和海洋权益,并开创了海上维权的新模式。比如,在黄岩岛问题上,中国采取了非军事手段,切实维护了中国的海洋权益,打击了菲律宾的嚣张气焰,形成了"黄岩岛模式"。在钓鱼岛问题上,中国针对日本政府的非法"购岛"行为,采取了坚决有力的反制措施,中国的公务船和飞机实现了对钓鱼岛海空的常态化巡航,打破了日本的所谓排他性存在,使钓鱼岛的局面发生了转折性的变化。

针对中国与一些国家存在的领土和海洋权益争议问题,王毅外长指出,"我们愿意在尊重历史事实和国际法的基础上,坚持通过平等协商谈判,以和平的方式妥善处理,这一点今

后也不会改变。我们绝不会以大压小，但也绝不接受以小取闹。在涉及领土和主权的问题上，中国的立场坚定而明确：不是我们的，一分不要；该是我们的，寸土必保"。这表明，中国在涉及领土与海洋权益争端方面态度十分清晰而坚定，亮出了底牌，划出了红线，这是中国负责任的态度的体现。

域外国家蠢蠢欲动，不断染指南海，只能使局势更加复杂，无助于解决问题。日本与有关国家的勾连增多，企图在南海浑水摸鱼，减轻其在东海面临的压力。针对美国近年来出现逐步乘机卷入东海、南海争端的动向，中国国防部指出，中方不希望美国成为钓鱼岛、南海问题的第三方。中方在中美国防部防务磋商时，就如何落实习近平主席在与奥巴马总统会见期间提出的两点重要倡议，即探讨建立中美两军重大军事行动相互通报机制、公海海域海空军事安全行为准则，提出了中方的具体建议。美方对习近平主席关于深化两军互信的两点重要倡议表示欢迎，愿与中方积极探讨两军重大军事行动相互通报机制，继续研究有关海空军事安全行为准则，就上述机制的建设问题进行政策和专业层面的讨论。中美两军加强接触与沟通，有利于管控风险。

诚然，中国正在努力加强海洋维权执法能力建设，重点对有争议的岛屿进行强化执法并宣示主权，遏制任何侵权行为的发生，切实维护中国领土主权与海洋权益。中国将坚定不移地走和平发展道路，但其他国家也需要相向而行。

综观美国"亚太再平衡"战略，尽管美国不可能从亚太"撤退"，其"再平衡"仍将继续下去，但从过去几年的实践看，影响这一战略的变数甚多。更为关键的问题是，由于美国决策者抱残守缺，试图以20世纪的方式来应对21世纪的现实，"再平衡"战略的出发点、动机和方式等方面均存在严重瑕疵与漏洞，加上美国推行过程中还受到国内外因素的严重掣肘，心有余而力不足的矛盾更加突出，说明美国将难以摆脱其战略困境。

第九章　日本军事战略转型及其对中国安全环境的影响

2013年12月,安倍内阁一并发出"安保三箭"——《国家安全保障战略》、《防卫计划大纲》和《中期防卫力量整备计划》,并正式将"机动防卫力量"升级为"统合机动防卫力量",日本的军事战略基本构建成形。由此,日本不仅放弃了自二战战败以来一直坚守的"基础防卫力量"的防御理念,在军事战略涵盖的各领域展开了全方位的根本性变革,而且军事战略理念的突破给国内相关法律规范体系带来了重大的"多米诺骨牌"效应,对日本现有安全战略乃至国家发展战略造成了极大冲击。更为重要的是,该战略的形成穿越了党际内阁,体现了日本朝野之间的高度一致性。可以预想,"统合机动防卫力量"将在未来很长一段时间内引领日本的军事建设和发展方向,因此这一新军事战略极有可能成为日本安全战略转型的起点。

一、日本军事转型的原因分析

(一)日本地缘环境因素

日本国土面积狭小、资源贫乏、多自然灾害对任何国家的发展来说都是难以规避的劣势。日本国土面积相当于中国的1/25,在有限的国土面积上可供农业和牧业发展的平原、耕地(占国土面积13.2%)、牧场和草地所占比例不高。发展工业必需的矿产资源,如石油、煤炭、天然气、铀等也严重匮乏,不得不从海外大量进口,其中原油进口率达到99.7%。更加不利的是,日本多自然灾害。海啸台风、暴雨对于日本人来说已是司空见惯的天气现象。由于位于太平洋火山地震带上,日本火山活动频繁,经常发生地震和火山喷发,其中以地震最为多见。1923年发生的关东大地震,死亡人数14.2万人;较近的一次大地震1995年发生在阪神和淡路,死亡人数6433人。2011年3月11日,日本东北部海域9级地震及引发的海啸,已经确认造成日本人民14 063人死亡、13 691人失踪(2011年4月12日19时统计报告)。地震、与紧接引起的海啸,在福岛第一核电厂造成的一系列设备损毁、炉心熔毁、辐射释放等灾害事件,为1986年车诺比核电厂事故以来最严重的核子事故。3·11灾难的到来,让日本又再次面临自然环境的危机。在这样的形势下,日本国民的自信心直降谷底,日本民众对强政府的期待就更加强烈。同时,3·11灾难的打击也让日本对未来生存感到空前的紧迫,日本急需扩展自身的生存空间。

此外,相邻一个国土广袤、人口众多、政权统一的大国,使日本自然地理的劣势更加凸显。日本和英国同处孤岛之上,但与英国相邻的是一个民族主权国家纷争不已的欧洲大陆,与日本相邻的则是一个地大物博的统一国家,而且这个国家在历史上的大多数时期文明都是领先于日本的。这点区别意味深长。前者使英国有优越感,他们得以避免卷入欧洲大陆长期的纷争,更以"离岸平衡手"的身份操作欧洲均势;后者使日本民族始终有深层自卑感、压迫感,以及由此产生自强不息的精神气质。日本人来中国之后,普遍都对中国的疆土辽阔感触良多。与一个大国为邻,还会无端地增加他们的不安全感。我们常说的中日之间的"安全困境"更多的是心理意义上的,而不是实际的政治存在。目前中日关系的冷淡,在日本比在中国有更加强烈的反映,关于中国"威胁论"的书在日本的书店被摆放在醒目位置,十分畅销;电视和印刷传媒对中国的抗日游行进行了偏颇的和不利于两国关系良好发展的报道。这种情况的出现既是日本右翼故意制造舆论的缘故,也是日本民族不安全心理的真实写照。绝对和相对意义上的地理环境劣势共同作用于日本国民的心理,而这些心理长期的积累就沉淀出了日本民族特有的国民性格。

(二)日本民族的文化心理因素

1. 自大与自卑

日本人一直有着强烈的民族优越感。日本人的民族优越心理首先源于大和民族的固有宗教——神道教。神道教宣扬日本是神国,神道教中举国崇拜的太阳神——天照大神被视为创立了日本国的"伟大始祖"。她遣其孙儿琼琼杵尊从天国下界,主宰后来成为日本国发端之地的"出云之国"上的各部落。明治维新后,神道教成为军国主义最主要的激励力量,宣扬上天赋予了大和民族以非凡的心理素质,大和民族是最优秀的种族,日本是世界之"本",而万国乃世界之"末"。

盲目自大是日本民族自一次次成为军事、经济强国后的集中表现。自明治维新以后,从一个羸弱贫穷的蕞尔岛国一跃成为世界强国,岛国居民血液中蕴藏的那种唯我独强的自大心理立即释放出无比巨大的扩张进取能量,比起西方列强来说,他们用两三百年才走完的强国之路,日本只用30年就走完了,成为一个在亚洲可以对西方列强说"不"的国家,并以大日本帝国自居,军队称为大日本皇军、民族为大和民族,而被占领国家则被称为属国,居民为下等臣民,大到可以蛇吞象,同时与中国、苏联、美国、法国、英国等大国开战,大到梦想到以日本为领袖,建立"大日本共荣圈",此"崇大、图大、自大"的心理和表现一直是日本民族不懈的追求目标和民族文化的凝聚力量。

日本民族在其潜意识中,在民族自大心理的背后,始终怀有深深的自卑。首先,因为从地理角度讲,日本是个生存条件比较差的国家,可谓是"先天不足"。日本人一直生活在缺乏安全感的环境中,命运不能自主、对外部世界的严重依赖使日本人怀有深深的自卑心理。其次,一直难以摆脱的文化边缘地位进一步加剧了日本人的自卑感。古代日本与一个高度文明的富庶大陆隔海相望,日本文明自诞生之日起就处于先进的中华文明的阴影之下,日本人从最初认识到中国的存在之时起,就意识到了中国和日本之间的文化落差。到了16世纪,开始接触西欧文化之时,日本人又一次觉察到日本与外国之间的文化落差。强烈的自卑感使日本民族形成了过分的防御心态和戒备心理,在民族性格上表现为孤傲冷漠、自私狭隘。

而自卑的心态与自大的心态在日本民族身上又非常奇怪的融合到一起。在我不如你的时候,虚心诚恳地向他人学习,并把别人的东西拿来加以改造为我所用,其谦卑的态度实在令人感动。当被别人打败后,又卑颜屈膝地做下等臣民,唯战胜者的脸色行事,宁肯把自己的妇女当占领者的性奴。而当自己的翅膀硬了,本事学到手的时候,马上转变成另一副面孔,对老师开始不恭不敬了,以自己的强大作为后盾敢于说"不"了,这种现象在日本的过去和现在均表现得格外明显,其自大和自卑的心理转换相当自然和流畅,给世人留下了极为深刻的印象。

2. 危机和忧患意识

在日本的岛国文化中,核心的部分是"和"。作为一个被大海四面包围的国家,如果本土被侵略或者内部争斗,都无法逃走,只有坚持"和",才能避免灭亡的命运。而这种地理环境的现实则是日本民族一直就无法抹去的危机。试想,假如当日本被从海上加以封锁,经济命脉被切断,粮食和海产品无法得到供给;当温室气体排放到一定程度,南北极冰层融化;当地震和火山大爆发,诸如此类的问题如果发生,日本民族就难以生存下去。这些危机意识在日本 1973 年根据同名小说改编的电影《日本沉没》中得到了恐怖的展现,在日本掀起了新一轮危机意识的大讨论,引发了日本民族对未来命运的忧患心理。而正是这种危机和忧患意识的存在,强化了日本民众不断奋斗的积极心理,追求超越,追求完美,勤奋工作,细致认真,而对此每一届政府都在思考自己的对外方针,追求对外投资和扩张,以新的形式,即对大陆国家加大投资和借贷谋求在陆地的生存权,采取经济的、军事的、政治的、文化的手段寻求陆权和大国地位。这些我们可以从日本对外的经济政策、海外派兵、扩充自卫队,特别是海、空自卫队规模、谋求加入联合国安理会等问题上对其有着一定的认识。

3. 强者崇拜意识

日本人的集团意识使成员坚信个人只有依靠集体才有价值,并尊崇严格的上下级关系。集团主义不仅影响了日本社会全部人际关系的风格,也影响到日本政府的对外政策——对于其所属的集团同盟服从,即所谓的"一边倒"的依附政策。此外,等级观念在日本民族中根深蒂固,在对外政策上就表现为模仿和追随强者、鄙视和欺辱弱者。与强者为伍、谋求本国利益的最大化是日本外交最显著的特点之一,已经成为日本外交决策的信条和传统。20 世纪 100 年,日本结盟历史就长达 75 年,只有 20 多年的时间是处于与同盟无关的状态。纵观日本外交实践,每一次结盟,日本几乎无一例外地选择了他所认为的世界第一强国。19 世纪末 20 世纪初,英国是世界头号强国,日本便与英国缔结盟;二战中,欧洲绝大多数国家成为了德国的"附庸",日本又不失时机地与德国结盟;二战结束后,美国无论在军事上,还是在经济上,都变成世界上的最强国,日本又投入美国的怀抱。这种对同盟的"执着追求"是其他国家所无法比拟的。二战后,日本历届内阁都认为,日本之所以能享有和平与发展,是因为战后日本选择了与本国拥有共同价值观的国家进行合作,即是"脱亚入美"的结果。追随美国并非只是权宜之计,反映出了日本人"强者崇拜意识"和攀附强权的外交选择。与其说是日本国力不及时的"以曲求伸",毋宁说是其民族心理的一种自然反应,不是轻易所能改变的。

(三)追求政治大国地位的战略需要

孤悬于欧亚大陆东部、四面环海、资源贫乏的岛国日本从 100 多年前就做起了它的大国美梦。1868 年日本明治维新之际,明治天皇提出日本要"开拓万里波涛,扬国威于世界",为日本的大国梦确立了基调、勾画了蓝图。日本的大国美梦随着其在两次世界大战中的惨败而破碎。然而,随着战后国际环境的变化和日本"超级经济大国"地位的确立,日本不再甘心其"经济巨人、政治侏儒"的国际地位,又重新踏上了大国美梦的征程,主要表现为追求成为政治大国。日本追求政治大国的野心早在 20 世纪 60 年代便已初露端倪。1962 年,日本的池田首相便提出日本作为资本主义世界的三大支柱之一的地位,日本应该从经济大国迈向政治大国。但日本首次将追求政治大国作为一项国策提出是在 20 世纪 80 年代中期,该目标成为以后日本历届政府对外政策的中心任务。

值得注意的是,在追求政治大国的道路上,日本政府和官员先后使用了"政治大国"、"国际国家"、"普通国家"和"正常国家"的提法。由于"政治大国"这一目标引起了亚洲各国的警惕和质疑,所以后来又刻意把"政治大国"改为"国际国家"、"普通国家"、"正常国家"、"在政治上发挥积极作用"等提法。但实质上,这仅仅是措词上的变化,这些提法同政治大国并没有什么不同,都是想通过运用经济力量积极参与国际社会重大问题的解决,逐步提高日本在国际上的政治地位,最终成为一个政治大国。

(四)谋求经济利益

谋求经济利益是日本军事战略调整的重要原因。国防建设与经济建设相辅相成,因而,每个国家都致力于协调两者关系以推动国家发展。在日本的历史上,"强兵富国"一直是日本战略思维模式的重要一环,当今日本政府也不外如是。尤其是长期以来,日本经济在美国的"保护伞"下得到飞跃发展,使得日本政府更加坚信,只有"强兵"方能"富国","强兵"是"富国"之基。在日本看来,经济发展与军事发展是互动的,经济实力为军事发展提供了雄厚的物质基础,而军事发展也必将为日本谋求更大的经济利益提供支撑和保护。可以认为,日本加强军事力量建设是满足其更大的经济利益追求的必然选择。这种利益的驱使,让日本不惜一切代价的突破重重阻碍,为自卫队的发展寻找一切可利用的时机。日本在吉布提建立海外军事基地就足以说明了这一点。对日本来说,建立海外基地的根本动因就是保障其海上通道的安全。资源是任何国家生存和发展的命脉,而日本国土狭小、资源匮乏,促成其经济发展的几乎所有能源都需要进口。因此保护海上能源与贸易通道的畅通就成了日本投入军事力量的重要因素。

(五)美国亚太再平衡的战略良机

此次美国"重返亚洲"确实带来了千载难逢的"良机"。与以往根本不同的是,它代表着冷战结束以来美国亚太战略的又一次转型,特别是其所体现出的以军事重返为重点、以制衡中国为主要目标的战略性指向,对推动日本实现"国防正常化"具有不同寻常的意义。美国要扩大在东亚地区的军事存在、完成军事力量的均衡部署,同盟和伙伴的协助与配合必不可少,作为关键盟友的日本自然能在提升军事能力上获得美国的首肯,美国对日本发生了从"有节制的管束"到"最大限度的松绑"的转变。在这种情况下,日本谋求军事大国迎来了前所未有的宽松环境。然而,美国"重返亚洲"带来的利好可能不会长久,"一旦美国的财政状况和中东局势又一次恶化,'新战略'或许被立刻调整。因此对日本决策层来说,必须做好存在这样一种可能性的心理准备"。在具体行动上,"为亚洲保持必要的抑制力,日本应该认真寻求建立一种以加强自身防卫力和行使集体自卫权为前提的多边同盟关系"。

(六)牵制中国崛起的需要

改革开放 30 多年来,中国经济快速增长,综合国力不断攀升,取得了令世界刮目相看的成果。2010 年 8 月,中国 GDP 规模超过日本,成为世界第二大经济强国,这标志着中日实力对比呈现根本性变化。与此同时,日本的经济与军事地位都受到了中国的挑战。为加速发展自身军事力量而减轻外界舆论压力,日本大肆渲染"中国威胁论",想通过这样的宣传为自己的军事扩张行为找到借口,让日本进攻的触角伸得更长更远,不断地扩展军事干预的范围。

近几年,日本对华围堵动作不断,强化中国军事动向威胁日本安全的认知,对中国外交政策进行指责,对华言论日趋强硬。与此同时,日本修订《防卫计划大纲》,其焦点是围绕钓鱼岛问题加强日本自卫队的岛屿防卫能力,确立提升军事能力、加强安全同盟的战略对策,强调在与中国存在争议的问题上采取强硬姿态。2012 年 12 月,安倍晋三再度出任日本首相,政治右倾化进一步主导日本政坛,其外交政策更具进攻性。安倍多次强调在领土争端方面将采取较为强硬的外交政策,在钓鱼岛问题上挑战中国的战略底线。

二、日本新军事战略的主要内容

日本军事战略调整的整体思路是:打破传统的陆、海、空自卫队的界限,从"统合运用"的要求出发,着眼于自卫队的整体机能和能力,建立有真正实效性的防卫力量,在同时面临各种事态时能够及时有效应对,并以强化西南地区的防卫态势作为当下的重点。具体而言,日本军事战略调整展现出以下几个方面的态势。

(一)在军事战略的目标和任务上,注重对"复合事态"的快速有效应对

安倍内阁上台后,重新修改防卫大纲,进一步明确军事防卫的目标是"预防威胁的发生,同时努力抑制各种事态,在其日益暴露时,针对事态的变化、长期化,进行无缝的、持续的应对"。可以看出,日本根据中国、印度、俄罗斯等新兴国家崛起和美国相对实力衰退引起实力格局变化的认知逻辑,不再固守在美国核保护伞下追求静态地抑制外来侵略的能力这一传统的防卫战略,而是以日本面临的安全保障课题和不安定因素复杂、多样且重叠为事实依据来确定军事战略的目标,不分平时和战时,时刻作好能够迅速、无缝地应对各种事态的准备。军事防卫的任务扩大为:加强警戒监视能力,应对针对岛屿的进攻,应对弹道导弹、游击战和特种部队,应对网络攻击,应对大规模灾害,加强联合运用,加强情报功能,利用宇宙空间,强化海外行动能力,积极致力于海洋安全保障等 10 项。战略任务的确定是对实现战略目标的进一步细化。从不断增加的任务内容和排序变化看,日本战略层对能够预想的"各种事态"力求做到"一网打尽",作为重中之重,加强离岛防卫和争夺海洋权益已日益清晰和固化。同时,在宇宙、网络、情报、联合运用等方面新概念和新任务的提出,显示出日本主动适应美国军事战略和作战方式的调整,以及在太空、网络空间和应对反介入、区域拒止的军事行动中配合美军共同遏制中国的意志。

(二)在军事战略方针上,从"固守本土"转向"动态威慑"

"动态威慑"概念是由查尔斯·T·艾伦、加里·L·加特纳和小罗伯特·P·哈法提出的一种传统威慑战略,强调综合使用各种力量"吓阻对手,具备压制或占领能力,可实施报复行为且具备防卫能力",并且"明确表示使用武力"以向敌人有效传递威慑信息或迫使其改变行为。

自 1976 年公布首份《防卫计划大纲》以来,日本一直以"能够在美军到来之前,独力抑制小规模的侵略"为目标,在防卫战略上实行"固守本土"的方针。2010 年 12 月 17 日发布的《防卫计划大纲》中正式提出"动态威慑"。"动态威慑"的提出显然是日本战败以来在军事战略方针上的一次根本性变化。它主要体现在以下几个方面。

一是重新界定军事行动的时空范围。日本战略决策层判断,当今日本面临的安全威胁

主要是他国在领土、主权和经济权益等问题上的挑战,虽然不至于引起大规模的武力对抗,但平时频繁出现的这些军事活动包含着侵害日本权益的可能性。对于这种既不是彻底战争也不是彻底和平的灰色领域,必须转变"两分法"的思维逻辑——区分"平时"和"有事"两种事态采取不同的应对措施,聚焦于平时与有事之间的"中间区域"。

二是军事行动的重心在于提前预防而非"惩罚"或"拒止"。日本军方认为,传统的威慑理论以发生武力进攻和侵略为前提假设,采取"惩罚性威慑"或"拒止性威慑",一旦遭遇"对手不给对方应对时间而图谋变更现状的既成事实化战略"和"刺探对方动用威慑力量底线的侦探活动"这两种情况,传统威慑即失去效力,而动态威慑便能弥补传统威慑的缺陷。它通过军事力量的实际运用,显示时间上和地理上的无缝态势,使对手认识到,通过"既成事实化战略"和侦查活动成功变更现状的可能性不大。

三是注重防卫力量的实际使用。动态威慑特别强调有实效性的抑制与应对,军事力量的有效运用至关重要,主要包括情报收集、警戒监视、侦查等平时活动的常态化、持久性且战略性实施,对各种事态迅速、无缝的应对,多层次地推进与外国的协调行动,以此来显示日本的意志和强大的防卫能力,在有助于日本周边安定的同时,提高威慑的可信度。

四是重视动态威慑与传统威慑之间的相互关联。动态威慑不是应对正式的军事行动的"惩罚"和"拒止",难以直接打消对手将军事行动升级为武力攻击和侵略的念头。动态威慑要发挥功能,必须建立在传统威慑的基础上,实际动用军事力量才能实现。这就要求防卫力量的作用不能再分成"平时的威慑"和"事态发生的处置"两部分,而应该加强自卫队的整合与战略性的功能建设。

(三)在军事战略部署上,从北方转向以西南区域为重心

在整个冷战时期,日本作为西方阵营的一员,为配合美国共同对抗苏联,将防卫战略的重心主要集中于北海道及其附近地区,西南诸岛的军事战略地位相对弱化。然而随着中国崛起后维护自身正当海洋权益的意识和活动的增强,日本"平衡南北"的战略冲动日益强烈,军事防御的关注焦点逐渐向西南倾斜。2004年11月,日本防卫厅通过《日本西南诸岛防卫计划》,内定当"西南诸岛有事"时,除派遣战斗机和驱逐舰外,另将派遣多达5.5万人的陆上自卫队和特种部队前往防守。此外,还具体拟定了三阶段的军事行动方案。这是日本将军事部署的重点转向西南诸岛的明确信号。2010年年底修订的《防卫计划大纲》,不仅在国家战略层面对军事防御的重点转向西南诸岛予以正式确认,而且还确定了构建西南区域常态化防御机制的具体规划。2012年12月自民党重新夺回政权后,表现出更加积极地配合美国实施"亚太再平衡"战略和承担遏阻中国海军出入第一岛链前沿阵地责任的姿态,"转身西南"的步伐进一步加快。

在充满奢望的认知驱使下,安倍政府通过重新修改《防卫计划大纲》,对西南诸岛的军事部署进行了更详尽的规划和安排。今后一段时间内,日本强化西南诸岛的军事战略部署主要集中于三个方面:一是强化警戒监视和情报收集能力。在冲绳北部地区部署远程固定式三坐标雷达,在冲绳岛及南部岛屿2C预警机的基地上部署移动雷达,着手在那霸部署新型P-1反潜巡逻机取代美国的P-3C反潜巡逻机,增加潜艇数量以及在冲绳本岛以西部署沿岸监视部队。二是强化应对能力。日本计划逐步把航空自卫队那霸基地的战斗机数量从目前约20架增至约30架,把现有1个飞行队的建制扩编为2个飞行队。作为"初动担任"部队,

将那霸市的陆上自卫队第一混成团改编为旅，由 1800 人增至 2100 人，并分派至与那国岛。通过实现对空导弹技术的现代化加强防空能力。三是强化机动展开能力。除为陆上自卫队配备 CH-47JA 运输直升机、AH-64D"阿帕奇"武装直升机和计划未来 5 年内购置 10 架 C-2 型运输机外，重点加强对岛屿部队迅速干预能力的训练，并研究与民间运输能力的有效结合。

(四)在军队建设上贯彻"多功能、一体化"的宗旨

"动态防卫力量"强调对防卫力量的"运用"，日本认为，"要确保运用的实效性，必不可少的前提是必须保证充分的'质'和'量'，建设一支坚韧灵活的防卫力量"。自卫队必须大力推进能力建设和水平建设。在自卫队能力建设上，2013 年 7 月防卫省在为新的防卫计划大纲定调的《关于防卫力量构造探讨的中间报告》中强调，军队的能力是按"统合且综合"的要求来设计的，必须"注重自卫队整体的机能和能力"。为此而设立的结构改革推进委员会在《旨在提升防卫力量实效性的路线图》中具体提出："从统合的视角，需要提升各自卫队的机动力、运输能力、实效性的应对能力、改善部队的结构及指挥统制功能"，而机能作为"构筑富有实效性和效率的体制"的保障，要求"各自卫队在警戒监视、运输、情报通信、卫生、防空等方面建立横向联系"，以便最终实现"各自卫队从平时就能合为一体，有机地应对包括复合事态在内的各种事态"的目的。为增强军队的使用效率，防卫省要求自卫队时刻保持"即应态势、统合运用态势和协助国际和平活动态势"三种态势，并为此决定用 10 年左右的时间对全国 15 个陆上自卫队师团/旅团中的 7 个进行整编，各自组建约 800 人的"快速机动部队"。显然在"统合"理念指导下，自卫队行动能力正试图实现战时和平时、军事和民事以及不同军种之间的三大超越，届时将彻底告别单一的"自卫"角色。目前通过改编部队建制、强化海空力量、组建海陆两栖作战部队、进行协同演习等，自卫队能力建设的目标已取得初步进展。

在军队水平建设上，集中资源，确保质量，在保持一定规模军力的同时，重点发展现代化的军事技术和高端武器。在 2013 年防卫预算实现 11 年后首次增拨基础上，2014 年再次增加 1310 亿日元，总额达 4.88 万亿日元。在维持陆上自卫队 15.9 万人规模、海空自卫队编制员额也基本不变的同时，对部队编制作出重新安排，重点新设多个"机动师"和"机动旅"，离岛则部署沿岸监视部队和快速反应部队，并为此开列了一大串需要发展的高技术武器名单。日本将提升部队的机动展开和联合运用、完善警戒和监视体系、加强反潜和离岛作战能力、优化防空和反导系统的部署作为资源配置的重点领域，谋求在亚太地区相对于以中国为首的主要竞争对手的巨大的海空优势。

(五)在作战方式上，向注重高科技和信息化条件下的新型作战方式转变

日本军方认为，在传统大国间发生战争概率极小的背景下，大规模的陆上作战已不再构成主要的作战方式。未来日本的主要军事威胁是中国不断扩展的海洋战略和朝鲜的核武器导弹试射，鉴于这种"安全环境进一步严峻和复杂以及信息通信、网络技术的高度发展，今后'统合运用'的重要性愈加突出"，同时"各种革新技术的成果要正确反映到军事力量上"，因此，在新的军事战略制定过程中，更加强调自卫队未来以高科技和信息化为依托、以跨军种的"统合运用"为基础的机动灵活和网络信息战的作战样式。具体而言，包括以下几个方面。

一是构建"统合运用"体制，它包括以下几点。其一，指挥系统的统合。即统一规划"陆

海空自卫队在中长期防卫战略、年度计划方针中各自必要的功能定位"，"统一指挥它们移管、集约的部队"。不仅在发生大规模灾害时建立"联合任务部队"，而且也能在有事时设立统一指挥的联合部队。为此，考虑设立陆海空统合司令部，以便更好地把握部队的能力和状况，运用部队将更为顺畅。其二，常态管理的统合。即在预算分配、人事制度、教育管理、研究开发、共同训练等方面实现统筹协调和资源的共享互补。其三，情报通信的统合。即"保持建立在有效利用包括卫星通信在内的高技术情报通信网络基础上的情报共享态势和网络攻击应对态势"，以使自卫队的情报通信系统实现整体上的最优化和效率化。其四，后方业务的统合。即建立各军种之间在运输（能力、路径、集散和目的地）、卫生（伤病员的治疗护送）、驻屯地和基地机能方面的统制强化和相互援助体制，并与有效利用民间资源结合起来。"统合运用"概念的提出，标志着跨军种协同行动已经跨越了战术层次意义上的组建联合任务部队阶段，向着高度一体化的目标迈进。

二是将"离岛夺回"和陆军海战化作为未来作战的主要内容。近年来随着对中国海洋战略威胁认知的加深，日本把入侵离岛和导弹、恐怖主义、网络攻击一起定位为"新型威胁"。日本战略精英层认为，要加强对偏远岛屿的防卫，最好所有岛屿都能派兵驻守。但基于现实的战略态势和脆弱的军力布局，"先期作战"（兵力投送和威慑）、"岛屿防御战"（阻止攻方登陆）均难实现，只能进行"反登陆战"，即失守后快速夺回。为此，日本决策层决定设立有登陆作战能力的"水陆机动部队"，并且作为新修订的《防卫计划大纲》的核心内容。这一部队将以美国海军陆战队为样板。需要指出的是，由于《和平宪法》的约束，日本暂时还难以单独建立像"海军陆战队"一类的进攻性兵种，在现阶段主要对可能涉及的相关陆上自卫队单位（包括西普连、第15旅乃至中央快速反应集团）进行"海战化"改装——配备适合空运和海运的重装备，并由海上和航空自卫队提供最基本的运输支援。2013年7月自卫队赴美参加"黎明闪电"演习，不仅完成了两栖登陆，还标志着陆上自卫队与海上自卫队具备了联合行动的新能力，"具有历史意义"。2013年11月在冲绳举行的由各兵种3.4万人参与的超大规模的夺岛演练，再次体现了日本在两栖作战上的雄心。

三是大力发展信息战的作战样式。信息战是日本借助在电子等领域的科技研发实力，结合现代战争的发展趋势而着力推进的新战法。现阶段重点在以下几方面进行部署：其一，强化电子战能力。其二，展开全天候的警戒监视行动。其三，注重在侦察、情报战中无人机的应用战术。

四是将在太空和网络空间的作战列入议程。早在2008年日本就颁布了《宇宙基本法》，并设置以首相为首的"宇宙开发战略总部"，打破了在军事利用太空领域近40年的立法限制。为加快宇宙空间的布局和提升太空领域的军事化利用能力，新的军事战略将以X波段卫星通信的部署和运营为重点，同时深化与美国的全面合作。与增强太空领域的军事安全能力相比，日本拟开展的网络战具有更明确的针对性。日本战略精英层的普遍看法是："近来日本以及世界主要国家频繁发生的网络受到攻击的事件，均被认为是中国网军所为。"为有效应对，防卫省于2012年3月新设"网络空间防卫队"，又决定于2014年3月在自卫队内正式组建"网络防卫队"。2013年12月安倍内阁通过的最新版《中期防卫力量整备计划》提出，针对网络攻击，将讨论是否可以建设阻碍对手使用网络空间的能力，据此防卫省对未来网络战的具体设想是：在美国的支持下，搜索到攻击的来源，并在短时间内大量发送数据，令对方服务器瘫痪。在此过程中,网络防卫队将常态化监视自卫队的网络,将来可以作为发动反击的核心部队。种种举措表明,太空战和网络战在日本新军事战略中已被确认为未来作战的重要样式,持续加大投入势所必然。

三、日本军事战略调整对中国安全环境的影响

从地缘政治环境上看,中日两国地理位置相邻,日本的军事战略动向势必影响到中国的周边安全环境,联系到日本历史上的所作所为,二战后又没有对自己军国主义余孽作彻底清算,中国密切关注日本的军事动向是理所当然的,具体来讲,当今日本军事战略调整,从三个方面对中国安全环境构成严重影响。

(一)中国外部环境受压

"10 大纲"提出的多层次合作安全保障战略,从其内涵来看,主要基于"民主价值观"思想。在亚太地区合作上,强调要加强与美国同盟及美国在本地区同盟国或传统友好国家东盟之间的合作,因为这些国家拥有与日本相同的价值观,有意地在安全和外交领域对中国进行挤压。安倍再次担任首相后,继续推动"价值观外交"。他在接受《日本经济新闻》专访时阐述了其对华外交战略思想:日中两国关系应从全球角度审视。首先要强化日美同盟关系。其次要加强与东盟国家的合作,使东南亚成为日本发展的据点,不仅在经济与文化领域进行合作,同时还要在安全保障和能源问题上加强合作;提升与印度和澳大利亚的合作关系;积极发展与俄罗斯的合作关系;在上述基础上,与中国改善关系。安倍的对华外交战略思想,归纳起来就是以日美同盟为核心,强化与东盟、澳、印、俄等国合作,建立"价值观联盟",形成对中国的包围圈。这明显是在重走其当年提出的构建"自由与繁荣之弧"的老路,同时也延续了"10 大纲"中"多层次合作安全战略"的思路。所不同的是,安倍此次把与东盟国家的合作置于与印、澳合作之前,而且还提到了与俄罗斯的合作。日本试图构建"价值观联盟"围堵和牵制中国,这不仅使中国的外部空间受到挤压,对中日关系的健康发展也造成了障碍。

(二)中国的军事能力发展面临新的挑战

随着日本军事转型的推进,日本近年来加大了对武器装备研发的投入力度,以确保常规武器优势,从而进一步提升在预警侦察、海上作战、反潜作战和防空反导等方面的能力。日本已拥有两颗"光学卫星"和两颗雷达卫星组成的"四位一体"的情报侦察卫星系统,进一步提升了日本的侦察和预警能力;已装备六艘"宙斯盾"驱逐舰,每艘均能同时攻击 100 千米内的 10 个水面或水下目标,其"亲潮"级潜艇和新装备的"苍龙"级潜艇性能优良,静音性能好,反潜作战能力强,加上其多达 80 余架的 P-3C 反潜巡逻机和即将发展的 P-1 新型反潜机,使其反潜侦察能力进一步提升。日本通过发展常规武器,弥补其战略武器的短缺。日本建造的 1.35 万吨"日向"号大型驱逐舰,具备准航母功能;通过增加空中加油机和空中预警管制机的数量和从美国引进 F-35A 新型战斗机等,提高自卫队的制空能力;提出要引进机载巡航导弹和舰载"战斧"巡航导弹,以努力弥补其远程导弹方面的缺陷。日美联合研发和部署弹道导弹防御系统,对中国的导弹优势形成了一定的压力。随着日本军事能力的进一步提升,中国安全环境面临的压力加大,同时对中国发展军事能力也提出了新的挑战。

总之,日本正在利用所谓的"中国威胁"推动其军事转型。安倍执政后,提出要修改宪法

第九条,变自卫队为"国防军",允许自卫队行使集体自卫权。这些不仅对日本未来军事力量的发展带来不确定因素,而且对中国周边安全环境和地区安全格局都将带来一定的影响。

四、中国的应对之策

近几年日本不断增强军事实力,调整军事战略,加强西南方向的防卫,很大程度上是针对中国而来的,对中国国家安全环境造成严重不利影响,中国不能不对日本的军事动向保持高度警惕,同时要制定相应多元全面策略应对日本军事大国化带来的危险。

首先,从长远战略考虑,中国需要加快国防和军队现代化建设,加强全民国防教育。孙子在《孙子兵法·谋攻》里提到"不战而屈人之兵,善之善者也",要达到这种威慑效果的一个重要前提就是要有足够的国家实力。对于中国而言,就是要在保持世界第二大经济体基础上,坚持以经济建设为中心不动摇、不折腾,继续壮大自己的经济实力,增加经济总量。同时,按照《中华人民共和国国防法》的新规定,还要按比例增加国防费用,推进中国特色军事变革,着眼于未来信息化战争条件下的国防和军队现代化建设,增强国防实力,将对日本产生巨大的震慑效果。日本人对比自己弱的国家是看不起的,表现出"刀"的强悍一面。因此,增强国防实力对于应对日本军事战略的调整是非常有效的长远措施。

在增强国防硬实力的同时,还要加强和平时期全民国防教育。在长期的和平环境下,加强全民族的国家主权意识、国家利益意识和国家安全意识,具有重要的战略意义。开展全民国防教育的方法有多种,如利用大众媒体开展教育;利用节日和纪念日开展教育,如日本入侵东北的"九一八"事变纪念日、"七七"卢沟桥事变纪念日、每年9月第三个星期六法定的全民国防教育日、南京大屠杀纪念日等,开展形式多样的国防教育活动;利用国防教育场所开展教育等。通过持之以恒的国防教育,达到增强全民国防观念,掌握国防知识,发扬爱国主义精神和在整个国家与全民族中培养随时准备为国家和民族利益而献身的革命精神。历史的事实一再表明,一个国家和平时期的全民国防教育工作做得扎实,同样可以达到威慑对方的目的,对于这样在精神上和行动上保持高度警惕的国家,即使强盛的大国也不敢轻言诉诸武力,遑论日本。

其次,近期需要采取的措施。今天的时代主题是和平、发展、合作、共赢。处理中美、中日关系的立足点不是"伐兵"、"攻城",而是"伐谋""伐交"。面对军事实力不断膨胀、军事战略正在调整的日本,中国要处理好中美日三角关系。国际政治中的三角关系意味着三个实力大致相当、紧密而独立的行为体之间相互制衡的关系,这种关系的发展制约着全球或区域国际格局的变化。即是说处理好中美关系可以制衡日本军事大国化道路,毕竟美国对日本的国家发展方向发挥着重要影响。美国对日本发展军事大国化道路政策保持两面性。一方面,日美是军事同盟关系。为配合美国重返亚太战略,美国允许日本发展一定的政治军事实力,调整军事战略,替美国分担在亚太地区的防务责任。换句话说,日本今天重走军事大国化道路,美国起了关键作用,日本于是加快了军事大国化步伐,日本军事战略由"保守被动"转向"主动先制"转型,地区重点由北向西和西南转移,日美军事同盟由"国土防御型"转变为"地区干预型"。另一方面,日美两国国家利益并不完全契合,美国对日本否定二战历史、极右翼势力搞军国主义、废除1947年和平宪法还是保持一定警惕的。2013年5月1日,美国国会研究所发表报告,指出安倍的历史认识"导致东亚国际关系陷入混乱,令人担心美国的国家利益可能受损"。"安倍是顽固的国粹主义者,支持否认日本帝国主义侵略行径和亚洲所受损失的历史修正主义。"报告强调"安倍关于慰安妇问题和参拜靖国神社的言行受到美国和日本各邻国高度关注"。这就是说,中国要积极构建中美新型大国关系,寻求抑制日本走军国主义道路上的战略合作,可以向美国及时揭露日本重走军国主义道路的危险性,抑制日本的军事野心。

　　同时,在时机成熟时应开展同日本的安全对话。日本重走军事大国化道路固然有其本身的战略考虑,但也要承认日本对近几年来中国发展航母,建设蓝水海军,维护东海、南海正当海洋权益的一系列举措不理解,猜忌加深,认为对日本的国家安全构成了现实威胁,形成战略误判,因此,日本必须调整军事战略以应对其周边安全环境出现的新变化。这就是说,中国除了利用中日双边对话机制外,还要充分利用多边安全对话机制,如东盟地区论坛等,表明中国的传统文化和现行的国防政策决定了中国即便崛起了,也绝不会搞地区霸权主义,挑战现存国际秩序,打消日本对中国的疑虑,减少对中国的敌意。历史已反复表明,一个国家对于世界和平是否构成威胁,不在于它的国力是否强大,而在于它奉行什么样的内外政策。

　　最后,中日双方毕竟都是具有全球影响的大国,大国之间关系的意义不仅仅局限于大国关系本身,还影响到地区秩序的塑造。中国还需要敦促日方共同努力跳出传统的双边关系框架,在更广阔的全球层面通过在全球性和其他地区性问题上的合作,增进彼此利益的交集,制约双方在东亚的博弈。东亚区域合作作为实现这些目标的重要手段,它本身已融合为中日关系不可缺少的一部分,也就必然与中日双边关系同步发展,为中日双方增进互信搭建了一个良好平台,抑制日本的军事抱负。

第十章　印度的大国战略及我国的应对之策

奥巴马在 2010 年在印度国会演讲中所述:"在亚洲甚至世界范围内印度已不是简单的正在崛起,而是已经崛起了。"无论是在地区事务还是在国际事务上印度已成为一支重要的力量,尤其是在处理全球性问题时,印度的参与已变得不可或缺。尽管印度还没有崛起为世界性大国,但是印度正在崛起却是不争的事实。随着国家之间相互依赖的程度不断加深,印度的崛起必然会对地区格局甚至世界格局产生重大冲击。印度的崛起不仅促进了亚太地区力量的多元化,而且也促进了世界格局的多极化趋势。

一、印度大国战略的缘起与发展

国家战略的制定不是凭空产生的,它的产生受到该国历史与文化的影响。印度大国战略并不是一蹴而就的,而是经过漫长的历史过程而形成的。

(一)悠久的文化传统是印度大国战略产生的思想根源

印度作为四大文明古国之一,有着自己悠久的传统思想文化。印度文化不仅源远流长,而且经过几千年来的传播,辐射到南亚地区以外的东亚以及东南亚等亚洲国家和地区。博大精深的文明,在推动其历史不断向前发展的同时,也使印度人滋生了无比的自豪感和骄傲情绪,而这种骄傲、自负的情绪一直蔓延在当今印度各个阶层,致使他们认为印度理应获得名副其实的南亚地区大国进而世界大国的荣誉和地位。

印度的历史文化通常与宗教迷信、神化想象以及对典礼仪式的信仰黏连在一起。印度教的神都是武装的,因而它既有崇尚人道、和平、反对暴力的一面,也有为了财富、权利或者荣誉进行战争的一面。印度古代的《政事论》是一本印度人认为可以与亚里士多德的《政治学》相提并论的书。该书提出,一个国家要坚持自己对其他国家的权威,只有拥有自己的实力才能实现,战争和征服是理所当然的事情。《摩奴法论》是印度古代关于宗教伦理规范的教科书。该书同样认为,军队以及战争活动构成了国家政治统治的重要内容。在处理地区邻国关系中,印度古代政治思想家考底利耶认为,"不要相信你的邻居,他们是你天然的敌人。因此要从远方的国家寻求支持,他们是你天然盟友"。

总的来看,印度文化传统和思想中突出的大国思想、对军事实力的崇拜等都深深地影响了当代印度国家安全战略的决策者,并浸透到印度国家安全战略中。

(二)屈辱的殖民统治是印度大国战略产生的历史原因

印度有着非常独特和复杂的历史。在英国对印度实行殖民统治之前,印度出现过许多庞大的帝国,如孔雀王朝、贵霜王朝、复多王朝、卡尔吉王朝等。这些王朝以印度河-恒河流域为活动中心,在鼎盛时期控制着次大陆的中心地带以及大部分地区,孔雀王朝的阿育王甚至将势力和影响扩大到南亚次大陆以外地区。对此,印度人向来引以为自豪并加以缅怀,甚至有一些人梦想恢复这一时期的辉煌。从这些历史中,我们可以发现印度梦想成为世界一流大国的思想根源。

但是,印度又曾饱受异族入侵和民族分裂之苦。阿拉伯人、雅利安人、希腊人、突厥人、蒙古人先后入侵,征服过印度。从 16 世纪起,印度陆续遭到欧洲殖民者的入侵,英属印度成了英国在东方扩张的基地,英国对印度进行了近 200 年的殖民统治。在英国殖民当局长期统治下,印度形成了独特的文化心态和不解的大国情结。这种文化心态表现在英国的殖民统治培育了印度强烈的民族主义。尼赫鲁在《印度的发现》一书中追溯了印度辉煌的历史与过去曾经的伟大,并与遭受西方殖民主义的耻辱联系在一起。这种曾经拥有古老文明所形成的民族自豪感与近代历史上所遭受的殖民主义奴役而形成的巨大心理反差,使印度形成了强烈的民族主义情绪,进而演化成为一种政治意识和大国观念。

此外,印度在英国殖民主义的入侵所形成的复杂心态也表现在处理英国殖民地遗产上。一方面,印度人对英国的殖民统治感到屈辱,激发起要成为世界大国的斗志。另一方面,印度人又对英国殖民地的"大业"有所仰慕,把自己看作是大英帝国的合法继承人。1947 年独立后的印度在和平接受政权的同时,也承袭了英国扩张主义的军事战略思想,即把南亚次大陆看作一个统一的战略实体;将阿富汗、中国的西藏作为防范俄罗斯和中国的影响及势力的缓冲区;把印度洋看作自己的"内湖"。因此,印度复杂的历史经验使获得独立的印度的国家安全战略思想具有明显的两面性:一方面希望建立强大、统一、繁荣的国家,具有维护国家利益的合理性;另一方面则希望扮演英国过去在南亚地区的角色,具有民族利己主义和地区扩张的非正义性。

(三)独特的地缘条件是印度大国战略产生的客观因素

不同国家的地理构成不仅决定一个民族的思维范式、战略的形成,也在很大程度上决定了以何种方式实现国家战略的目标。

南亚次大陆具有独特的地理特征。它北依喜马拉雅山,西起阿拉伯海,东接孟加拉湾,南部是浩瀚的印度洋,形成了一个大致封闭的自然地理环境。而印度处于南亚次大陆的中心位置,领土面积占次大陆总面积的 67％,扼守东、西方交通要道,战略位置十分重要。这种地理位置使印度非常容易在南亚地区坐大,为其追求势力范围提供了有利条件。同时,印度同南亚其他小国相邻,但这些国家却处于各自互不相连的状态。不过由于这些周边小国在历史、文化、民族、宗教、政治及经济等方面深受印度的影响,在南亚就逐渐形成了一个"印度文化圈",这也成为"大印度"思想的历史文化背景。

印度的东、西、南三面皆为印度洋环绕,是印度洋沿岸最大的国家,在印度洋上具有天然的地缘战略优势,印度精英们认为印度完全符合发展海权的条件。潘尼迦指出,印度理想的地理位置使其堪为海权之国,孟加拉湾和阿拉伯海都在印度的掌握之中。印度在印度洋上的经济和经济利益更是决定了印度的战略利益与印度洋休戚相关。为此,印度的防务专家里克耶曾十分明确地说:"海军是力量的象征。我们想成为世界级强国,就得有世界级的海军。"可见,印度在南亚次大陆中独特的地缘因素为其大国战略的产生提供了客观的条件。

(四)变化的国际格局是印度大国战略产生的重要因素

冷战时期,印度的外交支柱有两个:一是与超级大国苏联的特殊关系,二是不结盟运动给印度在国际上带来的声誉和影响。这一时期的印度,为了实现其一贯的大国目标,奉行强硬的大国外交政策,具体表现有:同巴基斯坦发生了三次战争,肢解了巴基斯坦;向中国挑起了边界战争；吞并了锡金；使不丹成为它的"保护国"；对尼泊尔施加政治、经济上的影响；出兵斯里兰卡干预泰米尔少数民族与政府当局的冲突；等等。20 世纪 90 年代随着苏联的解体和冷战的结束，世界战略格局发生了根本性的转变，加速向多极化发展。

在世界新旧格局交替的过渡期中，国际力量对比的消长变化和重新整合为印度实现大国目标创造了良机。尤其是进入 21 世纪，印度获得了一个非常优越的国际发展空间和环境，印度作为军事大国的地位得到巩固，而印度的外交环境也日益改善。一方面，尽管周边南亚小国对印度存有戒心，但是南亚"一超多弱"的战略格局仍继续向印度方面倾斜，同时印度在不同程度上加强与这些国家的关系。另一方面，世界有关大国都为实现自己的利益而竞相取悦印度。美国等大国重新调整了对印度的政策，开始重视发展与印度的关系，以维护南亚地区的和平与稳定作为其安全利益的汇合点，同印度、巴基斯坦发展大体平衡的关系。美国不仅把印度看作是世界上最后开发的市场，而且把它看作牵制中国的一个重要手段，希望印度在打击恐怖主义上继续与美国合作，防止印巴核对峙局势失控而影响美国的全球战略。俄罗斯为了保持自己在南翼的安全，需要借重印度对付美国，抵消北约东扩所造成的不利影响。当然，尽管当前的国际和周边环境对印度有利，但印度认为仍存在着诸多不安全因素，如印度与巴基斯坦在克什米尔问题上无缓解迹象；日益强大的中国与印度存在诸多战略利害关系，中国是"潜在的最大威胁"；美国等区外大国在印度洋地区的军事存在对印度的安全构成间接威胁；等等。在这样的背景下，不难看出：一方面，美、俄等大国争相拉拢印度，促使印度的大国欲望更加膨胀；另一方面，诸多不安全因素也使印度把实现成为"真正的世界大国"作为其国家战略的首要目标。

二、印度大国战略思想的发展演变

(一) 印度大国战略思想的确立

1. 做"有声有色的大国"是印度大国思想的根本目标

尼赫鲁是印度独立运动的主要领导人之一。尼赫鲁宣称，印度的国际地位不能与巴基斯坦等南亚国家相比，而应与美国、苏联和中国相提并论，并在一次演讲中说，"现在环顾世界，除了美、苏、中这三个大国，还有许多先进的、高度文明的国家。展望未来，如果不发生什么差错比如战争等，显然世界上第四大国将是印度"。可以说，尼赫鲁勾画"做一个有声有色的大国"的国家未来蓝图成为了印度大国思想的根本目标。

独立后的印度，虽然对外推行和平外交和反殖民主义，但却在南亚地区推行霸权主义，把实力远不如自己的小国视为自己的"藩属国"。独立之后，印度先后与各小国签订不平等条约，其中包括 1949 年 8 月与不丹签订的《永久和平友好条约》，规定不丹的对外政策接受印度"指导"，印度每年付给不丹 50 万卢比作为津贴，1950 年与锡金签订的《印度锡金和平条约》使锡金沦为印度的"保护国"，此外 1950 年印度还与尼泊尔签订了《和平友好条约》，使自己在两国关系中完全处于支配地位。在南亚地区获得支配地位可以说是尼赫鲁大国战略的重要组成部分。尼赫鲁的野心还体现在对中国领土的侵蚀上。印度独立后不断蚕食中国与其接壤的藏南地区领土，并最终导致 1962 年中印边界战争。

2. 倡导"不结盟"外交思想是印度追求大国地位的举措

"不结盟"思想是尼赫鲁大国战略思想的重要组成部分，目的是为印度实现大国理想拓展国际空间。美苏任何一方都有可能成为他们的附庸,不利于印度国内政治、经济的发展和独立外交的展开,不利于印度作为一个大国在国际上发挥作用。"不结盟"政策实际上是印度明智的选择:一方面,它不但可使印度免受美苏的干扰,而且印度有可能两面受益;另一方面,印度"不结盟"政策提出后,很快受到了广大亚非拉国家的热烈拥护和响应,为印度赢得了广泛的声誉,极大地扩大了印度的国际影响。

3. 呼吁建立"和平区"是改善实现大国理想的国际环境

尼赫鲁的"和平区"思想是在和平共处思想的基础上发展而来的,认为只有坚持和平共处五项原则才能建立和扩大"和平区",他主张将和平共处五项原则扩大到东南亚,然后将和平区扩大到世界的其他地区。在次大陆,"和平区"的建立有利于印度对南亚的控制。对世界其他地区来说,"和平区"思想的提出是对美国"冷战思维"的公然反抗,从而赢得许多新独立国家的拥护,扩大了印度在发展中国家中的影响。可以说,"和平区"思想有利于印度国际环境的改善,树立良好的形象,为印度实施大国战略奠定了较好的国际基础。

尼赫鲁作为印度的首任总理,在担任总理的 17 年间大力推行强国战略,并且取得了显著的成就,这也正是印度大国战略形成的阶段,为以后印度的领导人推行大国战略打下了坚实的基础。

(二)印度大国战略思想的演变

1. 从"不结盟"向与苏联结成"准结盟"转变

20 世纪 50 年代末,印度支持西藏达赖集团的叛乱活动,继而推进"前进"政策,最终导致中印边界冲突。印度分别向美苏求援,甚至秘密要求美国派飞机进行空中保护和加强印度空军的战斗力。此时的尼赫鲁第一个背叛了自己创立的"不结盟"政策。

英迪拉·甘地把其父尼赫鲁的"不结盟"政策演变成彻头彻尾的实用主义政策。20 世纪 70 年代,美国开始直接插手南亚事务,支持印度直接或潜在的敌人,严重威胁印度的安全。基于国际威胁的假设,印度于 1971 年与苏联签订了带有明显军事同盟性质的《印苏和平友好合作条约》。这标志着印度公开放弃尼赫鲁的"不结盟"政策,寻求通过"获得大国支持来反对其他国家的威胁"这种结盟方式。

2. 推崇"实力对实力"的现实主义思想

进入 20 世纪 80 年代以来,印度人民党等右翼政治力量更是大肆宣传实力政策的论点,认为印度是一个弱国,并且正在受到威胁,散布"中国威胁论",污蔑中国侵犯其领土,认为印度要建立与中国对等的军事实力。印度人民党从 1998 年上台执政以来,更是强调推行"实力对实力"的现实主义政策,实施核威慑战略(1998 年的核试验是印度推行这种政策的手段),为印度在世界上谋求真正的"军事大国"的形象。

三、印度大国战略的内容

(一)控制南亚地区,排斥区域外大国的介入

冷战时期,印度在发展同其他南亚国家的关系上,长期奉行狭隘的民族主义政策,不断干涉别国内政,南亚各国也因为在人口、地域和经济实力各方面同印度的巨大差距,大都与印度建立了一种依附和保护关系。冷战结束后,随着国内民族主义情绪的上升,南亚各国主

权国家意识的增强,他们越来越不希望继续受制于印度,纷纷要求并努力摆脱印度的控制。印度政府也逐渐认识到,随着时代的发展和形势的变化,过去那种对邻国指手画脚的做法已行不通,只有发展同南亚各国睦邻友好的关系,加强与他们的合作,才能确保印度在南亚地区的霸主地位。因而,印度适时调整了南亚政策,积极实行"古杰拉尔主义"。它包含了五项原则:第一,印度对孟加拉国、尼泊尔、斯里兰卡、不丹和马尔代夫这些邻国不要求互惠,而是真诚地给予印度所能给的;第二,任何一个南亚国家都不应该让其领土被用来反对本地区的其他国家;第三,任何国家都不应干涉他国内政;第四,所有南亚国家都必须互相尊重领土完整和主权;第五,南亚国家应通过双边的和平谈判解决所有争端。

印度推行"古杰拉尔主义",努力改善与南亚邻国的关系,其真正的目的是控制南亚地区,推行其大国战略。一方面,印度希望通过给予而不求回报的政策,使周边邻国能够认识到与印度开展政治经济双边合作的巨大潜力,承认印度在南亚地区的特殊地位;另一方面,在印度与南亚小邻国实力悬殊的背景下,印度的单方面让步使其邻国觉得,接受印度的优惠而不必依赖外部大国同样可以维护自己的利益,印度从而可以防止外部势力介入南亚。因而,从本质上说,"古杰拉尔主义"睦邻政策并没有改变印度主导南亚的战略目标,只不过是途径和方式发生了改变。

(二)谋求在印度洋的霸主地位

从地理上来看,印度洋是当今世界上最为繁忙的海上交通要道,世界上1/4的商品要经过此运往世界各地,许多亚洲国家所需能源的80%都要从这里经过。而从实力上来讲,"比之太平洋和大西洋各国,印度是印度洋区域唯一的头号强国,印度洋沿岸其他40多个国家的综合国力与印度相差悬殊"。因此把控制印度洋作为自己的海洋战略目标也就理所当然了。印度外交家潘尼迎在《印度和印度洋》中写到,"对其他国家而言,印度洋只是重要的大洋之一,但它对印度却生死攸关。印度的生命线集中在印度洋,印度的自由度也取决于印度洋的自由度","谁能控制印度洋,谁就能控制次大陆"。

从20世纪70年代后期开始,印度逐渐把战略重点转向印度洋,试图把印度洋建成自己的"内湖"。进入21世纪后,印度开始积极采取各种手段,从而实现控制印度洋的战略目标。印度在追求印度洋霸权的道路上把提升军事实力作为主要手段,同时采取多种辅助手段。鉴于各国对印度洋的争夺日益激烈,"印度海军将在未来20年花费6000多亿美元提升军事实力,包括发展海上监视设备、岸基和舰载飞机,以及无人机"。目前,印度海军已成为一支强大的初具海洋作战能力的军事力量,进一步瞄准的目标是成为印度洋上最强、最庞大和最有作战效率的海军。

(三)发展核武器

1998年5月11日至13日,印度在不到48小时内连续进行了5次地下核试验。之后,印度总理瓦杰帕伊公开宣布:"印度因拥有核武器而加入了目前由美、俄、英、法、中组成的核大国俱乐部。"对于印度自封的"核大国"地位,在1998年6月4日安理会常任理事国外长会议上,五国外长发表了联合声明,指出根据《核不扩散条约》,核武器国必须是在1968年以前爆炸过核装置的国家,所以宣布不承认印度的"核大国"地位。然而,印度毕竟成为事实上拥有核武器的国家,国际社会在今后的国际事务中不得不正视印度的这种地位,使得印度在迈向世界大国的道路上又跨出了一步。

印度认为核武器是确保国家安全的最有效手段。印度国家安全顾问委员会于 1999 年 8 月 17 日出台的《核武器战略草案》中提到,"核武器仍然是保证国家与集体安全的手段", "在不存在全球性核裁军的情况下,印度的战略利益需要可信、有效的核威慑力,以及在威慑力未能生效的情况下足以采取报复行动的能力"。印度认为核武器是大国地位的象征。印度认为联合国的五个常任理事国都拥有核武器绝不是偶然的事。所以,以"核大国"身份争夺联合国安理会常任理事国乃至世界中的一极地位,被印度执政者认为是一种有力和快捷的武器。

(四)融入亚太,促进亚太力量多极化:成为亚太地区大国

融入亚太,成为该地区重要一员是印度成为世界大国的重要战略部署中的关键组成部分。当前全球战略重心东移,亚太地区成为世界政治经济的中心,尤其是东亚地区成为世界经济增长的重要一极。改革开放后中国的崛起引起世人瞩目,同时中国也成为亚太地区一个重要的力量中心,而日本作为东亚地区平衡中国势力的主要国家近些年经济不断衰退。此外,美国作为全球唯一的超级大国,其战略重心也随着反恐战争的结束而开始重返亚太,并把遏制中国的崛起作为当前外交的重点。在印度看来要成为世界大国,融入亚太树立自己亚太大国形象,避免在亚太出现中国一家独大的局面十分关键。印度在亚太地区的目标并不是称霸而是积极融入,扩大该地区的力量构成范围防止中国独大,把扩大自己在亚太地区的影响作为自己走向世界大国的跳板。通过东向政策的实施,印度与日本、韩国等东亚国家之间建立了良好的经贸和外交关系,以及借助美国的扶持使自己参与的亚太事务不断扩展。经过 21 世纪初期的积极经营,印度逐渐树立了自己亚太大国的形象,并以此为跳板活跃于世界政治舞台之上。

(五)安理会常任理事国和世界强国:印度大国战略的终极目标

按照西方学者的理论,评判一个国家实力的主要标准就是"影响别人的程度大于受别人的影响"。也就是说,当一个国家既具备了促使别国按其意愿行事,又能抵御别国对其违背本意的影响力量时,这个国家可称为大国。安理会是联合国的核心权力机构,成为常任理事国,拥有一票否决权,并对全球事务拥有发言权。因此,对印度来说,成为安理会常任理事国,除了可以帮助印度挫败任何可能对克什米尔的干预,更重要的是印度的"大国"地位获得正式承认。

过去,由于限于实力和影响力不足,印度谋求成为常任理事国总有点"底气"不够。20 世纪 90 年代开始,随着印度综合国力的增强,印度认为,无论地域面积、人口、经济活力、民主程度还是对联合国的贡献,印度都是当之无愧的联合国安理会常任理事国的候选国。再加上联合国特别是安理会在国际事务中的作用明显加强,又适值联合国进行改革,酝酿扩大安理会常任理事国成员。因此,印度也欲跻身联合国安理会常任理事国的行列,以取得与美、俄、英、法、中五大国平起平坐的地位。因而,谋求成为联合国常任理事国成为印度大国地位的不懈追求。

2005 年 3 月 11 日,印度、日本、德国和巴西四国常驻联合国代表举行集会,就安理会扩大问题提出了初步草案,标志着"四国联盟"正式启动"争常"进程。最后,印度还以成为联合

国安理会常任理事国作为签署《全面禁止核试验条约》的先决条件。

综上所述,可以发现印度的大国战略目标明确,手段灵活多样,并且在南亚、印度洋和亚太地区已经取得了明显效果。当前印度在南亚已经是首屈一指的大国,而在印度洋沿岸国家里,印度也掌握了最强大的海军力量。通过在亚太地区的平衡外交,印度也确立了自己亚太地区大国的地位。而作为印度的最终目标在 21 世纪将印度建成为世界一流强国也在加紧推进之中。印度的崛起被外界看作是过去 20 多年来国际社会最重要的现象之一,同时与中国的崛起一样都被视为世界力量中心向亚洲转移的重要标志之一。

四、印度大国战略制约中印关系发展的表现

(一)中印边界问题阻碍中印关系发展

中印是山水相连的近邻,但中印边界从未正式划定,这是几十年来始终制约两国关系发展的一个重要因素。中印两国边界全长约 2000 千米,有争议的边界线达 1700 多千米,分为东、中、西三段。东段于 1914 年的 3 月 24 日,由外务大臣亨利·麦克马洪私自同西藏地方代表在德里以秘密换文的方式炮制了"麦克马洪线",把历史上长期属于中国的 9 万多平方千米的领土划归英属印度。对这条非法的"麦克马洪线",中国历届政府从未承认过。关于边界中段,尼赫鲁总理在 1959 年 3 月 22 日的信中只提到这段边界"也是传统的,并且是沿着明显的地理特点的。"实际上承认这段边界未经正式划定。在西段,1865 年,英帝国主义统治者通过"勘察",绘制地图,把阿克赛钦、摩河谷及喀喇昆仑山以北广大地区划入英属印度的克什米尔版图,面积为 3.3 万平方千米。事实上,这一地区始终是中国的领土,在中国的管辖之下,英印政府的势力从未进入该地区。

1950 年后,利用新中国尚未解放西藏和朝鲜战争爆发的机会,印度加快向"麦克马洪线"的推进,在 1953 年基本控制了"麦克马洪线"以南的广大地区。印度政府的做法最终导致了 1962 年的中印边界战争的爆发。1971 年 12 月,印度议会通过了《东北地区改组法案》,将包括"麦克马洪线"以南与中国存在争议的 9 万平方千米领土在内的所谓"东北边境特区",改名为"阿鲁纳恰尔"中央直辖区。印度方面的这一做法再次阻碍了中印关系的恢复。1987 年 2 月,印度政府无视中国的严重警告和谴责,又通过法案将"阿鲁纳恰尔"中央直辖区升格为"阿鲁纳恰尔邦"。

(二)"藏独"问题成为中印关系发展的一大障碍

西藏问题直接关系到中国的安全、主权和领土完整。西藏地处"世界屋脊",喜马拉雅山脉是我国西南、西北的天然屏障。西藏占我国面积的 1/8,有 4000 千米左右的边境线,是我国通往南亚的重要门户,是中国进入中亚中东的前沿地区之一,是保障国家安全的重要前沿,具有特殊的战略地位。从中国的安全层次上看,广袤的西藏高原是中印之间的一道屏障,西藏既是中国的边缘地带,又是与印度之间的缓冲地带。对于中国来说,喜马拉雅山脉为中国提供了易于防卫的天然边界。假如西藏与中国分离,中国就会失去战略纵深,现在的大后方就会变成大前方。而西藏一旦独立并且别无选择地与印度联盟,印度就可以长驱几千千米把军事力量直接部署到中国腹地,其导弹借西藏高原能覆盖中国全境,这对中国国家安全来说是难以想象的。

长期以来,印度政府在西藏问题上具有两面性:一方面,承认西藏是中国的一个自治区,是中国领土的一部分,不允许西藏人在印度领土上从事分裂中国的政治活动;另一方面,又暗中支持达赖集团分裂中国的行径,企图使这个问题成为向中国施加压力和影响的筹码。

(三)印度海洋战略与动向成为影响中印关系的因素

印度独立以来致力于成为世界海洋大国,在谋求控制印度洋的同时,印度还把触角伸向了东南亚和中国南海地区。随着经济的发展,中国对印度洋、中国南海的依赖度越来越强。印度的海洋战略无疑对中国的能源运输和国家安全产生重大的影响,是中印关系发展中不可忽视的问题。

印度的海洋战略具有较强的针对性。印度的海军最初针对巴基斯坦,随着印度海军势力的增长,印度的海洋战略主要目标转向了区外大国。中国与巴基斯坦、缅甸等印度洋沿岸国家的友好关系,被印度认为是对其利益的威胁。为了防止所谓的"中国威胁",印度大力建设马六甲海峡西部的安达曼-尼科巴群岛海军基地,印度海军力量的增强和扩张,无疑加剧中国能源运输的风险。

(四)印度核试验使正在改善的中印关系受到影响

1998年5月11日和13日,印度共进行了5次核试验,并宣布自己为核国家。在核试验前,印度国防部长费尔南德斯多次发表反华言论,称中国是印度的"潜在的头号威胁"。

印度为实现其核国家的战略目标,不惜以严重损害中印关系为代价,以"中国威胁论"为借口开展核试验。印度一直对中国存在戒备心理。它视中国的崛起和军事现代化建设为国家安全的威胁,视中国与南亚国家建立友好关系为影响印度建立南亚大国的不利因素。印度散布"中国威胁论"既是为其核试验的行为辩护,转移国际视线,也是它追求大国发展战略的需要和应对中国崛起事实的反应。

(五)美国因素对中印关系的影响难以排除

冷战结束以后,世界格局发生了很大的变化,美国成为唯一的超级大国,力图填补苏联解体后在南亚留下的真空,以主导南亚事务以及遏制中国。而印度为了树立大国形象,增加同中国打交道的筹码,扩展外交上的回旋余地,也力图"借美制华",来达到在南亚和印度洋地区围堵中国的目的。俄罗斯《独立报》分析就指出,作为美国潜在的战略伙伴,印度可能会利用美国的强大实力来遏制中国日益强大的趋势。尽管印美关系的突破远未达到结成同盟针对中国的地步,但是,冷战结束后美国对印度的拉拢必然会对中印双边关系的发展带来消极的影响。

五、我国的应对之策

经过双方多轮磋商已达成政治指导原则但仍未得到实质性解决的边界问题,印度"印度的印度洋"地缘政治战略中遏制中国的因素,以及中印之间的诸多误解和相对缺乏的相互理解等方面仍然是影响中印关系健康发展的"杂音"。虽然中印两国间经济关系发展迅速,但是相对于目前的两国经济发展水平而言,其交往层次和水平仍比较低。为使中印战略伙伴关系在21世纪获得更多实质性的发展,仍需在以下方面作出不懈努力。

(一)缔造中印关系的基本平台——切实解决两国之间的实际政治争端

千百年来,长约 1700 千米的中印边界从未正式划定。印度独立后,特别是 1962 年中印边界战争以后的 20 余年时间里,边界问题这一事关中印两国的根本利益,且又直接涉及两国民族感情的地缘政治问题,一直是导致中印关系长期处于阴霾之中的核心因素。20 世纪80 年代末特别是冷战结束后,在国际社会总体走向缓和的大背景下,中印关系也取得了一些重大进展,但中印边界问题一直严重影响、制约着两国关系的整体发展脉络,妥善处理中印边界问题已经成为健康、稳定地发展中印关系的基本前提。

中印边界问题特别代表第 17 次会晤 2014 年 2 月 10 日至 11 日在新德里举行。中方特别代表、国务委员杨洁篪和印方特别代表、国家安全顾问梅农就中印边界问题、中印关系和共同关心的国际地区问题深入交换意见。双方一致认为,中印近年来保持边界谈判势头,有效管控涉边分歧,为两国关系健康顺利发展创造了有利条件。双方愿共同努力,根据"三步走"路线图,坚持解决边界问题的政治指导原则,寻求早日谈成公平合理、双方都能接受的解决框架。在边界问题解决前,双方愿充分发挥好涉边机制作用,切实落实中印在边境地区保持和平与安宁的相关协定及中印边防合作协议,共同维护边境地区的和平与安宁。

虽然中印都有解决边界问题的意愿,建立了一系列信任措施,开始了实际控制线的核实工作,然而,中印边界问题要取得突破就需要两国在互谅互让的基础上取得突破,但从现阶段看,条件还未充分成熟,因此,中印之间要想在边界问题上取得实质性进展还有相当难度。第一,边界问题并非一个单纯的领土问题,还涉及国家主权、民族尊严和人民感情等问题,谁都无法作出更多的让步。这也是边界问题悬而未决、长期困扰中印关系的主要原因。第二,边界问题的最终解决必然涉及"互谅互让、有取有舍"。这不仅需要两国政府的一致共识,而且需要两国民众的理解和支持,否则这种在"领土"问题上的"出让"势必会激发中印两国的民族主义情绪,因此,两国政府都不得不对此予以慎重考虑,要作充分的舆论引导和宣传。第三,边界问题的解决,牵涉到两国政府相关法律文件的修改。印度议会曾在年边界冲突后通过了一个"寸土不让"的决定,并写入宪法。因此,印度政府要在边界问题上作出调整,必须首先修改宪法。修改宪法的前提是印度政府要有足够强大的决策能力,并得到民众的支持。第四,1962 年的中印边境冲突所产生的阴影在印度国内依然没有彻底消失。这场短暂的边界冲突,在印度被夸大到一场"卫国战争"的高度,在印度举国上下形成了一种"挫折感"和难以消除的"国耻"情绪。这种心理情结成为两国互谅互让地解决边界问题的障碍和隐患。

(二)加强中印关系的纽带——进一步促进两国之间的经济交流与合作

冷战结束以后,全球经济一体化、区域经济集团化浪潮进一步席卷整个世界。中印作为东亚和南亚两个最大的发展中国家,都把提升以经济发展水平为核心的国家综合国力作为实现本国 21 世纪国家发展略的首要任务。这为两国不断扩展经济交流与合作提供了条件。日益扩大的、相互依赖程度不断加深的中印经贸关系不仅是中印关系的重要组成部分,也是双边政治和安全关系的缓冲剂。两国可以以经贸领域的合作为依托,实现两国之间政治、军事、科技等各领域合作的百花齐放;把以双边和区域多边经贸合作为主的两国关系进一步发展成为国际舞台上的全面合作。

为此,首先需要抓住机遇,尽力挖掘双边经贸合作的巨大潜力。进入21世纪,印度正在推动"第二次经济改革",加紧基础设施建设,加大外资引入的力度。印度特别强调加快信息产业的发展,试图使信息产业成为"经济增长的引擎",进而使印度在21世纪成为"亚洲经济新神话的创造者"。同时,21世纪印度实施的"印度的印度洋"地缘政治战略也需要不断增强的经济实力作支撑。从目前中印两国经贸合作水平同中印两国当前的经济发展规模,同两国政府对经济合作的期望都是很不协调的,尚有巨大的发展潜力。尽管冷战结束以来,中印经贸关系取得长足进展,但两国之间相互投资和合资企业等仍然为数不多。

中印两国各自拥有不同优势项目的领域,如农业、生物、医药、电子、材料、环保等领域里的技术合作还只是处于起步阶段。中印两国共同努力,发掘地缘优势,将会有力地促进两国在以上领域的合作,弥补两国在相关领域里的技术差距和资金不足,进一步减轻两国对发达国家的技术和资金的依赖。

其次,营造多重东亚区域经济框架,促进中印经贸关系的进一步提升。冷战结束后,特别是进入21世纪,中印两国都十分重视与东南亚区域经济组织的经济合作和东亚共同体建设。东亚尤其是东南亚已经成为中印两国开展经济合作的重要场所。这种多边体制下的中印经贸关系不仅有利于缓解中印之间的竞争,而且绝大多数是良性的、双赢的。同时,这种多边合作框架的建设对中印两国来说,也具有深远的政治意义。中印双方已经同意仿效与东盟谈判的模式,尽早启动有关建立中国-印度自由贸易(CIFTA)的谈判,并提出把未来的中国-东盟-印度自由贸易区发展成为全球增长最快的经济区。与之同时,中国也在积极参与"湄公河-恒河合作计划",推动"中印缅孟经济合作与发展论坛"向"合作组织"升级。区域多重经济框架的建设,不仅有利于中印双边经贸关系的发展,而且为中印经济的发展营造了良好的区域经济环境,为加深彼此的相互理解创造了良好的沟通平台。

(三)夯实中印关系的基础——客观评价印度的国际地位和对外关系

1.正视当前印度的国际地位

要增加中印两国互信的基础,必须要客观地评价由于印度的综合国力所决定的其当前在南亚、亚太乃至在世界上的地位,尊重其冷战结束后取得的辉煌成就,理解其21世纪推行国家发展战略以及"印度的印度洋"地缘政治战略的客观必然性和现实性。

2.客观评价影响中印关系的干预变量

第一,要客观评价21世纪影响中印关系发展的国际环境。冷战结束后,中印都在为营造实现21世纪国家发展战略所需的良好的国际环境而积极开展与主要国际行为主体的外交关系。中印两国同美国、日本、俄罗斯、欧盟、东盟等主要国际行为主体的外交关系都得到大幅度的加强。印度在21世纪国家发展战略指导下加紧推进"印度的印度洋"地缘政治战略,并积极准备未来向太平洋、大西洋渗透。这必然使印度与以上国际行为主体之间的关系由区域化走向全球化,进而导致中印关系的进一步复杂化和国际化。中印关系将进一步受到多重利益主体和相关体系的制约。这将在客观上为中印关系保持平稳发展创造了良好的国际环境。

第二,客观地评价快速升温的印美、印俄以及印度与东盟的关系。《印美关系:21世纪展望》、《战略伙伴后续步骤》和《美印伙伴:"合作与信任"声明》,达成为期10年的《美印防务关系新框架》、《民用核能合作协议》等一系列文件的签署标志着印美关系前所未有的上升。美国国务卿鲍威尔曾指出，"印度拥有帮助维护广袤的印度洋及周边地区安全的能力"，"印美在密切关注北京不断扩大的军事能力和限制中国的地区野心方面享有共同利益"，"印度是美国的友好国家，两国可以发展良好的战略合作关系"。但事实上美国这样一个追求全球霸权的国家，其在世界各地的战略目标历来就是遏制任何一个地区大国。这当然也包括正在为寻求印度洋区域霸权进而向亚太、大西洋渗透的印度。美国绝对不会容许在世界海权的"心脏"地带，即印度洋地区有一个像印度这样核威慑力量不断增强、颇具潜力的区域大国无限制地发展下去。

同样，从战略上讲，印度"东向战略"取得的成绩、东盟国家对印度的"印度的印度洋"地缘政治战略的理解，也是基于地区战略平衡的考虑。只不过与美国不同，无法与大国比肩的东南亚国家，希望印度平衡的是美国、中国、日本等大国在东南亚的力量投放，以求得在大国相互制衡中实现自己的国家利益。

而印度与复兴中的俄罗斯之间的利益交换似乎显得更为明显和直接。政治、军事、科技、贸易是两国战略伙伴关系的主要支撑，其中，印俄军事合作尤为引人注目。俄罗斯通过与印度的军火贸易获得了大量发展本国经济的资金，印度则实现了在南亚的军事绝对优势和向军事大国的逐步迈进。

(四)消除中印两国之间的误解——加强两国之间的战略对话

1998 年 5 月，印度以"中国的核威胁"为借口连续进行核试验以后，两国关系"几乎崩盘"。从某种角度上讲，这也反映了中印高层战略对话的缺陷、不够成熟和不深刻。"如果说五大国拥有核武器促进了国家安全，为什么印度拥有核武器就会给国家带来危险"，时任印度国家安全和外交事务助理的贾斯万特·辛格的这句话在一定层面上也反映了中印之间稳定的、高效的高层战略对话机制的缺失。

另外，1998 年印度进行核试验后两国关系经短暂的停滞之后迅速回升，则恰恰说明了稳定、高效的高层战略对话机制对于两国加强相互理解、尽快消除误解方面的重要性。

一方面，自 2005 年中印战略对话正式启动以来，已经举行 6 次，涉及内容广泛并趋于不断深入，包括全球化挑战、联合国改革、反核扩散、能源安全、恐怖主义、经贸合作、地区冲突热点，以及双方高度关切的边界问题和地区安全环境问题。但另一方面，中印之间的战略互信目前仍处于较低水准，提升战略互信是发展中国关系的关键所在，因此要提高中印双方在战略层面的可预测性，避免战略误解和误判，推动双边关系的健康稳定发展和合作，必然对中印战略对话提出更高要求。

中印之间的高层战略对话不仅要关注前文提及的历史遗留问题——中印边界问题和西藏问题、中印巴关系问题，更重要的是要化解 21 世纪印度的"印度的印度洋"地缘政治战略和中国在亚太和印度洋区域影响的扩大所导致的、彼此在战略方面的相互猜疑，增进信任。只有这样，才能从实际上推动 21 世纪两国的战略合作伙伴关系，并在互信、双赢的基础上不断推动两国关系迈向新台阶。只有这样才能真正为维护地区稳定和世界和平作出更大贡献，才能为发展中国家间的合作提供经得起推敲的新范式。

第十一章　精确制导武器的应用和发展趋势

在兵器的制造与使用中，"百发百中"是古往今来的军事技术专家们梦寐以求的目标。发生在20世纪90年代初期的海湾战争，被称作高技术武器的试验场，多种精确制导武器纷纷登台"献艺"。比如，"战斧"式巡航导弹、"爱国者"防空导弹、"斯拉姆"空对地导弹、"哈姆"式反辐射导弹、"海尔法"反坦克导弹，以及"小牛"、"鱼叉"、"响尾蛇"、"麻雀"等机载精确制导导弹和激光制导炸弹等。这些精确制导武器以不同的制导方式，"你方唱罢我登场"，互比高低、各显身手，充分展示各自的"绝招"，几乎是"弹无虚发"，使战争显得好不热闹，令世人为之一震。

一、精确制导武器基本概念及分类

精确制导武器，直接命中率超过50%的武器，或者将命中的圆概率误差（CEP）小于杀伤破坏半径的武器称为精确制导武器。精确制导武器从总体上可分为两大类：导弹与制导弹药。

（一）导弹的基本结构和分类

在现代战场上，导弹的影子可以说是无处不在。它们有的射程达几万千米，可从从西半球打到东半球；有的精度奇高，能在相对速度几千米每秒的情况下直接命中直径不超过一米的目标；有的重量很轻，一个士兵就能背走。那么，到底什么是导弹呢？

依靠自身动力装置推进，由制导控制系统导引、控制其飞行路线，并导向目标的武器，叫作导弹。有动力，有制导，能飞行，这是导弹的基本特点。火箭炮炮弹有动力，但它没有制导；激光制导炸弹有制导，但没有动力；鱼雷有动力有制导，但它是在水中游的。所以它们三者都不是导弹。

1. 导弹的基本结构

导弹一般由推进、弹头、制导、弹体结构和电源五个系统组成。

推进系统就像是导弹的腿，用于推进导弹飞行，使它接近目标。推进系统又称动力装置，主要有火箭发动机和空气喷气发动机两大类。有些导弹采用多个发动机，包括主发动机（或称巡航发动机）和助推器。

弹头系统一般被称为战斗部。它就像是导弹的拳，用于毁伤目标。

电源系统就像是导弹的心脏，为制导系统、推进系统等提供电源。有的导弹采用电池，有的则采用小型发电机供电。发电机或者是由推进系统的涡轮风扇喷气发动机带动，或者由导弹飞行时的气流带动。不论是发电机还是电池，都要求其单位重量提供的能量越大越好。除了电池和发电机外，电源系统通常还有各种配电和变电装置。

制导系统是导弹的核心，就像它的大脑，也是它区别于无控火箭和普通炮弹的主要特征。制导系统用于控制导弹的飞行方向、姿态、高度和速度等，使导弹能稳定而准确地飞向目标。

　　弹体结构系统是导弹的身体,用于安装弹上各分系统。另外,制导系统发出的很多飞行控制指令要由弹体结构中的弹翼来执行。

　　现代导弹多采用模块化结构,把整个导弹分为制导头、电子设备、战斗部、发动机等几个舱段,平时分开存放,使用前再组装到一起。这样做还有利于导弹的改进、变型。

2. 导弹的分类

　　随着战争需求变化和科学技术进步,导弹武器系统不断发展。为了便于导弹武器系统的研究、设计、制造、运用及管理,人们对其进行了不同角度上的多种分类。

　　(1)按作战使用来分,导弹一般分为战略导弹和战术导弹两种。战略导弹是指用于打击战略目标的导弹。它是战略武器的主要组成部分。通常携带核弹头,战略弹道导弹射程通常在 1000 千米以上,用于打击政治和经济中心、军事和工业基地、核武器库、交通枢纽等目标,以及拦截来袭战略弹道导弹。战略核导弹是衡量一个国家战略核力量和军事科学技术综合发展能力的主要标志之一。

　　战术导弹指用于毁伤战役战术目标的导弹。其射程通常在 1000 千米以内,多属近程导弹。它主要用于打击敌方战役战术纵深内的核袭击兵器、集结的部队、坦克、飞机、舰船、雷达、指挥所、机场、港口、铁路枢纽和桥梁等目标。20 世纪 50 年代以后,常规战术导弹曾在多次局部战争中被大量使用,成为现代战争中的重要武器之一。

　　(2)按飞行方式,一般分为弹道导弹和巡航导弹。弹道导弹——主要打击已经预定好的大目标(如要求对某城市实施核攻击),导弹从地面发射到空中,然后飞出大气层,到达预定位置或轨道后再穿过大气层击中目标(或者在目标上空多少米处引爆)。

　　巡航导弹——在某地区可能有一运动目标(如在某海域可能有一艘游弋的舰艇),估计目标进入导弹打击范围后,由发射器(可以是舰艇、飞机或路基载具)发射,然后导弹雷达自动搜索目标,如果找到目标后就飞过去实施打击,如果没有则打击失效。

　　"战斧"是一种战略巡航导弹。以前战略导弹多数是弹道导弹,而弹道导弹也多数是战略导弹,所以一般把战略弹道导弹简称为战略导弹,或弹道导弹。战术导弹大多是巡航导弹,所以"巡航"二字一般只在介绍战略导弹时出现。某些文章中,一般只是简单地说弹道导弹、战术弹道导弹、巡航导弹。这实际上是指战略弹道导弹、战术弹道导弹和战略巡航导弹。

　　现在,战略和战术的界限逐渐模糊,而且有的导弹既可以用于战略用途,又可以用于战术用途。比如,"战斧"既有战略导弹型号,也有攻击军舰的战术导弹型号。

　　(3)按攻击的目标种类分,导弹分为防空导弹(攻击飞机)、反导导弹(攻击导弹,主要是弹道导弹)、反坦克导弹、反潜导弹、反辐射导弹(反雷达导弹)等。

　　最常用的分类方式是按发射点和目标位置来分。这种位置一般分为地面、水面(舰)、水下(潜)、空中四大类。按照这种方式分类,导弹本来应该有 16 种,但实际上并非这样。

　　西方国家一般把地面和水面、水下统称为面,所以他们的导弹一般被分为面面导弹(SSM)、面空导弹(SAM)、空面导弹(ASM)、空空导弹(AAM)这 4 种。

　　地面发射、攻击地面目标的导弹发展历史最长(第一种导弹 V-1 就是地对地巡航导弹)、种类最多,在分类上发生了很大变化。我们现在所说的地地导弹,一般都是指地面发射、攻击地面固定目标的弹道导弹。比如说"飞毛腿"地地导弹,就是一种地对地战术弹道导弹。

至于地面发射、攻击地面活动目标的导弹,已经不被称为地地导弹,多数按照其目标种类来分,如反坦克导弹、反辐射导弹。

某些种类的导弹比较少,如潜潜导弹、潜空导弹,叫起来也不太顺口,所以就被称为潜射反潜导弹、潜射防空导弹。

(4)另外还有按导弹的某些性能分类的。比如,按射程分,有远程导弹、中程导弹、近程导弹,甚至洲际导弹。目前世界认同的近程指射程 1000 千米以下,中程指射程在 1000~4000 千米,远程指射程在 4000~8000 千米,洲际导弹的射程在 8000 千米以上。

对于不同种类的目标,中、远、近的界限也不同。防空导弹有一个射高的性能,因此就产生了低空导弹、中空导弹、高空导弹之分。对于反舰导弹,速度也是个关键性能,因此产生了亚音速反舰导弹和超音速反舰导弹之分。对于某些导弹,重量很重要,因此有了轻型导弹、中型导弹、重型导弹、便携式导弹之分。

随着技术、应用的发展,导弹的分类也一直在不断变化。比如说,随着隐身技术的发展和应用,今后的导弹也许要分隐身导弹、准隐身导弹、非隐身导弹;随着城市作战的发展,反坦克导弹也许会变种出一种反建筑导弹;随着动力装置的进步,导弹也许能在很大的射程范围内使用,使近程导弹、中程导弹、远程导弹的区别淡化、消失。所以,对于导弹的分类,我们只要掌握了它的基本分类方法和概念就行了。

可能有人会说:导弹的分类也太复杂了,具体到某种导弹,到底该怎么称呼呢?比如说美国的"海尔法"。按作战使用分,它是战术导弹;按飞行方式分,它是巡航导弹;按攻击目标种类分,它是反坦克导弹;按发射点和目标位置分,它既能空中发射,又能地面发射,只能算是对地导弹;按制导方式分,它是激光半主动寻的制导导弹;按射程分属于远程导弹;按重量分属于重型导弹。要是全说上,那岂不是成了激光半主动制导重型远程战术巡航反坦克导弹?

其实具体到某一个导弹的称呼,一般只要突出其主要特点,再结合对比就行了。还是从"海尔法"为例:当把它与"响尾蛇"对比时,只要说前者是反坦克导弹,后者是防空导弹就行了;当把它与"龙"式导弹对比时,把"海尔法"称为重型远程激光制导导弹,把"龙"式称为轻型近程有线制导导弹,就能明确地表明它们之间的区别了。

只要我们清楚地掌握了导弹分类的标准,以及这些标准的基本概念,就不会被弄得眼花缭乱了。

(二)精确制导弹药

精确制导弹药与导弹的最大区别是没有自身的动力装置,需借助于其他投放手段,将其投向目标,主要包括制导炮弹、制导炸弹、制导鱼雷和制导地雷等。

1.制导炮弹

目前,技术相对成熟的制导炮弹主要采用半主动激光制导方式。典型装备有美国"铜斑蛇"、俄罗斯"红土地"、欧洲的 120 毫米迫击炮制导炮弹。大多可以实现用 1~2 发炮弹就能摧毁 1 辆运动中的装甲目标的目的。

2.制导炸弹

这是精确制导弹药中发展较早的弹药。1975 年 5 月 7 日,美空军就是利用激光制导和电视制导炸弹,成功摧毁了曾经付出高昂代价而未能如愿的"清化大桥"和"龙边大桥",开创了精确制导武器(时称"灵巧炸弹"即"smart bomb")实战使用的先河。这些已经成为国际军火市场上"适销对路"的商品。最大的诱人之处就在于制造成本相对低廉,但作战效益却非常明显。

3. 制导鱼雷

制导鱼雷是现代海战利器之一。分为自导鱼雷、线导鱼雷和复合制导鱼雷。自导鱼雷又可以分为声自导鱼雷和尾流自导鱼雷。线导鱼雷已经经过实战检验,1982 年英阿马岛海战时,英国舰载机就曾发射"虎鱼"线导鱼雷,成功击沉了阿根廷海军的"贝尔格拉诺海军上将"号巡洋舰,由此,迫使阿海军龟缩于港内,不再出战马岛战事。

4. 制导地雷

地雷是一种传统的防御性武器,但是由于制导地雷的出现,地雷的战术属性开始发生变化,它可以更多地参与到更为积极的攻势行动去。反坦克制导地雷和反直升机雷的出现,真正地改变了人们对地雷的认识。因为,它们能自主地探测、识别、定位、跟踪进而主动攻击目标。它还整合了传感器技术(声响、震动和磁场)、自锻破片技术等。

二、精确制导武器的发展历程

精确制导武器是以微电子技术、计算机技术、光电转换技术为核心,以自动控制技术为基础发展起来的高新技术。它的发展历程主要经过三个阶段:

(一)起步阶段

二战前,德国的火箭技术已经迅速地发展起来,当时人们的想法只是乘坐火箭上天,但希特勒却和人们的想法不同,他命令研制人员,改变火箭的方向,把火箭上装上炸药,等火箭升空后改变其飞行方向,不是继续升入太空,而是飞向英国,攻击地面目标,于是,产生了进攻性极强的导弹。1944 年 9 月 8 日傍晚 6 时,希特勒下令用 V-2 导弹袭击了英国首都伦敦,这是人类历史上第一次将弹道导弹用于实战。二战期间,纳粹德国总共制造了 2 万余枚 V 型导弹,实际使用了 15 000 余枚,从 1944 年 9 月 8 日至第二年 3 月 27 日,就发射了 3000 多枚性能先进的 V-2 导弹,先后袭击了英国、比利时境内美英军队主要供应基地字特卫普、布鲁塞尔、列日和英国首都伦敦,仅英国就有 31 000 人丧生。从此,人们把航天技术与导弹武器看成"天然情侣"。

20 世纪 50 年代中期,随着小型火箭发动机和制导技术的改进,不仅出现了各种制导武器,精度也有了很大提高。1956 年阿以战争中,法制 SS10 有线制导反坦克导弹已经可以对付轻装甲的老式坦克。1962 年 9 月 9 日,我国地空导弹部队用"萨姆-2"防空导弹击落了在 2 万米高空进行侦察的 U-2 侦察机。60 年代中期,电子技术的飞跃为精确制导技术的发展奠定了基础,红外和雷达等制导技术在武器装备上的广泛应用,极大地提高了武器的命中精度,从这一时期起,各种导弹开始大量装备军队。

(二)飞速发展阶段

20 世纪 60 年代末至 70 年代初,出现了制导炸弹。在越南战场上,空袭与防空袭斗争十分激烈,美军依托自己的技术优势,使用航空兵对越南实施狂轰滥炸,基本没有遇到强烈抵抗。到 1965 年 7 月,随着大量苏联制造的"萨姆-2"防空导弹加入到越南的防空体系之后,越南战场情况开始发生了极大变化。此后,在美军对越南北方的大规模空袭行动中,越军防空部队顽强抗击,使美机损失惨重。当时为炸毁河内附近的一座名叫清化的铁路公路两用大桥,美军出动 600 多架次飞机,投下了 2000 多吨炸弹,结果大桥依然畅通,而美机却被击落了 18 架。美军为炸毁一座名叫贤农的大桥,赔了 99 架飞机也未达到目的。

由于普通航空炸弹的命中精度很差,无论如何改善轰炸瞄准装置,或悉心改进投掷方法,其命中率依然有限,所以必须依靠大量投弹来保证轰炸效果,这种轰炸方式对于面状目标比较可行,但对于像桥梁这样的线状或点状目标,就难以达到目的。为此,美军紧急调用了刚刚研制出来的"宝石路"激光制导炸弹,一度使战场形势发生了急剧的变化。这种炸弹就是在旧式普通航空炸弹的弹头上安装了激光光感应装置的导引部,弹尾再加装尾翼,虽然做法并不十分复杂,然而命中精度却大幅度提高。1968 年年初,美军一次出动 12 架飞机,只投下了 10 余枚"宝石路"试验型炸弹,便一举摧毁了清化大桥,而己方则无任何损失。在此后短短的 3 个月时间内,美军使用新式制导炸弹连续摧毁了越南北方 106 座桥梁。这一战绩立刻引起了世界各国的高度重视,制导技术也开始进入各国军队的视野,开始出现"精确制导武器"这一术语。

20 世纪 70 年代末至 80 年代初,出现了制导炮弹。第一代制导炮弹以美军的"铜班蛇"和苏军的"红土地"为代表。"铜班蛇"激光制导炮弹用 155 毫米榴弹炮发射,制导精度可达 1 米以内。苏军的"红土地"制导炮弹用 152 榴弹炮发射,采用半主动激光制导,命中精度可与反坦克导弹媲美。80 年代,在英阿马岛战争、美军空袭利比亚的"黄金峡谷"行动中,精确制导武器得到了广泛使用,引起了世界范围内的"导弹热"。精确制导武器成为各国最优先发展和采购的武器。

(三)智能化阶段

从 1991 年海湾战争开始,精确制导武器更是大显身手,充当了战场的主角,成为引领唱响未来高技术战场的主旋律。多国部队使用了 20 多种精确制导武器,如"战斧"巡航导弹、"爱国者"防空导弹、"斯拉姆"空对地导弹、"哈姆"反辐射导弹、"海尔法"反坦克导弹、"响尾蛇"和"麻雀"空空导弹及激光制导炸弹等,并在战争中显示了超常的作战能力,但其使用量仅占总弹药量的 9% 左右;1999 年科索沃战争中,精确制导炸弹占了全部投弹量的 35%,阿富汗战争中,精确制导炸弹占了全部投弹量的 56%。同样,1999 年第二次车臣战争中,俄军吸取了第一次车臣战争血的教训,在战场上大量运用空中优势和各类精确制导武器,对目标进行了高精度、远距离的精确打击,使战场局面陡转。伊拉克战争中,美英联军在空袭中使用的精确制导武器占总弹药量的 68%。目前,人们已经看到,精确制导武器在战争中使用比例的大幅度上升已成为时代的必然,它不但是新军事技术革命的产物,并且正在引领唱响未来高技术战场的主旋律。

三、精确制导武器的特点

(一)命中精度高

精确制导武器直接命中目标的概率可达到 50% 以上,对点目标的圆概率误差最小可在

0.9 米以内,对普通地域的圆概率误差最小可在 1 米以内。"战斧"巡航导弹,射程为 2500 千米,但精度可达 30 米;激光制导炸弹和制导炮弹的理论命中误差仅为 1 米。比如,轰炸一个目标:二战时期,B-17 轰炸机投弹误差是 1000 米左右;越南战争中,F-105D 轰炸机投弹误差为 100 米左右;而海湾战争中,F-117 投掷激光制导炸弹误差仅为 1~2 米。车臣战争中,精确制导炸弹的误差仅为 1 米左右,而导弹的精度则可以达到半米。据测算,如果武器的爆炸威力提高一倍,武器的杀伤力只提高 40%,但如果命中精度提高一倍,武器的杀伤力就会提高 400%。美国军事专家称,海湾战争期间要击中一个目标,需要考虑出动几架次飞机;将来要考虑的是出动一架次飞机要击中几个目标。

(二)作战效能高

精确制导武器由于精度高,其爆炸能量能够精确地释放到目标上,所以其作战效能大大提高。据统计,摧毁一个典型的地面目标,如铁路枢纽,二战期间,需要 4500 架次轰炸机,投掷 9000 枚炸弹;越战中,需要 95 架次飞机,投掷 190 枚炸弹,而现在只需要 1~2 枚精确制导炸弹。1981 年 6 月,以色列空军出动 14 架飞机携带精确制导炸弹仅用几秒钟的时间就将伊拉克价值 4 亿美元的核反应堆摧毁。在阿富汗战争中,精确制导武器在打击塔利班地面部队的过程中也发挥了重要的作用。在一次战斗中,北方联盟的部队围攻塔利班据守的一个山头,久攻不下,最后只好呼唤美军支援。美国的 B-52 轰炸机迅速赶到战场,投下几枚激光制导炸弹,顷刻间塔利班固守在北方山头的部队被消灭殆尽,战斗几分钟内便宣告结束。

精确制导武器的作战效能之所以远远高于普通武器,根本原因是其精度的提高。据统计,如果把武器的爆炸威力提高一倍,武器的杀伤力只提高 40%;但如果把命中精度提高一倍,则武器的杀伤力就会提高 400%。所以说精确制导武器的出现,是武器发展史上的一次革命。

(三)效费比高

以前的战争主要是依靠弹药的面杀伤来毁伤目标,发射几千发甚至上万发普通炮弹都不见得能击中目标。而现在使用精确制导武器只要 1~2 枚就能实现打击意图。尽管精确制导武器很昂贵,但是它具有很高的作战效费比。

精确制导武器的价格交换比可以达到 1 比几十到几百,甚至更大。比如,1 枚陶-2 型反坦克导弹的造价虽然达 1 万美元,但用它击毁 1 辆 M-1 型坦克的造价却为 244 万美元,其价格交换比达到了 1∶244。

英、阿马岛战争中,阿根廷空军使用一枚价格 20 万美元的"飞鱼"反舰导弹(也称小精灵)就击沉了英军造价为两亿美元的"谢菲尔德"号导弹驱逐舰,价格交换比达到 1∶1000;英国的一枚"虎鱼"鱼雷(价值 90 万美元)击沉阿根廷"贝尔格拉诺将军"号巡洋舰(价值 8500 万美元),价格交换比也为 1∶95。海湾战争中,多国部队飞机发射 71 枚"麻雀"空空导弹,击落了伊拉克 24 架固定翼飞机,价格交换比为 1∶29;用 22 枚"响尾蛇"空空导弹击落伊拉克 9 架固定翼飞机,价格交换比为 1∶94。科索沃战争中,南联盟防空军使用一枚"萨姆"-3 地空导弹,就击落了一架价值 1 亿多美元的 F-117 隐身战斗轰炸机。美国和北约正在联合研制的"多管火箭发射系统",两次齐射可发射 12 发火箭弹(每发火箭弹内装 6 枚毫米波末制导的子弹头）。按照设计要求,它完全可以摧毁一个坦克连的全部 13 辆坦克。其作战效能可与一枚战术核武器相比,但却没有核爆炸产生的核效应所造成的负面影响。

(四)射程远

精确制导武器已具有全新的"射程-精度"规律和概念,它不会像传统射击武器那样因射程增大而降低其命中精度,相反,随着射击距离的增大,将更有可能提供自动末修控制的能力,从而使脱靶量变得很小。

可以把普通武器与精确制导武器的射程进行一下比较。普通的地面压制火炮:大中口径火炮射程一般为 20～30 千米,最远在 40 千米左右;而地对地导弹的射程近的为几百千米,远的可达上万千米。比如,苏制 SS-18 导弹,射程为 12000 千米。

普通的防空武器——高炮的有效射高通常为几千米至 1 万米左右;而"爱国者"、S-300 等防空导弹,最大高度可达 24 千米和 27 千米。在二战时,飞机进行空战,主要是使用航炮,它的有效射程仅为几百米至几千米。而现代战争中,飞机进行空战主要使用的武器是空空导弹,它的射程可以达到几公里、几十公里甚至几百公里。再比如,用于打坦克的直瞄火炮,它的有效射程一般是 2～3 千米,而反坦克导弹最大射程可达 10 千米左右。

(五)威力大

一枚战术常规导弹,如果携带的是 1 吨重的战斗装药,则相当于 18 门火炮齐射 10 发的威力;而一个千吨级的小型核弹威力相当于 10 个炮兵团 540 门火炮 1 次齐射 10 发。1945 年 8 月 6 日和 9 日,美国向日本广岛和长崎分别投掷了两颗原子弹,其中投在广岛的那一颗为 2 万吨级,造成了广岛市建筑毁坏 60%,人员死亡超过了 15 万人。而现在的原子弹当量可以达到百万吨级、千万吨级。比如,SS-18 弹头当量 2500 万吨,相当投在广岛的原子弹当量的 1000 多倍,其破坏威力可想而知。

四、精确制导武器的作战应用

在近几场高技术局部战争中,精确制导武器使用的种类和数量逐渐增多,地位越来越突出。特别是伊拉克战争中,以巡航导弹等防区外发射武器和带卫星导航系统的航空兵器为主导的精确制导武器,已成为美英对伊的基本打击手段和主攻兵器,美军精确制导武器使用已占总投弹量的 90% 以上,高集中、高频率、高强度的定点集火打击均超过历次局部战争。总体看,现代战争中最常用的精确制导武器分为六大类。

(一)防空导弹

防空导弹包括地对空和舰对空导弹,迄今已发展到第 4 代,而且还不断有新的型号问世。目前,世界上有防空导弹约 100 多种,其中地对空导弹 70 余种,舰对空导弹 30 余种。世界上使用防空导弹的战例很多,其中我国的地空导弹部队曾于 1959 年开创了世界上首次用地对空导弹击落飞机的精彩战例,后来又先后击落 5 架美制 U-2 高空侦察机,在国土防空作战中取得了辉煌的战绩。但是早期的防空导弹,反应慢,抗干扰能力差。越南战争中,北越使用了大量苏制"萨姆-2"导弹,开始战绩还不错,平均 18 枚导弹击落一架飞机,但是到了 1972 年,由于美国大量使用了电子干扰设备,结果北越平均每发射 86 枚导弹才能击落一架飞机。

1991 年海湾战争的时候,防空导弹的性能已有了很大改善,导弹不仅能打飞机,而且能拦截高速飞行的导弹。比如,美国的"爱国者"防空导弹就多次成功拦截伊拉克的"飞毛腿"战术地对地导弹,大出风头。战争期间,"飞毛腿"共发射了 81 枚,至于被"爱国者"拦截成功几次,各方面的统计数字不一致,有的说,拦截了 42 枚,有的说十几枚,还有报道说只拦截到 2 枚。不管怎么说,能够拦截到以数倍音速飞行的战术导弹,已经相当不容易了,开创了以导弹打导弹的先河。

爱国者是如何拦截飞毛腿的呢? 其中的关键是反应速度,因为"飞毛腿"的全程飞行时间只有短短的 7 分钟。当"飞毛腿"导弹发射升空 90～120 秒后,美国部署在太空的预警卫星便迅速地测出发射点的位置以及导弹飞行方向和可能的落点,并向空中的预警飞机发出警告,预警机再将这一情报迅速传给地面的指挥中心,指挥中心随即向部署在目标附近的"爱国者"导弹部队发出指令。"飞毛腿"落地前约 90 秒,"爱国者"的雷达开机,捕捉目标,落地前 30 秒,"爱国者"升空,就在"飞毛腿"落地前 8 秒,二者在高空相遇,同归于尽。这一过程不但要依赖防空导弹本身的先进,而且必须有先进的预警和指挥系统,中间哪一个环节出了问题,都可能导致拦截失败。

海湾战争之后,美国不断改进其"爱国者"导弹,已研制成功"爱国者-3"型,主要用于导弹防御系统。此外,俄罗斯"凯旋"系列的 C-300 和 C-400 也是一种非常先进的防空导弹,其性能在某些方面甚至超过了美国的"爱国者"。

(二)反坦克导弹

反坦克导弹是专门用来对付坦克的,可以从车上、飞机上或者单兵在地面上发射。作为陆战之王的坦克,集机动、打击、防护能力于一身,一般的武器是很难对付它的。战争实践证明,打坦克最有效的有两种武器:第一种是坦克本身的火炮,在坦克群混战中,先进的坦克炮是最有效的;第二种是反坦克导弹,而且又以武装直升机从空中发射的反坦克导弹最厉害。因为坦克装甲通常都是正前方最厚、顶部最薄弱。反坦克导弹与传统的反坦克炮相比,射程远,精度高,威力大,而且机动性强,被战争实践证明是反坦克系统的主力军。

1973 年的第四次中东战争中,反坦克导弹初显身手。战后统计,以色列损失的坦克中,2/3 是被反坦克导弹摧毁的。1991 年的海湾战争是战争史上使用反坦克导弹型号最多、数量最大的一次战争。在 100 小时地面战中,伊拉克的绝大多数装甲目标都是被反坦克导弹摧毁的,其中,美军的一个 AH-64"阿帕奇"武装直升机营,配有 36 架"阿帕奇"直升机,每架携带 8 枚"地狱火"反坦克导弹,一次出动,就能摧毁伊拉克共和国卫队一个坦克纵队的 84 辆坦克、8 门火炮和 38 辆轮式车辆,可以说这种直升机是名副其实的"空中坦克杀手"。

(三)反辐射导弹

反辐射导弹是现代战争电子战的锐利武器,其主要作用是捕捉敌方雷达发出的波束,然后沿着雷达波直接攻击对方的雷达。在越南战争中,美军就大量使用了"百舌鸟"反辐射导弹。美军每次进行空袭,都把机群混合编组,其中携带反辐射导弹的飞机或者打头阵,或者在空中盘旋,只要对方雷达一开,就发射导弹,这样对方的高炮和防空导弹就无法瞄准,其他飞机就可以肆无忌惮地攻击地面目标。

美国研制的"哈姆"式高速反辐射导弹,射程为 20 千米,速度 3 马赫。该导弹具有一定的智能,一旦捕捉到目标,就能牢牢锁定方位。1986 年 4 月 15 日凌晨,美国对利比亚实施了一次外科手术式的空中打击,代号"黄金峡谷"行动。美军庞大的机群对利比亚境内的五个目标实施空袭,首先投入攻击的,就是"哈姆"高速反辐射导弹,在尖利的飞机呼啸声和猛烈的爆炸声过后,利比亚的导弹阵地雷达站顿时一片火海,残存的几座导弹发射装置成了"睁眼瞎",射出去的导弹没有一枚命中目标,紧接着,其他飞机陆续投弹,整个行动仅持续了12 分钟,利比亚方面损失惨重,美军仅损失一架飞机。

(四)空空导弹

空空导弹是指从空中平台发射攻击空中目标的导弹,是现代空战的"杀手锏"。空空导弹从射程上讲,可以分为近距格斗、中距拦截和远程拦截三种类型。其中近距格斗型比较有代表性的是美国的"响尾蛇"空空导弹,这种导弹是红外被动制导,适用于近距离格斗,在英阿马岛战争中,英国的"鹞"式飞机发射 27 枚"响尾蛇",共击落阿根廷飞机 24 架,命中率是很高的。中距拦截导弹比较有代表性的是美国的"麻雀",最大射程为 100 千米,这种导弹的射程就已超过了人的视距,完全靠机载雷达来进行瞄准和空战。远程空空导弹射程可以达到 200 千米,如美国的"不死鸟"空空导弹。在现代空战中,谁拥有先进的预警和雷达设备,谁先发现对方,谁就能取得主动权,就能做到先敌开火。这样,装备落后的一方很可能稀里糊涂就被打下来了。1999 年科索沃战争中,南联盟空军司令驾驶米格机试图与北约战机一决雌雄。但是雷达被干扰,通信被中断,老将军看不到对手在那里,却被对手死死锁住,一上天即被荷兰的一架战斗机击得粉碎。其他 5 架米格机也是升空 5 分钟即被击落。

现代空战中,由于飞机装备了各种先进的空空导弹,所以航炮的作用已大大降低了。一架先进的战斗机升空前,可以混合挂载多种导弹,如 F-16 战机可以携带 2 枚中距"麻雀"导弹,带上 4 枚近距"响尾蛇"导弹,这样在遭遇敌机时,先在远距离上发射中距导弹,如果未击中对方,再在近距离上发射"响尾蛇",导弹都打完了,再用航炮。海湾战争中,伊拉克在空战中损失了 40 多架飞机,绝大多数是被空空导弹打下来的,只有 2 架直升机是被 A-10 攻击机用航炮击落的。

(五)地地战术弹道导弹

地地战术弹道导弹是指从地面发射、攻击地面目标的战术弹道导弹。地地战术弹道导弹最著名的当属苏联的"飞毛腿"。在 1991 年的海湾战争中,伊拉克用苏制的"飞毛腿"频频攻击以色列和沙特阿拉伯,引起世界各国的强烈反响。直到战争结束前几小时,两枚"飞毛腿"导弹还击中了美军的一个餐厅,造成数十名士兵伤亡。美军称这是战争期间遭受的最大伤亡,是"最黑暗的时刻"。尽管"飞毛腿"导弹颇受第三世界国家青睐,可是在苏军中并不是什么先进装备。最近俄罗斯推出一种"飞毛腿-C"型导弹,对它的制导系统作了重大改进,命中精度有了显著提高。印度的普里特维地地战术导弹和美国陆军战术导弹都是知名度比较高的地地战术弹道导弹。

(六)巡航导弹

巡航导弹又称飞航式导弹。所谓巡航,是指导弹既依靠喷气发动机的推力,又依靠弹翼的气动升力在大气层内以匀速飞行。巡航导弹又分几种:一是能够实施核打击的战略巡航导弹,二是远程战术巡航导弹,三是飞航式反舰导弹。其中比较有名的就是美国的"战斧"式多用途巡航导弹系列。巡航导弹的最大特点是射程远、精度高、低空突防能力强。巡航导弹一般都飞得很低，离地面或海面只有几十米，而且在发射前把如何避开沿途的障碍物、防空火力区等都预先存储在导弹上，这样，遇到山脉、高层建筑，敌人的导弹火炮阵地，导弹都可以绕开。巡航导弹始终保持超低空飞行，所以拦截它是比较困难的。由于巡航导弹能够在敌人防空火力区圈外发射，所以在最近几次战争中，美军首波空袭骨干力量就是巡航导弹。在 1991 年的海湾战争中，美军共发射了 288 枚"战斧"，其中第一天就发射了 100 多枚，命中率达 98%。

　　除了战斧式巡航导弹外，飞航式反舰导弹也是一种重要的巡航导弹。1982 年英阿马岛之战中，击沉英国"谢菲尔德"号驱逐舰的"飞鱼"式导弹，就是一种飞航式反舰导弹。由于地球有一定曲率，而"飞鱼"导弹贴着海面掠海飞行，所以军舰上的雷达在远距离上根本发现不了。所以说，巡航导弹的突防能力是很强的。

　　此外，制导炮弹和制导炸弹也是现代战争中常用的精确制导武器，特别是由飞机投掷的精确制导炸弹，更是空袭中的常用武器，具有较高的命中率。

五、精确制导技术的发展趋势

　　精确制导技术涉及多个专业技术领域，其核心是精确导引和精确控制技术，研究的重点是确保精确制导武器在复杂战场环境中精确命中目标乃至要害部位的寻的末制导技术。

（一）提高命中精度和抗干扰能力

　　发展和完善精确制导技术，以便达到"首发命中"和具有"发射后不管"的能力。美国的制导武器大部分已经采用 GPS＋惯性导航系统（INS）进行途中制导，以便全天候、昼夜作战。为了达到首发命中，甚至命中目标的薄弱部位，各种精确制导武器都需要继续提高和完善末制导系统。实战中精确制导武器所处的电磁环境很复杂，特别是由于敌方总会千方百计地破坏精确制导武器的正常工作条件，所以要求精确制导系统在现代电子对抗条件下具有很强的抗干扰能力。

（二）远程化

　　发展各种远程精确制导武器，目的之一是提高发射平台的生存概率。比如，美军正在研制"联合防区外发射武器"（JSOW），计划将现有的"陆军战术导弹系统"（ATACMS）的射程提高到 150～250 千米等。美军为适应未来高技术局部战争的需要，把 3500 千米的纵深区域划入战区范围。为了实现战区纵深精确打击，作为现代战争中空袭主要手段和"杀手锏"武器的战术弹道导弹、巡航导弹及空地导弹将增大射程；防御性精确制导武器为实现远距离拦截入侵目标，也将增大射程，致使精确制导武器迅速地向远程化方向发展。

（三）多用途

　　采用"一种平台多种负载"或"一种负载多种平台"的模式，是精确制导武器向多用途方向发展的主要手段。"一种平台多种负载"，指一种作战平台（如飞机、军舰、车辆等）可以同时携带和装备几种不同功能的精确制导武器，用于攻击不同的作战对象，执行不同的作战任务。"一弹多头"的精确制导武器也属于"一种平台多种负载"的范畴，如美国陆军战术导弹系统共有五种弹头，可以携带反装甲、攻击硬目标、反跑道弹头、地雷、反软目标弹药等几种弹头中的任何一种。"一种负载多种平台",是指一种精确制导武器可以同时搭载或装备于多种不同的作战平台,用于攻击同一类作战目标,执行相应的作战任务,如飞鱼导弹和战斧巡航导弹均可航载,也可由潜艇发射。

(四)低成本

精确制导武器在现代局部战争中扮演了主要角色,从历次战争的使用情况来看,有增加的趋势。未来高技术条件下的局部战争的主要形式是敌对双方利用精确制导武器在陆、海、空、天领域的激烈对抗,战争的持续性和精确制导武器的密集使用,要求参战的武器装备必须具有一定的规模和数量。要想达到持久性作战的目的,必须想方设法降低精确制导武器的成本,一个国家发展新型武器系统的标准首先应该是经济的承受能力,然后才是武器的性能。

(五)智能化

目前的精确制导武器命中率仍不如想象的高,未来战争的战场环境越来越复杂,精确制导武器要在极短的时间内将目标摧毁,仅仅依靠人工引导已不可能,必须使制导武器具有某种人工智能,在陆上能区分出坦克、卡车、火炮等不同目标,在空中能区分不同类型的飞机,在海上能区分不同类型的舰船。比如,美国已经在论证人工智能的"黄蜂"机载反坦克导弹,这种导弹能在距目标很远的飞机上发射,到目标上空能自动俯视战场,搜索、发现、识别敌坦克,然后各子弹头分散攻击不同的目标,并攻击其要害部位和薄弱环节。

(六)隐身化

为提高精确制导武器的突防能力,隐身化是一个重要途径,如美国正在研制的 JDAM和"三军共用防区外发射攻击导弹"(TSSAM)等。然而法国专家认为,提高精确制导武器突防能力,与其花大力量研究隐身措施,还不如采用现有的超声速攻击技术,使对方防御系统来不及反应,同样可以达到提高生存能力的目的。因此,提高精确制导武器攻击速度也成为一大发展方向。

(七)系列化

一是精确制导武器使用上的系列化,如反坦克导弹形成了近程单兵携带型和中、远程车载式及机载型体系。二是同类精确制导武器的系列化,如防空导弹已经形成了超低空近程、低空近程、中高空远程系列。三是精确制导武器自身形成不同型号的家族系列,如美军"小牛"导弹发展了 7 个型号,并广泛采用了电视、激光、红外三种制导技术。冷战后国际形势发生了重大变化,各国纷纷调整自己的国际发展战略,武器装备发展系列化的特点更加明显。以防空导弹为例,由于研制新型导弹的经费高、周期长、风险大,所以美、俄等军事大国都选择了"基本型,系列化"发展道路,以一种主战型地空导弹为基本型——美国重点研制"爱国者",俄罗斯重点研制 C-300,在此基础上发展系列化。精确制导武器走"基本型、系列化"之路,有利于弹体和弹上设备的批量生产,还可以降低成本、提高可采购性。

(八)"人在回路中参与控制"

未来高技术局部战争将是体系与体系之间在争夺制信息权方面的激烈对抗。美军认为,对地面作战(包括海对地和空对地作战)将是最终结束战争的关键。由于地面背景相对复杂,而自动目标识别(ATR)技术尚未过关,所以在地面作战中难以充分发挥导弹武器的作战效能。为此,美国在继续加紧研究 ATR 技术的同时,大力发展"人在回路中参与控制"技术,在导弹自动跟踪目标过程中,一旦目标丢失,通过人工参与重新搜索、截获目标、锁定目标,然后转入弹上自动跟踪或直接操纵导弹攻击目标。人在回路中参与控制技术是解决精确制导武器探测、识别目标和提高命中精度的重要手段。目前已普遍应用于防区外发射的空地导弹中,如美国的"AGM-130"、"AGM-142"、"AGM-154C"、"JSOW"和 SLAM 等空对地导弹和巡航导弹。

现代局部高技术战争,已由大规模杀伤敌方有生力量和技术装备,转向摧毁有能力阻止任何规模军事行动和武装抵抗的作战机构的要害部位及其指挥中枢。就此而言,精确制导武器在最终效果可完全与战术核武器相比拟。可以预计,精确制导武器的前景越来越广阔,21 世纪将是精确制导武器更加耀眼的时期。

第十二章　现代军事航天技术及我国航天成就

随着军事航天技术的迅猛发展及其对现代战争的重要影响,世界各国都十分重视军事航天系统与反系统的研制,特别是美国率先发展并决意部署国家导弹防御(NMD)系统,将不可避免地把航天技术的发展推向一个新的阶段。2001年1月22至26日,美国首次进行了以太空为"主要战场"的"斯克里埃弗-2001"军事模拟演习。同年同月的25日,俄罗斯总统普京下令建立俄罗斯军事航天部队。日本也准备投巨资研究载人飞船。这些事实表明,新一轮空间军备竞赛的序幕已经拉开,各航天大国正在继续发展和完善自己的航天力量。

一、航天技术概述

航天技术是指将航天器送入太空,以探索、开发和利用太空及地球以外天体的综合性工程技术,又称空间技术。航天技术主要包括航天运载器技术、航天器技术和航天测控技术三大类。其中,航天运载器技术是解决将人造航天器"送上太空"的问题;航天器技术是保证航天器在太空飞行时"掉不下来";航天测控技术是能够让航天器在太空活动时"听从指挥",完成指定的任务。军事航天技术是指为军事目的而研究和应用的航天技术,它是通过将无人航天器(人造卫星、空间探测器)或载人航天器(载人飞船、航天飞机、空间站)送入太空,借以完成侦察、通信、导航、测地、气象乃至反卫星、反导弹等各项军事任务的一种现代军事高技术。

(一)航天运载器技术

航天运载器技术,就是借助动力载体(运载工具)将航天器送入外层空间的技术。外层空间,又称太空、空间、大气层外,简称"天",它是指地球大气层外的空间区域,通常是指离地100千米(大气密度为海平面的五百万分之一,已接近真空)以外的地方。目前,使航天器达到一定的速度,冲入外层空间的运载工具就是运载火箭。世界各国研制较为成熟的运载火箭主要有:俄罗斯(前苏联)的"质子"号大型运载火箭、美国的"雷神""大力神"系列运载火箭、中国的"长征"系列运载火箭、欧盟的"阿里亚娜"液体火箭等。

(二)航天器技术

航天器是在太空沿一定的轨道运行并执行一定任务的飞行器,也称空间飞行器。通常分无人航天器和载人航天器两大类。

无人航天器,按是否环绕地球运行又分为人造地球卫星和空间探测器等。人造地球卫星是在环绕地球的近地空间轨道上运行至少一周的无人航天器,简称为人造卫星。月球探测器是用来探测月球及其周围的环境的;行星探测器是用来对太阳系内的行星、行星的卫星和彗星进行探测的。

载人航天器,按飞行和工作方式分为载人飞船、空间站和航天飞机等(还有正在研制的空天飞机)。载人飞船又叫宇宙飞船,是一种保证宇航员在空间轨道上生活和工作,以执行航天任务并返回地面的航天器。空间站是一种大型的、绕地球轨道作较长时间航行的载人航天器,是多用途、半永久性的空间基地。在发射后,空间站不再返回地面,在轨道上运行数年或数十年后将坠入大气层烧毁。航天飞机是一种可以重复使用的垂直起飞的和水平定点软着陆的有翼式载人航天器,其外形类似普通飞机。航天飞机的进一步发展为空天飞机,空天飞机是将火箭发动机和航空发动机组合成一体作为动力装置,从地面水平起飞,直接进入环绕地球飞行轨道的飞机。

(三)航天测控技术

航天测控技术,是对飞行中的运载火箭及航天器进行跟踪测量、监视和控制的技术。为了保证航天器在轨道上正常工作,航天器必须不断将有关信息向地面报告,地面必须依靠所建立的测控系统对航天器进行遥测、遥控、跟踪和通信。为此,除了航天器上应载有测控设备之外,还必须在地面建立测控(包括通信)系统。地面测控系统由分布全球各地的测控台、测量站及测量船组成。这些台、站和船上通常配备有精密跟踪雷达、光学跟踪望远镜、多普勒测速仪、遥测解调器、遥控发射机、电子计算机、通信设备等。测控站采取周密措施密切监视、及时调整跟踪信号的参数变化,确保跟踪正常,并实时接收卫星、航天器的遥测数据、对卫星测距、按计划向卫星注入遥控指令等。

二、航天器技术的军事应用

自从第一颗人造地球卫星发射成功以来,人类的航天活动始终与军事紧密相连。据不完全统计,世界发射的众多航天器,大约70%是为军事目的服务的。航天器的军事应用大致可分为三大类:一是已经大量使用的支援地面军事力量的卫星系统,如侦察卫星、通信卫星、测地卫星、导航卫星、气象卫星等;二是理论上可行,但仅进行个别探索性试验执行军事任务的载人航天器,如载人飞船、空间站、航天飞机、空天飞机等;三是处于研究开发中的天基或部分天基武器,主要指攻击敌方航天器用的反卫星系统,包括反卫星卫星、反卫星导弹和各种天基定向能武器。

(一)军用卫星

军用卫星是指专门用于各种军事目的的人造地球卫星的统称。按其用途可分为侦察卫星、通信卫星、测地卫星、导航卫星和气象卫星。它是发射数量最多的一类卫星,现在已经达到约3000颗,占世界各国航天器发射数量的2/3以上。

1.侦察卫星

侦察卫星又叫间谍卫星,是窃取军事情报的卫星,它既能监视又能窃听,是名副其实的超级间谍。按照不同的侦察设备和任务,可分为照相侦察卫星、电子侦察卫星、海洋监视卫星、导弹预警卫星和核爆探测卫星等。

照相侦察卫星,是利用光电遥感设备摄取地球表面图像的卫星,俗称会拍摄照片的太空"间谍"。

电子侦察卫星,是用以侦测敌方电子设备的电磁辐射信号以获取情报的侦察卫星,俗称能发现电磁信号的"太空耳"。在阿富汗战争中,美国运用电子侦察卫星来搜集塔利班和基地组织的信息。2002年3月,本·拉登的得力助手、"基地"二号人物阿布·祖巴耶达赫,因为使用手机暴露藏身之地而落网。

海洋监视卫星,主要用于探测、监视海面状况和舰船、潜艇活动,侦收舰载雷达信号和窃听舰无线电通信,俗称窥探海上动静的"天鹰",能在全天候条件下鉴别舰船的编队、航向、航速,并能探测水下核潜艇的尾流辐射等,可感知海水温度 0.003 度的变化,还可为舰船的安全航行提供海面状况和海洋特性等重要数据。

1982 年的马岛战争中,美国用 24 颗海洋监视卫星向英国提供情报支持,帮助英国击沉阿根廷的"贝尔格拉诺将军"号巡洋舰;而苏联也有 37 颗卫星向阿根廷提供情报支持。阿根廷空军就是利用苏联侦察卫星提供的情报信息,用一枚"飞鱼"导弹出其不意地击沉了英国较先进的"谢菲尔德"号导弹驱逐舰。

导弹预警卫星,是用以监视、发现和跟踪敌方战略弹道导弹的发射及其主动段的飞行,并提供早期预警信息的侦察卫星。这种卫星一般在高轨道上运行,具有覆盖范围广、监视区域大、不易受干扰、受攻击的机会少、提供的预警时间长等优点,通常称作"反导天眼"。由于导弹防御预警系统的技术要求非常高,而且需要花费巨额资金,所以,目前只有美国、日本和欧洲拥有导弹预警卫星。

核爆探测卫星,通过卫星上的各种探测器,探测核爆炸时间、高度、方位和当量,从而获取别国试验核技术的情报。

2. 军用通信卫星

军用通信卫星是作为空间无线电通信站,担负各种通信任务的人造地球卫星。军用通信卫星除具有一般通信卫星所具有的通信距离远、容量大、质量高、寿命长、覆盖区域广等优点外,还具有保密性好、抗干扰性强、数据处理快、可靠性高和灵活机动及核环境下的生存能力等特点,所以技高一筹。1982 年英阿马岛战争,英国的各种作战命令全部是通过卫星下达的,战后英军在总结战争经验时说:"如果没有通信卫星系统,很难想象登录部队如何接受国家的指挥和控制。"目前一些发达国家和军事集团利用通信卫星系统完成的信息传递,约占其军事通信总量的 80%。

3. 导航卫星

导航卫星是为航天、航空、航海、各类导弹、地面部队以及民用等方面提供导航信号和数据的航天器,被视为"现代罗盘"。利用卫星导航具有精度高、全天候、覆盖全球和用户设备简单等特点,在军事领域有着极为重要的意义。目前,世界上只有少数几个国家能够自主研制生产卫星导航系统。

美国 GPS 是第二代卫星导航系统,由 24 颗卫星(包括 3 颗备用星)组成,采用双频时间测距导航体制,能向全球任何地点和近地空间的用户提供 24 小时不间断的三维导航定位服务。每颗 GPS 导航卫星重约 930 公斤,卫星上除导航设备外还装有核爆炸探测装置,卫星设计寿命在 7.5 年以上。目前在轨工作的 Navstar GPS 系列卫星共 29 颗,其中 Block Ⅰ型 5 颗,Block Ⅱ型 24 颗。美国目前储备着 4 颗 Block ⅡB 卫星(每颗价值 6500 万美元),如果星座内的一颗在轨卫星失效,则在 2 个月内将发射一颗地面储备的替换卫星。GPS 导航卫星当前的实际定位精度为 12 米,测速精度达每秒 0.1 米,授时精度达 100 毫微秒。

4. 测地卫星

测地卫星是装有光学观测系统、无线电测距系统、雷达测高仪等设备的卫星,是用于大地测量的人造地球卫星,可测定地面点位坐标、地球形体和地球引力场等参数,是卫星测地系统的空间部分。

5. 气象卫星

气象卫星是从外层空间对地球及其大气层进行气象观测的卫星。军用气象卫星是为军事需要提供气象资料的卫星,具有保密性强和图像分辨率高的特点。海湾战争中,由于中东沙漠地区气候环境极为恶劣,为了更好地提供强有力的气象保障,美国发射了 3 颗"布劳克"5D 气象卫星。它们交替运行,每天 6 次通过海湾战区上空,提供的气象信息为以美国为首的多国部队提供了重要的支援。

大多数气象卫星为军民合用,由于气象卫星有很高的经济效益和军事效益,许多发达国家都已经拥有自己的气象卫星。美、俄、中拥有太阳同步轨道气象卫星(也称极地轨道气象卫星)和地球静止轨道气象卫星(简称静止气象卫星)。

(二)军用载人航天器

载人航天器可以民用也可以军用,下面重点介绍目前能够服务于军事行动的载人飞船、空间站和航天飞机。

1. 载人飞船

载人飞船能担负的军事使命有:作为地面与空间站的军事运输工具,可向空间站运送各种军事补给物资以及接送人员,进行空间救护等;试验新的军用航天设备;用于特定目标的侦察与观察等。目前,俄罗斯、美国是发射载人飞船最多的国家。

1961 年 4 月 12 日,"东方号"把尤里·加加林首次送入太空。1963 年又把世界上第一位女航天员瓦莲金娜·捷列什娃送入太空。1965 年 2 月 18 日,苏联第二代载人飞船"上升号",载有两名航天员升上太空,在这次飞行中,航天员列昂诺夫走出座舱,在太空中行走 24 分钟,完成了人类首次太空行走。苏联第三代载人飞船"联盟号",由近似球形的轨道舱、钟形座舱和圆柱形服务舱组成,可乘坐 3 名航天员,具有轨道机动变轨、交会和对接能力。

美国第一代载人航天飞船"水星号",1962 年首次发射,是由"宇宙神"洲际导弹改装的运载火箭送入太空,美国航天员格伦实现了美国航天员首次太空飞行。美国第二代载人飞船"双子星座号",由服务舱和座舱两个舱组成,服务舱和座舱内部又各分为两个部分。与"水星"飞船相似,可乘两名航天员,不同的是加大了密封舱容积,飞船系统按舱室的形式进行安装。美国第三代载人航天飞船"阿波罗号",由指挥舱、服务舱和登月舱 3 部分组成。"阿波罗"载人登月飞行计划,是美国当时向苏联载人航天领域的挑战和竞赛,也是人类向太阳系进军的第一步。

1969 年 7 月 16 日,美国用"土星 5 号"运载火箭,把世界上第一艘载人登月飞船"阿波罗 11 号"送上太空,飞船上乘载着阿姆斯特朗、奥尔德林和科林斯 3 名宇航员,自美国卡纳维拉尔航天中心出发,经过约 75 小时的长途跋涉到达月球轨道,7 月 21 日,登月舱在月面静海的一个角落降落,宇航员阿姆斯特朗第一个踏上人类向往已久的地外星球,成为第一个登上月球的人。此时此刻,阿姆斯特朗内心激动万分,他在向月球迈出第一步时,面对着在电视和广播前与他一道分享这一时刻的人们,深情地说道:"对于一个人来说,这是一小步。但对整个人类来说,这却是一个巨大的飞跃。"7 月 24 日,"阿波罗"11 号飞船的 3 名宇航员带着巨大的荣誉安全返回地面,完成了这次具有历史意义的航天飞行。

2. 空间站

载人空间站实际上是一颗可供多名航天员长期工作和居住的大型人造卫星,因而具有很高的军事价值。载人空间站是在载人飞船的基础上发展起来的,发射后,空间站不再返回地面,运行数年或数十年后坠入大气层烧毁。目前,人类共建造了 10 座空间站,它们分别是苏联的"礼炮"1～7 号空间站,俄罗斯的"和平号"空间站,美国的"天空实验室"空间站,16 个国家联合建造的国际空间站。俄罗斯宇航员曾创下在空间站生活 237 天的世界纪录。

从理论上讲,空间站有广阔的军事应用前景。例如,军用航天飞机或空天飞机以空间站为基础,部署、组装、维修和回收各种军用航天器,并可试验、部署和使用空间武器等。空间站是可以俯瞰全球的理想的侦察基地,可以直接参与跟踪、监视、捕获和拦截敌方航天器和洲际弹道导弹等作战行动。

1981 年,苏联"礼炮"6 号空间站上的宇航员曾从空间站上发射一枚导弹摧毁靶星。1987 年,苏联"和平号"空间站曾用激光束瞄准并跟踪一枚洲际导弹。这些实验曾使美国人极为担心。此外,空间站还可以在军用维修、飞机和地面监视系统的配合下,成为空间预警、指挥、控制、通信和情报中心。因此,建立空间站对于未来的信息化战争具有战略意义。

3. 航天飞机

航天飞机又称空间渡船或太空梭,是一种新型的可重复使用的垂直起飞和水平定点软着陆的有翼载人航天器。航天飞机在空间作战中有重要的应用价值。一是可以代替载人飞船、运货飞船;二是具有轨道机动能力和可开启货舱,在机动能力之内的轨道上捕捉和回收军用卫星和其他航天器;三是可以运送近地轨道卫星入轨,可以发射不同轨道的各种卫星;四是在一定程度上可以用作可返回式侦察卫星;五是乘员舱可反复使用,有的可用作短期的空间试验平台;六是可以作为太空武器平台使用;七是可以采用遮挡卫星视线或太阳板等方式,通过和平手段使敌方卫星暂时失能。目前只有美国和俄罗斯有航天飞机。美国第一架航天飞机"哥伦比亚号",第二架航天飞机"挑战者号",第三架航天飞机"发现号",第四架航天飞机"亚特兰蒂斯号",第五架航天飞机"奋进号"。

除以上介绍的载人飞船、空间站、航天飞机之外,正在研制中的空天飞机和航天母舰也是未来能够为军事行动服务的重要航天器。

空天飞机,能像普通飞机一样利用机场跑道自行起飞、降落,既能在大气层内 30～100 千米高空,以 12～25 倍的音速飞行,亦能直接加速进入地球轨道,在宇宙空间飞行。空天飞机可以装备杀伤武器,并发展成一种全新概念的航空航天战斗机、运输机或轰炸机。据外刊报道,美国五角大楼目前正在研制具有未来色彩的"太空轰炸机",其飞行速度和高度分别是 B2 战略轰炸机的 15 倍和 10 倍,能在 30 分钟内摧毁地球另一端的目标。正如美国军方一些高级官员所预言的,未来只要用 4 架空天飞机组成的航天机群就足以覆盖全球。

航天母舰,它运行在空间中,就如同航空母舰航行在海洋中一样。它是航天飞机的一种起降平台。根据作用和功能的不同,航天母舰可分为宇宙飞船型、飞艇型、飞翼型和地球航天母舰。有资料称,目前美国正在研制中的航天母舰十分巨大,可装载四架航天飞机、两艘空间轮船、一个轨道燃料补给站等,还可容纳百余名军事和技术人员,配备 C^4ISR 系统和多种空间战武器装备,是未来天军的"大本营"或总指挥部,能在空间遂行作战和支援保障任务。

(三)天基武器

天基武器主要指攻击敌方航天器用的卫星及卫星平台,如反卫星卫星、反卫星及反弹道导弹动能武器平台和定向能武器平台等。其中,天基动能武器平台和天基定向能武器平台,是美国"战略防御倡议"计划(即"星球大战计划")中提出的新概念天战武器系统,现暂未变成现实。现在已进行过试验并可以部署的天基武器主要是反卫星卫星。反卫星卫星是对敌方有威胁的卫星实施摧毁、破坏或使其失效的人造卫星。在这种卫星上装设跟踪识别装置和杀伤武器,并使其具有一定的机动变轨能力,以识别、接近并摧毁敌方卫星,俗称"天雷"、"空间雷"。

根据实验和理论分析,反卫星卫星有两种类型,实际上是两种拦截方式:一种是携带有常规炸弹的卫星,当它在轨道上接近目标卫星时,以地面遥控或自动引爆的自毁方式与目标卫星同归于尽。另一种是装备有导弹或速射炮的卫星平台,当目标卫星进入武器的射程之内时便进行发射,予以摧毁。

1968~1984 年,苏联共发射了 50 颗卫星进行了 20 次反卫星拦截试验。在这些卫星中,有的充当靶星,有的作为拦截卫星(即反卫星卫星),还有的作为雷达校准卫星。据美国军方估计,这些试验中有一半是成功的。有报道称,苏联的第一代反卫星卫星于 1979 年 7 月 1 日服役,该卫星可对 150~2000 千米高度内的侦察、导航、气象卫星和航天器等,通过同轨或变轨两种方式实施拦截和摧毁。美国于 1986 年 9 月 5 日也成功地进行了一次以星炸星的试验。

另外,用反卫星卫星拦截军事卫星不一定要摧毁目标卫星,只要采取一种方式(如喷涂某种不透明的性能稳定的化学物质等),使其照相装置或通信装置等毁坏或失灵,一样可以达到目的,或者将目标卫星俘获,然后一道重返地面。

三、我国航天技术的成就与展望

1970 年 4 月 24 日,我国成功研制并发射了第一颗人造地球卫星"东方红一号",中国空间技术取得历史性突破,中国成为世界上第五个独立研制和发射人造地球卫星的国家,从此拉开了中国航天活动的序幕。2003 年 10 月 15 日至 16 日,我国成功发射并回收了神舟五号载人飞船,首次载人航天飞行获得圆满成功,中国空间技术取得新的历史性突破,中国成为世界上第三个独立掌握载人航天技术的国家。2007 年 10 月 24 日,我国成功地研制并发射了第一个月球探测器嫦娥一号,首次月球探测工程的成功,是继人造地球卫星、载人航天飞行取得成功之后,我国航天事业发展的又一座里程碑,标志着我国已经进入世界具有深空探测能力的国家行列。

(一)运载器技术发展迅速

1960 年 11 月,我国发射成功第一枚运载火箭。经过几代人的努力,目前,长征运载火箭已经形成"长征"1、"长征"2、"长征"3、"长征"4 和"长征"5 号系列,共 11 个型号,并具有把大型通信卫星送入离地球 3.6 万千米同步轨道的能力。

目前,正在研制的"长征"5 号运载火箭系列,以 120 吨和 50 吨两种发动机为基础,构成 5 米直径、3.35 米直径和 2.25 米直径三种模块,形成"通用化、系列化、组合化"的新一代运载火箭系列,研制工作已进入了关键阶段。长征-五号重型运载火箭问世后,中国航天将具备 25 吨的近地轨道运载能力和 12 吨的地球同步轨道运载能力,可发射 20 吨级长期有人照料的空间站、大型空间望远镜、返回式月球探测器、深空探测器、超重型应用卫星,推动我国空间应用产业、载人航天技术和天文科学的发展,也必将大大提高我国在国际航天发射市场上的竞争能力。长征-五号运载火箭具有无毒、无污染、高性能、低成本和大推力五大特征。

2013 年 9 月 25 日 12 时 37 分,中国在酒泉卫星发射中心用“快舟”小型运载火箭,成功将“快舟”一号卫星发射升空,卫星顺利进入预定轨道。由中国航天界的资深专家和有关知名媒体人共同评选,我国成功发射“快舟”小型固体运载火箭首创星箭一体技术成功入选,载入中国航天史册。

“快舟”飞行器作战想定是:当需要对特定目标进行紧急战术侦察和通信服务,在隐蔽地域待机的发射平台接收到命令后,带有星箭组合体的机动发射平台在战术掩护下机动到达预定发射阵地,完成发射准备后,星箭组合体发射升空,并迅速进入预定轨道,然后开始相关任务作业,从接到命令到投入使用,整个发射过程仅需要数小时或数天,而常规发射则需要最少 6～9 个月。

在未来的太空作战中,一旦敌方将我方的卫星击毁,我方可以通过快速反应的卫星发射系统迅速补充损失卫星,并扭转战场颓势。据分析人士称,“快舟”小型运载火箭是我国研制的新一代太空快速响应作战系统的一部分。据外国媒体报道,目前,世界上仅有中美两国正在研制类似的系统,太空快速响应作战系统主要用于快速发射卫星或反卫星武器。这次的发射成功标志着中国抢在美国之前,成为首个完整发射卫星-火箭一体化快速应急空间飞行器试验的国家,具有重要的战略意义。

(二)卫星技术的一系列重大成就

新中国成立以来,在卫星技术的研发过程中取得了一系列重大成就。1965 年 8 月,我国开始实施第一颗人造地球卫星计划,经过 5 年的努力,成功地发射了“东方红一号”卫星,卫星的重量、跟踪手段、信号形式、星体温控等超过其他国家第一颗卫星的水平。1971 年 3 月,第一颗科学探测与技术试验卫星“实践一号”发射成功,卫星在轨正常运行 8 年多,远远超过设计要求,这在当时国外卫星中是少有的。1975 年 11 月 26 日,首次发射了返回式遥感卫星,在空间正常运行三天后成功返回地面,使我国成为继美、苏之后世界上第三个掌握卫星返回技术的国家。美国和苏联的返回式卫星经过多次失败才获得回收成功,我国返回式卫星首次飞行试验就回收成功,并获得有价值的遥感资料,这是一项重大成就。1984 年 4 月,我国成功发射第一颗地球静止轨道通信卫星“东方红二号”,并准确定点在东经 125 度赤道上空,使中国成为世界上第五个独立研制和发射静止轨道卫星的国家。首次发射的试验通信卫星就具有实用性,正常工作超过设计要求达 3 年多,创造了世界通信卫星发展史上的一个新纪录。1988 年 9 月,第一颗极轨试验气象卫星“风云一号”发射成功,使中国成为第三个自主研制和发射极轨气象卫星的国家。1997 年 5 月,中等容量通信卫星“东方红三号”发射成功,并定点于东经 125 度赤道上空,卫星主要性能指标达到同期国际上同类卫星的先进水平。该卫星的研制成功和投入业务应用,标志着我国在通信卫星领域跨上了一个新台阶。1997 年 6 月,第一颗地球静止轨道试验气象卫星“风云二号”发射成功,完成了各项试验任务。1999 年 10 月,发射成功第一颗地球资源卫星“资源一号”,即以我国为主、与巴西联合研制的中巴地球资源卫星,卫星正常工作达 3 年零 10 个月,超过 2 年的设计寿命要求,而且首次发射即提供了有效应用。这标志着我国传输型遥感卫星技术取得突破性进展,我国空间遥感进入了第二个新阶段。

进入 21 世纪,我国的卫星研制取得了 31 次飞行试验的成功,突破了一大批具有自主知识产权的核心技术和关键技术,取得了一系列重大科技创新成果。2000 年 10 月和 12 月,两颗"北斗一号"导航试验卫星分别发射升空并正常在轨运行,使中国成为世界上第三个自主研制和发射导航卫星的国家。我国北斗系统的精确度达到 10 米左右,速度的精度达到每秒 0.7 米,精度非常高。按照国家计划,到 2020 年,我国将建成由 5 颗静止轨道卫星和 30 颗非地球静止轨道卫星组成的北斗全球卫星导航定位系统,提供覆盖全球高精度、高可靠的定位、导航和授时服务。

近年来全军围绕北斗作战应用,已初步构建了北斗应用和服务保障体系,实现了北斗态势掌控、短信指挥、作战保障能力的综合集成,北斗卫星导航系统已逐步融入现役指控系统和武器平台。解放军总参谋部于 2014 年 5 日至 6 日在桂北地区组织开展了北斗卫星导航作战应用演练,并同步展示了北斗体系化应用成果。北斗系统经过多年应用实践,已经初步形成了体系化、实战化、常态化应用能力。

2014 年 11 月,联合国负责制定国际海运标准的国际海事组织海上安全委员会,将北斗系统纳入全球无线电导航系统,意味着北斗卫星导航系统被联合国确认为全球卫星导航系统四大核心供应商之一。

2013 年 4 月 26 日,我国成功发射了国家重大科技专项——高分辨率对地观测系统的首发星"高分 1 号"卫星以及 3 颗微小卫星,首次实现我国"一箭四星"发射。"高分 1 号"是我国首颗设计寿命大于 5 年的低轨道遥感卫星,最大特点就是实现了高空间分辨率与高时间分辨率的最优组合,其空间分辨率可以达到 2 米,只需 4 天就能把地球完整地看上一遍,因而对国计民生具有重要作用。云南鲁甸地震发生后,高分一号卫星携手多颗遥感卫星,为国家搜救中心提供了技术支持。

2014 年 8 月 19 日,我国用"长征四号"乙运载火箭成功发射"高分二号"卫星,卫星顺利进入预定轨道。该卫星是高分辨率对地观测系统重大专项首批启动立项的重要项目之一,是目前我国分辨率最高的民用光学对地观测卫星,实现了米级空间分辨率。

(三) 载人航天技术的重大跨越

几十年来,我国的载人航天技术取得惊人的发展,下面,我们结合表 12.1,来看一下我国航天载人技术取得的成就。

表 12.1　中国载人航天成就

时间	飞行器	成果	航天员
1999 年 11 月 20 日	"神舟一号"	实现天地往返重大突破	
2001 年 1 月 16 日	"神舟二号"	中国第一艘正样无人飞船	
2002 年 3 月 25 日	"神舟三号"	载人航天安全性提高	
2002 年 12 月 30 日	"神舟四号"	突破中国低温发射的历史纪录	
2003 年 10 月 15 日	"神舟五号"	中国首位航天员进太空	杨利伟

续表

时间	飞行器	成果	航天员
2005 年 10 月 12 日	"神舟六号"	实现"多人多天"飞行任务	费俊龙、聂海胜
2008 年 9 月 25 日	"神舟七号"	航天员出舱在太空行走	翟志刚、刘伯明、景海鹏
2011 年 9 月 29 日	"天宫一号"	中国第一个目标飞行器和空间实验室	
2011 年 11 月 1 日	"神舟八号"	成功突破了空间交会对接技术	
2012 年 6 月 16 日	"神舟九号"	天宫与神九载人交会对接	刘洋、景海鹏、刘旺
2013 年 6 月 11 日	"神舟十号"	进行短暂的有人照管试验	聂海胜、张晓光、王亚平

载人航天是世界高新科技中最具挑战性的领域之一,也是衡量一个国家综合国力的重要标志。我国 1992 年启动的载人航天工程,是继"两弹一星"之后的又一国家重大高科技工程,也是我国航天事业创立以来规模最庞大、系统最复杂、技术难度大、可靠性和安全性要求最高的航天工程。1999 年 11 月,"神舟一号"试验飞船发射并回收成功,中国载人航天技术取得重大突破。之后又成功地发射并回收了 3 艘神舟号无人试验飞船,为实现载人飞行奠定了坚实基础。2003 年 10 月 15 日至 16 日,"神舟五号"载人飞船把我国首位航天员杨利伟成功地送入太空并安全送回,实现了中华民族千年飞天的梦想,在我国航天发展史上树立了又一座里程碑。2005 年 10 月,"神舟六号"载人飞船实现了"两人五天"(费俊龙和聂海胜)的载人航天飞行,首次进行了有人参与的空间实验活动,中国在载人航天领域取得又一个重大成就。2008 年 9 月,"神舟七号"载人飞船载着 3 名宇航员(翟志刚、刘伯明和景海鹏),实现了"准确入轨、正常运行、出舱圆满、安全返回"等工程预定目标,标志着我国已成为世界上第三个掌握出舱活动关键技术的国家,是我国空间技术具有里程碑意义的一次重大跨越。

2013 年 6 月 11 日,我国成功发射了"神舟十号"载人飞船,将男航天员聂海胜、张晓光和女航天员王亚平送入"天宫一号"(Tiangong-1 或 Heavenly Palace 1)。

"神舟十号"总共完成了四大任务:一是为"天宫一号"提供了人员和物资天地往返运输服务,进一步考核了交会对接技术和载人天地往返运输系统的功能性能;二是进一步考核了组合体对航天员生活、工作和健康的保障能力,以及航天员执行飞行任务的能力;三是进行了航天员空间环境适应性和空间操作工效研究,开展了空间科学实验和航天器在轨维修等试验,首次开展我国航天员太空授课活动;四是进一步考核了工程各系统执行飞行任务的功能、性能和系统间协调性。

在圆满完成预定任务后,"神舟十号"航天员于 6 月 26 日安全返回地面。他们共在太空生活和工作了 15 天,这是目前我国载人航天活动时间最长的一次,也是我国航天员承担各类任务最多的一次。此次任务完成后,我国载人航天三步走的第二步第一阶段圆满结束。

"天宫一号"是中国首个目标飞行器和空间实验室,属载人航天器,由中国航天科技集团公司所属中国空间技术研究院和上海航天技术研究院研制,高 10.4 米、重 8.5 吨,于 2011 年 9 月 29 日 21 时 16 分 3 秒在酒泉卫星发射中心发射,由"长征二号"FT1 火箭运载,火箭全长 52 米,运载能力为 8.6 吨。"天宫一号"设计在轨寿命两年。

由于"天宫一号"是空间交会对接试验中的被动目标,所以也被称作"目标飞行器"(Target Spacecraft,"天宫一号"的主要任务之一为实施空间交会对接试验提供目标飞行器)。而之后发射的神舟系列飞船,也称作"追踪飞行器",入轨后主动接近目标飞行器。

"天宫一号"的发射标志着中国迈入中国航天"三步走"战略的第二步第二阶段(即掌握空间交会对接技术及建立空间实验室),同时也是中国空间站的起点,标志着中国已经拥有建立初步空间站,即短期无人照料的空间站的能力。

2011年11月,"天宫一号"与"神舟八号"飞船成功对接,中国也由此成为世界上第三个自主掌握空间交会对接技术的国家。2012年6月18日,"神舟九号"飞船与"天宫一号"目标飞行器成功实现自动交会对接,中国3位航天员首次进入在轨飞行器。2013年6月13日,"神舟十号"飞船与"天宫一号"顺利完成了自动交会对接。

"天宫一号"发射成功,标志着我国已经拥有建设初步空间站,即短期有人照料空间站的能力。2016年前,将再陆续发射"天宫二号"和"天宫三号"两个空间实验室。按照规划,我国真正意义上的载人空间站将天宫二号在2020年前后建成。

中国工程院院士、原"神舟"号飞船总设计师戚发轫曾透露,在中国的载人航天"三步走"计划中,我国最终要建设的是一个基本型空间站,它的规模不会超过国际空间站。基本型空间站大致包括一个核心舱、一架货运飞船、一架载人飞船和两个用于实验等功能的其他舱,总重量在100吨以下。其中的核心舱需长期有人驻守,能与各种实验舱、载人飞船和货运飞船对接,具备20吨以上运载能力的火箭,才有资格发射核心舱。为此,我国会在海南文昌新建继酒泉、太原、西昌之后的第四个航天发射场,主要承担地球同步轨道卫星、大质量极轨卫星、大吨位空间站和深空探测卫星等航天器的发射任务。在2022年前后,我国将研制并发射基本模块为20吨级舱段组合的空间站,突破和掌握近地空间站组合体的建造和运营技术、近地空间长期载人飞行技术,开展较大规模的空间应用,为经济社会发展提供先进的空间技术平台。

在"天宫一号"实验舱内进行的太空授课是"天宫一号"与"神舟十号"任务最大的亮点。此次太空授课由航天员王亚平担任主讲,聂海胜辅助授课,张晓光担任摄像师,地面课堂设在中国人民大学附属中学。在太空授课中,航天员们分别进行了质量测量、单摆运动、陀螺、水膜和水球共5项太空科学实验,展示了失重环境下物体运动特性、液体表面张力特性等物理现象,并通过视频通话形式与地面课堂师生进行了互动交流,从而加深了青少年对质量、重量以及牛顿定律等基本物理概念的理解,在全国乃至全球都产生了较大影响。

另外,"神舟十号"航天员对"天宫一号"进行了在轨维护,拉开了我国航天器在轨维修的序幕。"神舟十号"飞船和以前"神舟"飞船飞行的最大区别是首次进行了应用性飞行和绕飞,为我国未来空间站的建造储备了技术、奠定了基础。

(四)深空探测技术的历史性突破

深空探测是中国航天活动继发射人造地球卫星、载人航天之后的第三大领域。2004年我国启动了月球探测工程,该工程是新时期启动的16个国家重大科技专项工程之一。月球探测工程分三个阶段实施,即一、二、三期工程,分别为绕月探测、月球软着陆和自动巡视勘察、月面采样返回。我国月球探测一期工程的核心部分是研制"嫦娥一号"月球探测卫星,实现地月转移和环月飞行,对月球进行环绕探测。"嫦娥一号"是我国第一个月球探测器,在充分继承成熟技术的基础上,重点攻克了探月轨道设计、制导导航与控制、远距离测控与通信、卫星热控和有效载荷等一大批具有自主知识产权的核心技术和关键技术,使"嫦娥一号"卫星的技术水平,达到了当今世界同类月球探测器的先进水平。2007年10月24日,成功发射"嫦娥一号"。2009年3月1日,在科技人员的准确控制下,"嫦娥一号"卫星以其矫健的身躯,缓缓靠近与其相伴了近500天的月球,热烈地拥抱和亲吻了月亮女神。至此,"嫦娥一号"卫星以我国月球探测一期工程圆满成功的伟大壮举,完成了光辉的使命,走过了绚烂而短暂的生命周期,永远被镶嵌在遥远的月球上。我国首次月球探测工程的圆满成功,实现了我国深空探测技术的重大突破,标志着我国空间技术发展取得了又一历史性跨越。

2013年1月18日,"嫦娥二号"月球探测工程被授予国家科学技术进步奖特等奖。"嫦娥二号"升空后全面实现既定的六大工程目标和四大科学探测任务。随后开展4项拓展试验,其中包括受控从月球轨道出发飞往日地拉格朗日2点和飞往图塔蒂斯小行星,首次实现中国对小行星的飞越探测,在国际上首次实现对图塔蒂斯小行星近距离探测,使中国成为世界第4个探测小行星的国家。

2013年12月2日,我国用长征三号乙改进型火箭成功把"嫦娥三号"落月探测器直接送入地月转移轨道。12月14日,"嫦娥三号"在月面软着陆,首次实现了我国对地球以外天体的软着陆。12月15日,"玉兔号"月球车与"嫦娥三号"着陆器分离,踏上月面。12月15日,"嫦娥三号"着陆器与"玉兔"号月球车互相拍照,它标着"嫦娥三号"任务取得圆满成功,使我国成为世界第三个掌握落月探测技术的国家。及世界第二个掌握无人月球探测车技术的国家,从而在世界探月第二集团中处于领先地位。

"嫦娥三号"任务突破了月球软着陆、月面巡视勘察、深空测控通信与遥控操作、深空探测运载火箭发射等一系列关键技术,实现了七大创新;研制、发射和运行了月球软着陆探测器和巡视探测器,在世界上首次实现了在月球同时开展就位探测和巡视探测,在世界上首次使用了极紫外相机、月基光学望远镜和测月雷达3种科学探测仪器,首次实现了我国航天器在地外天体巡视探测;首次实现了对月面探测器的遥控操作;首次实现了探测器在极端温度环境下的月面生存等。这些使我国航天技术实现了跨越式发展,有力地推动了空间科学研究的进步。

2014年12月15日,"嫦娥三号"着陆器圆满完成第13个月昼的全部预定工作,顺利进入月夜休眠。截至12月14日,着陆器实现了月面安全工作1年的预定工程目标,我国探月工程二期落月任务圆满完成。

2014年10月24日,中国自行研制的探月工程三期再入返回飞行试验器发射升空。11月1日,再入返回飞行试验返回器在预定区域顺利着陆,试验获得圆满成功,标志着我国已全面突破和掌握航天器以接近第二宇宙速度的高速再入返回关键技术。

可以说,我国航天技术的未来充满无限生机,我们完全能够再铸辉煌、挑战世界。

第十三章　核生化武器及其防护

从有战争以来,人们不断设法加大武器的杀生力,人类几千年的武器技术发展史,除科学技术的推动外,对更大杀生力武器的追求也是动力,核武器、生物武器、化学武器,简称核生化武器,同属于大规模杀伤性武器,曾给人类社会带来灾难。核生化武器尽管遭到全社会人民群众的反对,但战争毕竟是无情的,只要霸权主义存在,战争就可能发生,这类大规模杀伤性武器就有可能投入战场。一些偏激的恐怖分子,也可能使用生化武器,来进行恐怖活动。因此了解这是武器的发展传播和防护,制止这些恶魔,仍然是我们的艰巨任务。

一、核武器概述

在过去的半个多世纪,人类一直生活在核阴影之下,随着美俄核大国仍在改进、完善核能力,发展装备第三代、第四代核武器,核俱乐部成员的不断扩大,21世纪人类仍被核阴影所笼罩。居安思危,我们时刻不能丧失国防意识和忧患意识。

(一)核武器发展历程

核武器几乎与第二次世界大战相伴而生。1938年12月,德国科学家哈恩和斯特拉斯曼花了6年时间,发现了铀裂变现象,并且掌握了分裂原子核的基本方法。1939年4月,哈塔克向陆军工兵署写信,指出:"首先用上它的国家将取得对别国的压倒优势。"1940年年初,德国制定了核研究计划,代号为"U工程"。不过直到第二次世界大战结束时,德国人也没能制造出原子弹。

1939年8月,爱因斯坦写信给罗斯福总统建议研制原子弹。他的建议当即得到美国政府的重视。1942年8月,美国政府正式启动名为"曼哈顿工程"的核弹研制计划,动用了60万名工程技术人员,经过3年的努力,终于在二战结束前研制出了三枚原子弹。

1945年7月16日清晨5时30分,在美国新墨西哥州阿拉戈多空军基地的一片荒漠上,一个置放在30.5米高钢塔顶端的试验装置准时爆炸。随着一声惊天动地的巨响,一个硕大无比的蘑菇状烟云翻卷着冲向万米高空,巨响在方圆160千米内均可听到。爆炸瞬间,发出明亮刺眼的闪光,爆炸使钢塔气化,爆心投影点周围800多米内的沙漠表面沙石熔化成黄绿色玻璃体,使半径1600米的一切生灵化为灰烬。这是人类第一颗原子弹试验成功,从此宣告核武器的问世。1945年8月,美国分别向日本的广岛和长崎投下两颗原子弹,从而加速了第二次世界大战结束的进程。

核武器的研制发展至今已60多年,世界上拥有各类核武器的国家已达10余个,有能力制造核武器的国家数量更多,目前一些国家已研制或装备第三代核武器。其中,利用铀-235或钚-239等重原子核的链式裂变反应原理制成的核武器叫裂变武器,通常称为原子弹;利用重氢(氘)、超重氢(氚)等轻原子核的热核聚变反应原理制成的核武器叫聚变武器或热核武器,通常称为氢弹。此外,还有交错运用上述两种核反应原理制成的特殊性能的核武器。核武器林林总总,类型很多,但就其设计原理来说,都是以裂变反应和聚变反应为基础的,均可归属到裂变武器和聚变武器范畴中去。

20世纪40至50年代研制的核武器,是根据原子核裂变反应的原理,用铀或钚制造的原子弹,亦称裂变弹,被称为第一代核武器。其特点是重量大,可靠性不高,主要由飞机携载。

第二代核武器通常指氢弹类型的核武器,属热核武器,主要包括氢弹、冲击波弹、增强X射线弹。这些核武器体积小,威力大,可靠性和安全性高。

1953年8月12日,前苏联进行了第一颗氢弹试验。1954年3月1日,美国试爆了氢弹。1957年5月15日,在太平洋圣诞岛进行的首次热核试验表明英国也掌握了氢弹的生产技术。法国,1968年8月24日试爆了第一枚氢弹。1967年6月17日,中国的第一颗氢弹爆炸成功。

20世纪80年代后开始研制第三代核武器,指具有某一特殊效应并能定向产生破坏作用的核定向能武器,这类武器用核爆炸作为一种驱动源,使释放的能量转换成某种定向能,中子弹、定向离子弹、电磁脉冲弹。

1961年10月31日,苏联在新地岛上空35千米处进行空爆核试验,氢弹爆炸引起的电磁脉冲对几千千米范围内电子系统产生巨大破坏,苏军防空雷达被烧坏,通信中断,部队1个多小时处于无指挥状态。1963年7月9日,美国在太平洋的约翰斯顿岛上空400千米处进行空爆核试验后,1400千米之外的檀香山防盗报警器响个不停,街灯熄灭,动力设备上继电器被烧毁……人们逐渐认识到了电磁脉冲的军事价值。

研制电磁脉冲武器始于20世纪70年代,90年代进入实用化阶段。对伊拉克战争中,美军用电磁脉冲弹空袭伊拉克国家电视台,造成其转播信号中断,指挥控制系统和防空设施遭到破坏。

中子弹(neutron bomb),是一种以高能中子辐射为主要杀伤力的低当量小型氢弹。只杀伤敌方人员,对建筑物和设施破坏很小,也不会带来长期放射性污染,尽管从来未曾在实战中使用过,但军事家仍将之称为战场上的"战神"——一种具有核武器威力而又可用的战术武器。1977年美军试爆中子弹成功,法国和前苏联曾公开承认拥有中子弹的生产能力。1999年8月16日印度宣称能制造中子弹,次日巴基斯坦也表示有能力研制中子弹。2008年7月,国务院新闻办公室主任赵启正指出,在七八十年代,中国就已先后掌握了中子弹设计技术和核武器小型化技术。这是我国首次正式宣布早已拥有中子弹武器。

第四代核武以核武器的原理为基础,所用的关键研究设施是民用科学研究中的惯性约束聚变装置。由于第四代核武器不使用原子弹爆炸的能量作为核聚变的反应条件,所以不产生剩余核辐射,它的发展不受全面禁止核试验条约的限制,可作为"常规武器"使用,主要种类有金属氢武器、反物质弹、核同质异能素武器等。美、法、俄等国正在积极研究第四代核武器。

(二)核武器的杀伤破坏特点

核武器与常规武器杀伤破坏作用相比,具有以下特点:

1. 多种因素综合使用,杀伤破坏效应空前复杂严重

核爆炸能产生五种杀伤破坏因素,即冲击波、光辐射、早期核辐射、放射性沾染和核电磁脉冲。这几种因素不仅杀伤破坏作用不同,而且作用时间长短不一,短的在核爆炸瞬间的分、秒时间内,长的可达几天至几十天,甚至更长时间。上述多种杀伤破坏因素的复杂情况,使遭袭击地区瞬间即产生大量人员死伤,众多物体被破坏,使战场环境瞬即改观,出现非常恶劣的景况,使防护异常困难,处置非常复杂。

2. 杀伤破坏范围空前增大,大规模毁伤顷刻形成

核武器的杀伤破坏范围比常规武器大数百、数千甚至数万倍,大范围杀伤是瞬间造成的,它使战场力量对比顷刻之间发生急剧变化,进而影响到攻防态势,这是现代各种常规武器都难以与之相比的。而且核武器的杀伤范围不仅体现在地(水)面上,还体现在空间、地(水)下一定范围内。它不仅毁伤暴露的人员,还毁伤隐蔽在工事、大型坚固兵器内的人员,核爆炸后形成的沾染区,以及核电磁脉冲对电子设备的影响范围之大,更是难以估量。核武器杀伤破坏范围大,保障了摧毁一般目标的可靠性。只要目标处于核爆炸的杀伤破坏区内,均可达到不同程度的毁伤。

3. 有延期、无形、积累的杀伤作用,精神威胁的心理影响严重

地爆或低空核爆炸后在爆区及其下风方向造成大范围的放射性沾染。人员在沾染区行动,会在不知不觉中受到射线的照射。这种杀伤作用不仅延续时间长,而且由于轻度损伤,自身难以察觉,如形成中度以上的放射性损伤,即已丧失战斗力。它同常规武器所造成的火器伤是完全不同的,是它所特有的,又是以往我们从未体验或陌生的。它对作战行动、组织指挥、战斗保障和医疗救护的影响,都是我们难以预计的。上述难以察知的杀伤作用和显而易见的瞬间强大的杀伤破坏作用,使核武器稳稳站于武器之首的"王牌"地位。由于核武器除在广岛、长崎的使用外,普遍缺乏实战体验,而广岛、长崎核武器的使用,留给人们的印象就是大规模毁灭性杀伤破坏——核恐怖。所以,对核恐怖的心理至今在人们心目中占主导地位。

4. 杀伤破坏程度重

核爆炸后,几种杀伤破坏因素同时作用于人员和物体,常出现"防不胜防"的现象,不是被这种即被那种因素直接或间接毁伤,造成战场环境瞬即改观,可形成各种不同范围和程度的破坏、堵塞、火灾、迷茫、沾染区。上述因素形成的复杂情况,不仅给指挥员判断带来困难,而且给作战和防护带来复杂性。

(三)核武器的杀伤破坏因素

核武器爆炸时能产生冲击波、光辐射、早期核辐射、放射性沾染和核电磁脉冲五种杀伤破坏因素。

1. 高温杀伤破坏——光辐射(占35%)

核爆时的火球发光可以持续几秒钟,使周围的空气温度高达几十万度,火球发射的光辐射包括X射线、紫外线、红外线和可见光。如此高的温度辐射,会把大部分物体烧焦、熔化、致死,人员不死也会烧伤皮肤、毁坏视力、灼伤呼吸道。

2. 高压杀伤破坏——冲击波(占50%)

在核爆时,巨大的能量是在不到一秒钟的时间里释放出来,爆炸产生的高温高压气体强烈地向四周膨胀,这个像飓风一样的压力波通过空气、水和土壤等介质传播。5秒钟就可以传到2千米的地方,摧毁一切它可以推到的东西(主要是建筑),大量的人员直接死于高压的挤压和间接死于房屋的倒塌。随着距离的延长,冲击波会逐步减弱。

3. 特殊杀伤破坏——贯穿辐射(占 5%)

是由阿尔法、贝塔、伽马和中子流组成的辐射,它们对人体肌体内部细胞产生电离作用,破坏细胞正常功能,并可产生有毒物质(致癌),使人得急性放射性病在短期内死亡,或对下一代影响极大。广岛原子弹死亡的 14 万人中,大部分是核爆后得放射性病逐步死亡的。

4. 对通信联络的破坏——电磁脉冲(对人无大的危害)

电磁脉冲好像是强大的雷鸣闪电,电场强度可达到几十万伏,会中断通信、使各种控制失灵、使电子计算机数据混乱、扰乱正常的电波传播等。

5. 长期危害——放射性沾染(占 10%)

核爆一分钟内,前三种危害作用就会消失,但核爆放出的放射性物质会弥散在大地、水源和空气中,有的衰减的很快(几秒),有的很慢(几万年),但大部分会较快地减弱。经过清洗会更快减弱。但是,如果把放射性物质吃进或吸入体内,危害极大。

除了以上五种危害之外,核武器最大的危害莫过于对人们心理上造成的伤害。它让无数人失去疼爱的亲人,给千万家庭带来毁难。核爆地区存活下来的人也在后半生中痛苦地度过。

(四)和平时期的核威胁

日本福岛核电站的核泄漏,不但让日本人有比对地震和海啸更严重的焦虑和恐惧,也让全人类为之感到焦虑和恐惧!不过,最让全人类感到焦虑和恐惧的,应该是地球上超多的核武器!可以让地球毁灭几百次的核武器!

1964 年 1 月,美国北卡罗来纳州险些遭殃。当时有一架 B-52 战略轰炸机在北卡罗来纳境内失事,机上携带着两枚核炸弹在飞机坠落之前,即世界处于千钧一发之际,飞行员明智地将两枚核炸弹抛出。两枚核炸弹之中,有一枚氢弹的当量为 2400 万吨级,爆炸力相当于广岛或长崎爆炸的原子弹的 1000 倍。更险的是,这枚氢弹的 6 个起爆装置,在抛出掉落过程中已被打开了 5 个,如果最后一个起爆装置也被打开,这枚氢弹就会爆炸。

莫斯科曾出版过一本由 R·法马兹耶编写的书,书名为《帝国主义:事实与数字》,书中提供了这样一个引人注目的数字:1950～1975 年的 25 年间,美国核运载工具共发生 95 次事故。

1952 年 4 月 26 日,美军驱逐舰"霍布森"号与航空母舰"瓦斯勃"号在大西洋相撞,"霍布森"号舰上的 175 名水兵同所有的核装置一起随舰沉没。1968 年,美军攻击型核潜艇"天蝎"号在葡萄牙亚速群岛东南 400 海里处沉没,核装置和 99 名船员全部葬身于 5030 米深的海底。

在海难事故方面,前苏联海军也有不良记录。据不完全统计,从 1956 年起,前苏联和后来独联体各国的核潜艇,总共发生过 126 次大事故,有 500 多名水兵丧失。1986 年 10 月 6 日,苏联一艘 Y 级核潜艇在百慕大沿海沉没。潜艇上载有 16 枚弹道导弹,每个导弹上都带有两枚核弹头,而潜艇的动力装置,是类似于切尔诺贝利核电站那样的核反应装置。

据世界"绿色和平组织"查证,自 20 世纪 50 年代以来,世界上共发生过 1200 起严重的舰艇遇难事故,在大西洋、太平洋、地中海和北冰洋水下的核反应堆至少有 10 座,核弹头达

50 余枚。在已经确知的 48 枚为各国所遗失的核弹头中,美军至少丢了 7 枚,其余绝大部分的失主是前苏联。

除了核运载工具频频出事以外,核武器控制系统所发生的事故也是层出不穷。

1980 年 7 月 6 日凌晨,美国北美空军防御系统的地下观察室内,一名值班观察员突然发现数以千计的苏联核导弹正在向美国袭来!核袭击警报拉响了。拦截战术导弹、战略反击核导弹、战略轰炸机等均按照指令进入了一级战备状态,听候五角大楼的命令。结果,在发现"情况"3 分钟后,满头大汗的工程师们总算解除了"紧急状态"。原来,那袭来的"导弹"竟然是一块大规模集成电路的芯片故障造成的一场虚惊(摘自洛晋编著的《核世纪》一书)。

其实,这只是冰山一角,我们有理由相信更多的核危机被以国家机密隐瞒了。而且,现在核武器的制造早也不是什么高科技了,像朝鲜这样不发达国家也能造出。而更令人毛骨悚然的,是核武器的失窃和黑市交易也出现了!据统计,国际原子能机构每年能接到 150~200 起关于核材料流失和非法交易的报案。

(五)核武器对国际战略格局的影响

核武器的影响首先体现在其具有巨大的杀伤力和破坏力对人类安全构成的巨大威胁上,除了具有直接的破坏力,核武器还能造成潜在的影响——核威慑。一枚大当量的氢弹足以毁灭一座几百万人口的大城市,而装在弹道导弹的核弹头还无有效的防御方法,核战带来的影响远超二战。核威慑是维系大国关系和维护国家安全的重要支柱。有核国家对无核国家的核威慑可起到迫使对方改变政策、屈服的作用。如果当初利比亚没有放弃核武器计划,拥有核武器之后,美英等西方国家是不敢对卡扎菲动武的,因为其威力足以将欧洲的城市摧毁。核武器巨大的威慑作用也令朝鲜、伊朗等一些国家不遗余力地发展自己的核计划,显然看中的是震慑的作用而保卫自身的安全,即核保护伞。

其次,核武器深深地影响着一个国家的实力。综合国力是一国所拥有的政治、经济、军事科技等实力的总和。在综合国力中,经济和科技是核心,军事实力占有特殊地位。军事是国家推行国际战略和对外政策的传统手段,而核武器的研发需要大量的人力物力,是国家科技实力发展的一种体现。其科技含量高、技术复杂,有核就意味着一个国家实力的显著提高。

事实上,核武器不仅具有威慑力,还是和平的守护者,其对和平的影响有功不可没的作用。过去的几十年间,核武器已经在"停止战争"和"避免战争"方面起到了举世瞩目的作用,1962 年美苏之间爆发得到古巴导弹危机,核战争没有赢家,其巨大的代价使双方冷静和平处理掉了这一事件,没有造成战争,所以说核武器在维护和平方面起到了不可忽视的作用,它首先牵制了想发动战争的那一方。

(六)对核武器的防护

核武器虽具有巨大的杀伤破坏作用,防护复杂,但总是有限的,而且也是可防的。除了采取摧毁敌人核武器等积极措施外,疏散隐蔽、构筑工事、利用防护器材、采取正确的防护动作等,都是有效的防护措施。只要有了防护准备,而且会防护,就可以减轻甚至避免其杀伤破坏作用。

1. 人员就地(就近)防护

在核武器袭击条件下,充分利用就近的防护设施,因地制宜地采取适当的防护措施,就可能避免或最大限度地减少人员的伤亡。

(1)利用人防工程、掩蔽部、防空地下工事的防护。核爆炸时，隐蔽在各类工事内的人员，要迅速关好防护门，尽量不用明火照明，避开门和其他孔口部位；用手指、棉球堵住耳孔，以防止鼓膜损伤；头和身体尽量不要倚靠工事墙壁和固定在墙、地上的固定物体，以减少因工事震动造成的伤害。

(2)在开阔地上的就地防护。发现核爆炸闪光时，应迅速卧倒，尽可能背向爆心。其动作要领是：两手交叉垫于胸下，两肘前伸支起，使胸部离开地面，闭眼，闭嘴，当感到周围空气变热时暂停呼吸（条件允许时要塞耳），两腿伸直并拢，如有可能，尽量遮盖身体暴露部位。

(3)在建筑物内就地进行防护。当人员来不及到室外防护时，应在室内屋角或床、桌下卧倒或蹲（跪）下，注意保护好头部。但要注意不要利用不坚固或易倒塌的建筑，要尽量避开门窗和易燃易爆物，以免间接伤害。

(4)利用地形地物就近进行防护。对于来不及进入人防工事和其他掩蔽场所的人员，发现核爆炸闪光时应立即(1～2秒内)就近(2～3步内)利用地形地物进行防护。山地和丘陵地的背斜面、山脚、断崖、山洞、山谷、露天工事等都有防护效果。即使几米高的土堆、树桩、丛林、青纱帐、壕沟、桥洞、坚固建筑物等均可用来防护。其动作是迅速卧倒或取蹲、跪、坐姿，注意充分利用地形地物的遮盖区，同时使尽可能多的身体部位处于隐蔽区域。利用建筑物防护时，要选择坚固建筑物的坚固部位，如拐角部位，注意避开高大易倒塌的设施。进入树林、丛林、青纱帐的隐蔽处卧倒或跳入水中数十秒后再露出水面，均能减轻伤害，但跳入水中要尽可能选取与爆心垂直走向的水流，进入树林、丛林要注意防火。

2. 对放射性烟云沉降的防护

放射性烟云沉降时，人员应迅速进入有遮盖的工事。暴露人员应迅速戴上口罩、手套，披上雨衣或斗篷进行全身防护。处于放射性沉降区的居民，应进入建筑保存完好的室内，关好门窗，防止放射性灰尘进入室内，并尽可能减少户外活动，同时将物资、器材、粮食、食品和饮水遮盖起来。

需通过放射性沉降地域时，人员应口服抗辐射药物，喝足开水，排除大小便，戴好口罩或面具，穿高筒靴，穿雨衣或斗篷，扎紧领口、袖口、裤脚口。在沾染区内不要随便坐、卧和接触受沾染物品，不要随便摘、脱防护器材，严禁在沾染区内吃东西、喝水和吸烟，并尽量垂直于放射性沾染带快速横穿。

3. 对放射性沾染的简易消除

人员受沾染后，应进行局部消除，可用清水和肥皂擦洗暴露的皮肤，同时清洗鼻腔、漱口和擦洗耳窝。无水时可用毛巾、纱布、棉花等干擦，冬季可用干净的雪擦拭。擦拭时，应从上到下，顺一个方向进行。每擦拭一次将毛巾、纱布反叠一次，防止已消除部位重新沾染。条件允许时，要进行全身洗消（淋浴最好）。

对服装装具可采用拍打、扫除、抖拂、洗涤等方法消除，消除时人员之间应有一定距离，注意站在上风方向，采取从上到下、由外到里的方法进行。对粮食消除沾染，可采用过筛、加工脱壳、水洗、风吹等方法；对包装完好的可采用扫除、拍打或去除包装袋消除；对未包装的粮食，可铲除沾染层2～3厘米；对蔬菜水果等，主要用水冲洗和剥皮的方法；对面包、馒头等熟食可剥掉表皮消除。

对饮水的消除一般可采用土壤净化法和过滤法。土壤净化法,即在每升水中加干净细土粒 20 克再加入明矾和石灰,经搅拌后澄清,上层澄清液的消除率可达 60%~70%。过滤法,即在盛水容器底部放水口处先铺二三层纱布,然后再取 3~4 厘米的干净细沙,上面铺二层纱布,再铺 3 厘米粗沙或碎石,每次消除率可达 80% 以上。用上述方法处理的水,应进行检查,低于控制剂量时方可饮用。

二、化学武器

化学武器也是一种大规模杀伤破坏性武器。它自问世以来,由于其灭绝人寰的杀伤效应,立即遭到世人的强烈谴责和反对,国际上虽早就签订了禁止在战争中使用化学武器的公约和协议,但未被真正完全履行。化学武器的扩散局面日益加剧,且有越来越常规化的趋势。

(一)化学武器的概念及历史

化学武器是利用化学毒剂的毒害作用杀伤、疲惫敌方有生力量,迟滞、困扰其军事行动的各种武器、器材的总称。它由以下三个部分组成:一是以其直接毒害作用干扰和破坏人的正常生理功能,造成他们死亡、暂时失能或永久伤害的毒剂(过去也叫毒气);二是装填毒剂并把它分散成战斗状态的化学弹药或装置,如钢瓶、毒烟罐、气溶胶发生器、布洒器、各种炮弹、航弹、火箭弹以及导弹弹头等;三是用以把化学弹药或装置投送到目标区的发射系统或运载工具,如大炮、飞机、火箭、导弹等。

在人类文明进化的长河中,将化学知识应用于军事的历史,如同人类文明的历史一样悠久。谈到化学在军事上的应用,人们最直接联想到的,恐怕还是化学武器和化学战。

虽然化学武器一词肇始于近代,但在战争中使用有毒物质,却可追溯到公元前 6 世纪至公元前 5 世纪。在公元前 5 世纪爆发的古希腊伯罗奔尼撒战争中,斯巴达人曾使用硫黄燃烧产生的毒烟,致敌中毒。我国在春秋时期,就开始使用毒剂。公元前 559 年,晋悼公联合齐国、鲁国、宋国等 13 个国诸侯,共同攻打强大的秦国。秦国在径河上游施毒,使联军因饮用河水而中毒,死伤无数,秦军不费吹灰之力就击败了敌人的进犯。1000 年,宋朝人唐福制造出“毒药烟球”。明代战场上出现过一种叫“毒火”的一种毒剂。当然,古代人使用化学武器的方法是非常笨拙的,并且杀伤作用也极为有限。到了近代,随着科学技术的进步,化学武器有了很大改善,并大规模用于战场。

化学武器在一战中首次使用是在 1915 年 4 月 22 日,德国在比利时境内发动了第二次伊普雷战役,德军大规模使用钢瓶施放氯气攻击英、法军队。这次毒袭,造成协约国军队共 15 000 人中毒,其中 5000 人死亡。幸存者中,有 60% 的人完全丧失了战斗力,有的成了终身残废。随后,在 1915~1918 年,大约有 18 种窒息性、糜烂性气体被投入使用在战斗中。在二战期间化学武器的种类增加了很多,1935~1936 年,意大利人在埃塞俄比亚使用了光气、芥子气;日本侵略我国时专门成立了“516”部队和臭名昭著的“731”部队,前者生产化学武器而后者则生产生物武器,而且在我国投入了使用,受害者不计其数,时至今日其余害仍未完全消除。2003 年 8 月 4 日,在黑龙江齐齐哈尔市就发生了日本遗留的芥子气的中毒事件,中毒几十人,甚至有死亡案例发生。在研究有机磷杀虫剂的时候,德国人合成了毒性更强的沙林(Sarin)、塔崩(Tabun),但这些毒剂在其后的二战中没有使用。之后不久,德国又开发了梭曼（Soman）毒剂。战后，1952年，出现了更为强大的神经毒剂"V类毒剂"和"VX毒剂"，后者毒性更强，但这一时期也开发出了解毒剂。1962年美国人研制出毕兹（BZ）毒剂。1984～1988年的两伊战争期间，伊拉克使用了沙林和塔崩，随后在对付库尔德人时又使用了糜烂剂。1995年，奥姆真理教在日本东京地铁引爆了5个含有沙林的毒气弹，造成1人死亡，5000余人中毒。

（二）化学武器的杀伤特点

化学武器不同于常规兵器，它有以下特点：

1. 以毒性杀伤人畜，不损坏设备器材

常规兵器靠弹丸、弹片的撞击作用杀伤人员，而化学武器是通过毒剂的毒害作用，即与生命体中的重要生命物质发生作用而引起杀伤，对设备器材不造成损害。

2. 伤害形式、中毒途径和毒害作用多

不同种类的毒剂可造成空气、地面、物体、水源、食物等染毒，人员吸入染毒空气、皮肤或伤口接触毒剂液滴、误食染毒的水或食物时，都可引起不同的中毒症状，受到不同的毒害和杀伤。

3. 杀伤范围广

化学武器能使较大范围的空气和地面染毒，同时毒剂云团随风可扩散到一定地域。此外毒剂云团还能渗入无防护设施和不密闭的工事、车辆、建筑物内，从而造成染毒，伤害隐蔽于其中的有生力量。

4. 持续时间长

常规兵器在爆炸瞬间起杀伤作用，而化学武器使用后，能对地面、空气、物体等造成较长时间的染毒，杀伤作用时间延长。毒剂的杀伤作用时间，短的为几分钟，长的可达数小时、数天或数周。

5. 受气象、地形条件影响大

风向、风速、温度、湿度、雨、雪等气象条件对化学武器的使用影响极大。条件有利时，能充分发挥其杀伤作用和扩大其杀伤范围，反之，则使其杀伤作用大大降低甚至无法使用。比如，风向不对，不便使用；风速过大会将毒剂云团迅速吹散，达不到杀伤浓度；气温高，毒剂挥发快；严寒时，某些毒剂会被冻结；降雨能冲掉毒剂液滴或使某些毒剂水解；降雪能使毒剂液滴暂时掩盖等。

地形条件对化学武器的使用也有一定影响，如在山谷湿地、居民区和丛林中，毒剂云团不易传播和扩散，杀伤范围将缩小，但滞留时间长；高地、开阔地、水面等毒剂云团扩散快，杀伤范围大，但持续时间短；湖泊、稻地可使毒剂水解而降低毒性；土质疏松多孔的沙地能吸收液态毒剂而使蒸发速度减慢等。

（三）化学武器的类型

由于化学武器在一战的战场上大显身手，所以战后，各国都大力开展化学武器的研究。经过几十年的研究，化学武器发展到了一个崭新的阶段，主要有神经性毒剂、糜烂性毒剂、全身中毒性毒剂、窒息性毒剂、失能性毒剂和刺激性毒剂六大类。

（1）神经性毒剂。这是一种通过阻隔人体生命至关重要的酶来破坏人体神经系统正常功能的化学毒剂,主要通过呼吸道吸入或皮肤吸收而引起中毒。主要为有机磷毒剂,包括沙林、塔崩、梭曼、v 和 vx 等。

1995 年 3 月 19 日早晨,东京地铁像往日一样繁忙。突然,几条干线列车内同时传出了一丝不易察觉的苹果香味。不一会,很多人头晕目眩,呕吐不止,有的甚至当场不省人事。这就是邪教组织奥姆真理教制造的震惊世界的东京地铁毒气事件。这次事件造成 12 人死亡,数千人受伤。这种毒气,就是神经性毒剂——沙林。

(2)糜烂性毒剂。这是一种通过呼吸道和外露的皮肤及器官侵入人体内,破坏肌体的组织细胞,引起全身糜烂的毒剂。主要有芥子气、氮芥、砷剂和路易斯气。糜烂剂的死亡率一般为 10%,因此人们更多地把它视为失能剂而非是致死剂。芥子气是这类毒剂的代表,主要通过呼吸道、皮肤、眼睛等途径进入机体,脖子、腋下和会阴部等处的皮肤特别敏感,导致刺激、溃烂和坏死。后遗作用时间长。目前尚无有效治疗方法。这类毒剂的潜伏期为 24 小时。

(3)全身中毒性毒剂,也叫血毒性毒剂。就是一种以破坏组织细胞氧化功能,引起全身组织缺氧的毒剂,如氢氰酸和氯化氢等。氰化物及其衍生物是缺氧剂,特别是氰化氢,遇水后变成氢氰酸,还有氰的氯化物或溴化物,这类物质作用于细胞色素 a-a3,与三价铁结合,失去携氧能力,导致组织窒息。

(4)窒息性毒剂。这是一种伤害呼吸器官的毒剂。它能造成人的肺部水肿,使人缺氧窒息而死,主要有氯气和光气等。氯气是一典型的例子,在低浓度时,经鼻吸入产生呼吸道的刺激,高浓度时可以进入呼吸道的深处,可引起咳嗽、呼吸困难、胸疼,继而发生支气管炎,严重的导致肺水肿。

(5)失能性毒剂。这是一种造成思维和行动出现障碍,让中毒者暂时失去战斗力的毒剂,主要有毕兹、美国 LSO 幻觉剂。在越南战争中,美军就对越军使用过这种毒剂。但是,美国战地记者发现,大量的越军官兵是拿着子弹充足的步枪被美军用刺刀刺死的。这就是"人道"的化学武器的效果:失去抵抗能力的人被残忍的杀害!

(6)刺激性毒剂。这类毒剂可通过眼、鼻和各种神经末梢袭入人体,人员中毒后会眼睛疼痛、流泪不止、疯狂呕吐,在一定时间内丧失战斗力,主要有苯氯乙酮、西埃斯和亚当氏气等。

催泪弹的主要成分就是刺激性毒剂。可以强烈的刺激人的眼睛和呼吸道,引起流泪、咳嗽、哮喘等刺激症状,使人员因此不能执行战斗任务,无法组织起来抵抗。而且,它的作用比较持久,中毒人员在脱离毒气环境数分钟甚至数天内都无法恢复正常,严重的影响人员的战斗能力。这种毒剂一般不能引起远期伤害,中毒人员经休养基本可以恢复正常。当咳嗽不止时,可以使用少量麻醉剂抑制刺激症状。美军正在研制的一种刺激性毒剂被称为"臭气弹"。这种物质不会伤害人体,但空气中混有极少量就可以产生冲天的臭气。这种无法忍受的臭气会让人不顾一切的逃离,却不会有任何后遗症。

(四)化学武器的防护

对化学武器的防护是为了避免和减少遭受化学武器袭击的人员伤害,因此,在人防部门领导下,加强平时的防护准备,做好防护、消毒、急救等工作,对保护人民、提高城市的整体防护能力有着重要作用。

1. 观察与侦察

及时发现敌人使用化学武器,迅速采取防护措施就能避免受毒剂伤害。除使用专业装备、器材进行侦察报知外,还可从下述种种迹象来判断化学袭击。

用飞机布洒毒剂的特征是:飞机低飞,机翼下方喷出烟雾,就像飞机布洒农药一样,在飞机经过的地面或植物上可发现液滴或粉末;若用毒剂弹,爆炸时声音低沉、弹坑浅而小,弹坑附近可能有液滴斑点或粉末,有时有异味。动物、植物、昆虫同时大范围出现异常现象,如鸟、鸡、兔、狗等出现站立不稳、呼吸困难、瞳孔缩小或散大、抽筋等中毒反应症状;蜂、蝶、蝇等抖动翅膀、飞行困难;植物叶子、花朵蜷缩、枯萎,出现异常变色斑点等。若上述现象在一定地域内同时发生,可作为发现染毒的一种特征。

人员有异常感觉。当空气中出现某种气味或有刺激感觉时,或人员出现视力模糊、流泪呼吸困难、胸闷、皮肤有灼烧感觉时,可能是空气或地面染毒,应立即采取防护措施,并进一步观察、侦察。

此外,敌方施放毒剂还会考虑天气的气象条件和时间因素,如风向、风速适合,拂晓、黄昏时间适宜等。

2. 化学武器的防护

在判明敌人可能进行化学袭击后,要积极作好防护准备,不失时机地采取防护措施。

(1)敌人化学袭击时的防护。人员对化学武器的防护的基本方法,一是利用有密闭、滤毒通风等防护设施的工事进行集体防护,一是利用个人防护器材进行个人防护。

利用防护工事进行防护时,应根据指挥人员的命令有组织地进入,不得随意进出,以防带入毒剂,降低防护效能。为了减少工事内氧气的消耗,工事内人员要尽可能减少各种活动,各就各位。

当接到化学袭击警报时,个人应迅速戴上防毒面具或其他简易防护器材进行防护,尤其是作好对呼吸道和眼睛的防护。当敌人使用持久性毒剂时,还应进行全身防护,披上防毒斗篷或雨衣、塑料布等,穿好防毒靴套或用就便材料包裹腿脚,戴好防毒手套。

(2)通过染毒地域的防护。通过染毒地域前要作好各项防护准备,按规定要求穿戴好个人防护器材,如防毒面具、防毒衣、防毒斗篷、靴套、手套、雨衣或用自制器材、就便材料等。通过染毒区时,应选择地质坚硬、植物层低矮且少的道路,尽量避开弹坑和有明显液滴的地方,人员之间拉开距离快速通过。通过染毒区后,应背向爆心而立,将器材物品放置下风方向2~4步处,先脱去防毒衣、斗篷或雨衣,将染毒面向内折叠放好在器材物品一侧,然后脱去一只手套,取出消毒液,再戴好手套,对被染毒服装、器材物品、手套进行消毒,接着脱去防毒靴套,解除包裹腿脚的材料及防毒手套,最后取下防毒面具。但应注意将已消毒物品放在上风位置。

(3)在染毒地域内的防护。当需要在染毒地域内停留时,必须严格按规定戴好防护器材,尽量避免与染毒物品接触。条件允许时,应对人员经常活动区域进行消毒。在染毒区域内,个人不得随意行动,不得随便坐、卧,不准在毒气容易滞留的房屋背风处、绿化地带、低洼处停留。严禁在染毒地域内进食、饮水和吸烟,有条件时,可在有防护设施的工事内进行,但进食、饮水前必须对双手进行消毒和清洗。

3. 消毒

对毒剂的消毒就是采用某种方法使毒剂失去毒性或从染毒的人或物上除去毒剂而免受伤害的措施。由于毒剂性质和施放方法不同，染毒程度和持续时间也不一样，所以采用的消毒方法也不相同。

常用消毒方法有自然消毒法、物理消毒法和化学消毒法三种。

自然消毒法：对暂时性毒剂染毒的物资、服装等放在通风处，利用风吹、日晒、雨淋等自然因素，使毒剂自然蒸发随风散去或让雨水将毒剂冲去等。

物理消毒法：包括吸附、清洗、掩盖、铲除等方法去除或隔离毒剂。

化学消毒法：利用化学物质与毒剂作用，使毒剂转变为无毒物质或毒性很小的物质。此种方法与自然消毒法和物理消毒法有本质上的不同，它是彻底的消毒方法。

三、生物武器

(一)生物武器概念及其历史

生物武器旧称细菌武器。生物武器是生物战剂及其施放装置的总称，是利用细菌、病毒等致病微生物，以及各种毒素和其他生物活性物质来杀伤人、畜和毁坏农作物，以达成战争目的的一类武器。生物武器的施放装置包括炮弹、航空炸弹、火箭弹、导弹弹头和航空布撒器、喷雾器等。

最早的一次细菌战发生在 1346 年，鞑靼人围攻克里米亚东海岸的卡发城。由于热那亚人在卡发城修筑了坚固的城防设施，鞑靼人围攻 3 年之久，也无法攻克。后来鞑靼人将鼠疫患者的尸体放在机械投掷装置上，抛入卡发城内。此后，鼠疫开始在卡发城守卫者中传染。热那亚人大量地染病而死亡。幸存者无法再坚守下去，被迫放弃卡发城，从水路逃离。途经西西里岛、撒丁岛、科西嘉岛，最终到达位于意大利西北部的热那亚港，他们使其他乘船者也感染了鼠疫，不断有人发病而死，到终点时大部分发病而死，幸存者不到起船时的 1%；而且，更为严重的是鼠疫也随着这些幸存者在欧洲登陆，先从意大利蔓延，后传遍了欧洲，导致约 2500 万人死亡，约占当时欧洲人口的 1/3。该次事件被称为"黑色死亡"。

据有关资料记载，最早研制使用生物武器的是德意志帝国。在一战期间，德国间谍就曾用马鼻疽菌感染了英、法等协约国从中东进口的 4500 头骡子，致使这些专为运送武器弹药的骡子病倒，有的病死，从而影响了战斗行动。此外，德国在战争中还在法国领土上散布了口蹄疫。在战争快结束时，还曾用飞机在罗马尼亚上空投掷污染了细菌的食物，企图削弱对方战斗力。到了二战期间，生物武器的研制又有了很大发展，据现有资料显示，在二战爆发以前，德国最大的细菌研究所郭霍（KOCH）就以开始制造小型细菌炸弹，并计划向英国发射装有细菌战剂的火箭。除德国以外，日本和美国也都是使用生物武器的"大国"。

日本从 20 世界 30 年代开始就着手研制细菌武器。"731"部队是日本侵华期间公然违背国际公法，以实施细菌战为目的，在中国建立的一支集生物战研究、生产、实践于一身的特种部队，是人类历史上最大规模、最灭绝人性的细菌战研究中心。"731"部队疯狂地研制细菌武器，大量培育与繁殖感染力强、传染迅速、死亡率高的鼠疫、霍乱、伤寒、炭疽、赤痢等病菌及散布细菌的寄生虫，并惨无人道地用中国人进行名目繁多的细菌实验。日军于 1940 年下半年开始在中国大量使用细菌武器,先后在宁波、常德、川浙赣、晋冀鲁豫和晋绥边区等地,播散细菌或投放带菌的昆虫和杂物、毒化水源、丢撒染菌食品,制造病疫,致使 20 多万中国民众丧生。1945 年日本战败后,"731"部队为了掩盖其对人类犯下的滔天罪行,将细菌战的主要设备和资料偷运回国,杀戮了最后一批用作实验的中国人,炸毁了全部建筑设施,销毁了几乎所有实验用品,最后将染有鼠疫的老鼠放出,使得大批居民死于鼠疫。

毒气试验在"731"部队是最残忍的,这是因为受害者往往是经受了残酷的折磨奄奄一息之时,又经受二次试验,当时的惨状即使是参与试验的日方军医也感到不寒而栗。在日本作家森村诚一著的《恶魔的饱食》一书中,日军军官披露了一次试验的情景:一对苏联母女被送进毒气室,日方研究人员隔着玻璃幕墙掐着秒表进行观察。毒气注入后,母亲用身体压住了女儿,但是无济于事,女儿同样出现强烈的中毒反应。经过一段时间的痛苦挣扎之后母女俩先后死去。

1940～1944 年,日本帝国主义者曾多次在中国战场和后方使用灭绝人性的细菌武器,致使流行病多次蔓延,导致数万人死亡。美国从 1941 年开始研制细菌武器。二战后的历次局部战争中,多次使用生物武器。首先是在朝鲜战场上。自 1952 年年初开始,美国在朝鲜北部和中国东北地区多次使用细菌武器。使用的生物站剂有鼠疫菌、霍乱菌、炭疽菌和脑炎病毒等。20 世纪期间,各种生物武器,如病毒和细菌等,也被越来越多的国家大量扩增,并装备其军队,有的国家的生物武器多达几十万吨。目前关于恐怖组织使用生化武器的警报越来越多,前一时期的"炭疽粉末"就造成了人们的极大恐慌。

(二)生物战剂的类型

正如任何一种武器的种类都会随着时间的推移而不断壮大一样,生物战剂的种类也是随科技的发展而不断增加的。最早的生物战剂只有细菌,生物武器也因此最早被称作"细菌武器"。时至今日,生物战剂的范畴早已超过了单一的细菌,像病毒、立克次体、衣原体真菌、生物毒素等,都被归到生物战剂之列。国际上一般把生物战剂分为 6 类,它们是:①细菌。主要有鼠疫杆菌、霍乱弧菌、炭疽杆菌、军团杆菌等。②病毒。主要有天花病毒、黄热病毒、裂谷热病毒、登革热病毒等。③立克次体。主要有 Q 热立克次体、立氏立克次体、普氏立克次体等。④衣原体。主要有鸟疫(鹦鹉热)衣原体等。⑤毒素。主要有肉毒杆菌毒素、葡萄球菌肠毒素等。⑥真菌。主要包括球抱子菌、英膜组织胞浆菌等。

有些国家已将上述生物战剂列为标准生物战剂,分别给予代号,并装备部队。随着生物技术的进步,特别是由于基因工程的发展,生物战剂也有了它的新形态——基因武器。

(三)生物武器特点

生物武器是一种大规模杀伤性武器。它与常规武器相比有许多特点。

第一,致病力强,传染性大。生物战剂的多数是烈性传染性致病微生物,少量即可使人得病。它的传染性大,在缺乏防护、人员密集、平时卫生条件差的情况下,很容易传播、蔓延,引起传染病流行。

第二,有潜伏期,潜伏期最短的至少也有 3～6 小时,一般是 3～4 天,一般潜伏期的症状不明显,难以及时发现。

第三,污染面积大,危害时间长。直接喷洒的生物气溶胶,可随风飘到较远的地区,杀伤范围达数百至数千平方千米。在适当条件下,有些生物战剂存活的时间很长,不易侦察发现。比如,Q热病原体在毛、棉布、土壤中可存活数月,球孢子菌的孢子在土壤中可以存活4年,炭疽杆菌芽孢在阴暗潮湿土壤中甚至可存活10年。

第四,传染途径多。生物战剂可通过多种途径使人感染发病,如从口食入,经呼吸道吸入,昆虫叮咬,污染伤口,接触皮肤、黏膜感染等。生物气溶胶无色、无味,又多在黄昏、夜间、清晨、多雾时秘密施放。所投带菌的昆虫、动物也易和当地原有种类相混,不易发现。

第五,生物武器造价低,技术难度不大,隐秘性强,可以在任何地方研制和生产。生物武器被称为"穷人的原子弹",联合国的一份调查报告(1969年)显示:使每平方千米导致50%死亡率的成本,传统武器为2000美元,核武器为800美元,化学武器为600美元,而生物武器仅为1美元!一些没有雄厚资金来研究高技术杀伤性武器的国家因此更加青睐生物武器。有资料显示,以1969年为例,当时每平方千米导致50%死亡率的成本分别为:传统武器2000美元;核武器800美元;化学武器600美元;生物武器1美元。

没有一种间谍卫星能识别生物武器的生产设备,即使发酵池被发现,只要事先把它清洗干净,就无法证明其是用于生产致病病原体还是生产疫苗。生物武器的运送也十分方便,金属探测器和X射线系统很难辨认生物武器,警犬对此也无能为力。随着科学技术的发展,生物武器又发展出了新品种。它们将更精确、更有针对性、有更大的杀伤力。现在,让我们了解最新式的生物武器。

(四)禁止生物武器公约

《禁止生物武器公约》于1971年12月16日由联合国第26届大会通过,截止到2010年12月15日已有159个国家批准或加入。中国于1984年11月15日加入。主要内容是:缔约国在任何情况下不发展、不生产、不储存、不取得除和平用途外的微生物制剂、毒素及其武器;也不协助、鼓励或引导他国取得这类制剂、毒素及其武器;缔约国在《禁止生物武器公约》生效后9个月内销毁一切这类制剂、毒素及其武器;缔约国可向联合国安理会控诉其他国家违反该公约的行为。

该公约对拥有生物武器能力的国家有一定制约作用,但实际表明,历来的国际协议、公约都未能有效地制止生物武器在战争中的使用。与此相反,随着科学技术的发展,研制生物武器已由少数几个大国,扩展到世界上几十个国家。尽管有些国家不敢正式承认拥有生物武器,但那不过是世人皆知的公开的"秘密"。除此以外,公约本身还存在一些缺陷:

(1)只规定"禁止发展、生产和储存",而未提禁止使用;只规定销毁这类武器,却未提销毁生产这类武器的工厂和设备;对于监督和核查以及对违约事件的控诉程序等问题,未规定具体有效的措施。中国在加入该公约时曾发表声明,指出公约的上述缺陷,希望在适当时候加以完善。

(2)平时和战时难分、进攻和防御难分。公约禁止为进攻战而进行生物武器研究,即是允许为进攻外其他为目的了。一个国家为了发展工农业生产和改善人民生活,平时有必要研究各种化合物和微生物。比如,1963年,美国人证实苏联已在一个城市上空喷洒四种菌的疫苗气溶胶,使全城居民免疫,名曰"集体吸入防护"。在二战初期,英国在苏格兰西北岸边的岛上喷洒炭疽杆菌,曾声称是为了试验生物防御的可能性,以便研究防护措施。但是,为了加强防御的针对性,必须同时研究新型生物战剂的制造和使用规律,而研究生物战剂易打着"防御"这个旗号来掩盖其发展进攻性生物战剂的目的。

（3）没有专门的遵约和执行情况的正式督察或核查条款，也没用专门机构和核查机制。因而它在各国的落实情况，一直无从知晓，因此有人戏称它为"跛足公约"。

（五）生物武器的防护

对生物武器的防护，在技术上主要有侦、检、防、消、治五个方面。侦，即侦察易带有病原体的传染源。检，即检测细菌或病毒的种类，找到治疗的突破口。目前，细菌战剂都可以检测出来。防，即采取预防措施，如戴防毒面具、戴防疫口罩、穿防生化衣和注射疫苗等。消，即消灭细菌和病毒等的病原体。治，即用抗生素等药物治疗受感染的人或动物、植物等。

但再严密的防护措施，在生物武器面前都显得不够，最重要的是要全面禁止生物武器的制造使用。针对《禁止生物武器公约》的缺陷进行完善是一方面，另一方面主要是靠国家的努力了，而生物武器既被誉为"穷人的原子弹"，其主要使用者应是恐怖分子及一些小国，因此大国在这方面应多加控制预防。据此看来，要真正实现生物武器的全面禁止，恐怕要等到世界和平那一天。

第十四章　新概念武器

核生化武器以及大规模杀伤性武器在使用中遇到不少政治、人道等困境,受到各种国际公约的限制,难以成为解决国家和民族之间矛盾的首选武器,只能作为国家力量的后盾起威慑作用。进入 21 世纪,以美军为代表,不仅对常规武器系统完成了信息化改造,提升了战斗力,而且一批技术原理、实施威力不同于以往的新概念武器已经或即将出现,其技术含量高、破坏力与杀伤力巨大,属常规武器中的杀手锏。

一、新概念武器的内涵

国内外发展中的新式武器多种多样。但是,什么是新概念武器? 国内外对这一概念尚没有明确、科学的定义。新概念武器的提出,首见于国内情报界,如兵器工业第 210 研究所在 20 世纪 80 年代就曾出版过一份关于新概念武器的专题情报研究报告,介绍了当时世界出现或有所研究的新概念武器。这一概念是兵器系统的技术专家和情报专家相结合对国外不同时期、不同门类的新式武器进行追踪、分析而提出的一个创新性的概念。基于对新式武器系统概念的分析,可以把新概念武器的内涵归纳为:

(1)凡是采用新原理、新能源创新推出的、有别于传统武器系统概念、可大幅度提高作战效能的新型武器。

(2)凡是采用新结构、新材料、新工艺创新推出的有别于传统武器概念的新式武器,或者在现有制式产品基础上采用新结构、新材料、新工艺改造造就的、战技性能水平有大幅度提升的新型武器。

(3)凡是运用先进的设计思想或者先进的总体优化技术,经过巧妙构思造就的、系统概念与传统武器有着较大区别,且作战功能比传统武器大大提高的新型武器。

(4)新概念武器是技术含量更高的新式武器。若干国外已经研究几年、十几年甚至几十年的新式武器系统迟迟不能投入使用,问题就在于它还有一些关键技术难题尚未得到解决,液体发射药火炮就是一个典型例子。一旦其技术问题得到解决并投入使用,它所占据的技术优势就很明显了。

总之,新概念武器是相对传统武器而言的,它是利用新原理、新能源、新技术、新材料、新设计思想和(或)新结构技术发展造就的、比传统武器有着革命性变革或重大突破的创新性武器。新概念武器的形成和推出是创新的结果,既包括突破传统武器系统概念的创新,也包括在现有制式武器产品基础上利用现代高新技术、采用先进总体优化技术进行改造,因而使武器性能大幅度提高而取得的创新和突破。这样的武器是战斗力倍增器,一旦投入使用,就会给军事战略和战术的运用,给未来战场和战争态势乃至战争的进程产生重大的影响。

二、新概念武器的发展现状

(一)定向能武器

定向能武器技术是指与产生和发射束能集中的电磁能或原子/亚原子粒子有关的高新

技术。定向能武器发出的能束,可对目标的结构或材料以及电子设备等特殊分系统、系统进行硬破坏,也可以通过调节功率的大小,对目标进行软破坏。目前,发展中的定向能武器主要包括激光武器、高功率微波武器和粒子束武器等。

1. 激光武器

激光,说白了就是一种强光,最早制造激光是由美国的一个叫西奥多·梅曼科学家,他用氙闪光灯照射红宝石,红宝石受这种光激发后射出一束特别细、特别亮的强光,这种光就是激光。外国人叫 laser,因为激光英文单词是 laser,我国最初把这种光叫"镭射",直到1964 年 12 月钱学森建议命名为"激光",从此"激光"一词开始跻身于科学词。这是最初发现的激光,后来科学家们通过很多种途径都可以制造激光,比化学方法、电磁方法等。

那么,什么是激光武器呢,简单地讲,激光武器就是利用激光的能量直接摧毁目标或使其失去战斗力的定向能武器。激光武器的基本原理,就是用高能量的强激光束照射,在目标表面上能产生极高的功率密度,使其受热、燃烧、熔融、雾化或汽化,并产生震波,从而导致人员伤亡、目标毁坏。

激光武器具有许多独特的性能:一是反应迅速。激光速度和光速一样,每秒 30 万千米,打击任何目标,不需要考虑提前量,瞬发即中。二是抗干扰。可在电子战环境中工作。激光传输不受外界电磁波的干扰,目标难以利用电磁干扰手段避开激光武器的射击。激光不怕电磁信号干扰,但它怕雾、怕云彩。空间越高,衰损越小,在太空里面激光的效果最好。三是转移火力快。激光束发射时无后坐力,可连续射击,能在很短时间内转移射击方向,是拦截多目标的理想武器,还没有什么污染。四是作战效费比高。激光武器所谓的弹药是激光,制造激光的能源通常是化学能或者电能,这些东西相对比较便宜,并且激光武器系统本身可以重复使用。比如,化学激光武器耗费燃料,每次发射费用仅为几千美元,而一枚最便宜的便携式"毒刺"防空导弹,至少要 2 万美元,爱国者防空导弹一枚需要 50 多万美元,耗费比将近2~30 倍还多。

激光在实战中已经有所运用,最典型有两次事件。

1997 年 10 月 17 日,美国对离地面 400 千米的在轨气象卫星 MST1-3 号(即将报废)进行了激光打卫星试验,第一次定位,照射不到 1 秒,第二次照射了 10 秒,随后这颗卫星被毁,成了太空垃圾,这一消息美国报道后,引起了全世界的强烈反响,11 月上旬当时的俄罗斯总统叶利钦为此事专门打电话克林顿,强烈抗议美国这种打卫星试验,实际上俄罗斯用激光反导试验比美国还早,技术也毫不逊色。1975 年 11 月,美国两颗新式军事卫星飞抵苏联西伯利亚导弹试验场上空,进行航天侦察时,突然一道神秘的光束闪过,很快这两颗价值数百万美元的卫星就失灵了。同年 11 月,美国的另外两颗军用卫星在飞越苏联上空时,也莫名其妙地丧失了功能。事件发生后,苏联人装聋作哑,闭口不谈。美国人开始一直搞不清楚什么原因,后来知道是苏联的激光打的,美国吃了哑巴亏后,并没有声张,而是假装不知道,背后加紧研制,并且后来居上。

1982 年 4 月,英国在英阿马岛战争中,英军用军舰上的初级激光武器照射阿根廷的飞机,使得阿根廷空军三架飞机掉进大海,多架次飞机偏离航向。

2. 高功率微波武器

2003 年 3 月美国发动的伊拉克战争,美英联军第一次使用了微波脉冲炸弹空袭了伊拉克国家电视台,并造成电视台一段时间内瘫痪。从此,高功率微波武器(HPMW)正式登上了历史舞台。

在以高技术对抗的未来战争中,可能出现:正在行进中的坦克忽然失去控制,或突然停驶,或横冲直撞;翱翔中的侦察卫星和预警卫星等空间飞行器忽然失去其原有功能成为一部分"太空垃圾";飞行的导弹忽然变成如同"瞎子"一样;通信指挥控制情报系统突然瘫痪失去作用。造成这些不可思议的现象的根源就是一种新概念武器——高功率微波武器。

高功率微波(HPM)是指峰值功率超过 100 兆瓦、频率为 1~300 吉赫,波长跨越厘米和毫米的波段。高功率微波武器是将高功率微波源产生的微波,经高增益天线定向辐射,将微波能量会聚在窄波束内,以极高的强度照射目标,杀伤人员和干扰、破坏现代武器系统的电子设备。其特点是以微波(频率为 1~300 千兆赫的电磁波)能量为杀伤力,故又称为射频武器。其主要特点可归纳为以下五个方面:

(1)有效杀伤高速目标。微波射束以光速传输,躲避其攻击非常困难,高速飞行的目标(如导弹)也不例外。

(2)具有全天候作战能力。高功率微波武器靠发射到空中的强电磁波杀伤和破坏目标。在大气中,这种电磁波不存在严重的传输衰减问题,全天候运用能力较强。

(3)具有"致命"和"非致命"双重性。对杀伤人员而言,高功率微波武器的"非热效应"能使战斗人员丧失作战能力或神经错乱,属"非致命性",而"热效应"则能致人死亡。

(4)能杀伤多个目标和隐身武器。高功率微波武器发出的强电磁波波束较宽,可覆盖一定范围的目标区,也就是说能打击的是一个"面",因而可同时杀伤多个目标。值得一提的是,微波武器的射束较宽,且能量衰减慢,作用距离比激光武器和粒子束武器更远,可打击范围较大的目标区。同时,由于吸收电磁波是当前各类飞机、导弹等为提高隐身效果而广泛使用的"招数",微波的热效应还可能成为隐身武器的"杀手"。

(5)对瞄准精度要求不高。微波由于定向天线发射,形成具有方向性的波束,其波束又较宽,可弥补跟踪与瞄准精度不高的缺陷。

美国作为超级军事大国,在高功率微波的研究方面投资最多,每年仅花费在脉冲源上的投资就达数亿美元。美国各军种对微波武器都有特殊的要求:陆军提出战术微波武器要能装在大型履带战车上,而且要把定向性极高的天线装在直立的桅杆上,以利于最佳瞄准;空军要求微波武器体积小,并采用专用天线;海军的舰载微波武器要求具有高功率、大天线和远作用距离。可以看出,海军对微波武器在重量、空间和功率等方面提出的限制条件较小。因此,海军的微波武器极有可能在未来 20 年内首先投入作战使用。

长期以来前苏联、俄罗斯的多种高功率微波技术研究处于世界领先地位。总的来说,俄罗斯在高功率微波方面的主要技术成就有:①在等离子体加热用的回旋管方面达到了高峰值功率;②研制了驱动高峰值功率和高平均功率源的小型重复脉冲功率源;③开发了用于回旋管的高效耦合器和吉瓦级结构的输出耦合器。

3. 粒子束武器

粒子束武器,就是利用微观粒子构成的定向能量束去摧毁目标的武器。

具体地说,就是通过特定的方法将质子、电子或离子(物理学中称为微观粒子),加速到接近光束,聚集成密集的束流,用以破坏目标的一种定向能武器,亦称为"束流武器"或"射束武器"。粒子束武器是靠高速粒子束流来破坏目标的。那么,粒子束流是怎么产生的呢? 小小的粒子又是怎样摧毁目标的呢?

我们知道,一切运动的物体都具有动能,物体具有动能的大小主要取决于物体本身的质量和运动的速度。质量越大,速度越快,它具有的动能也就越大,其作用的能量也越大。一只小小的飞鸟与飞行中的飞机相撞,轻者洞穿机体,重者使飞机粉身碎骨,道理就在于此。物质世界的分子,原子已经小到肉眼看不见了,但还有比它们更小的质子、电子、离子及一些中性粒子,物理学界称它们为"微观粒子"。尽管这些微观粒子微不足道,但它们还是有一定质量的。如果能把它们加速到极高的速度(假如接近光速),这时它们也都会具有一定的动能。如果再把许许多多这样的粒子聚集成密集的束流,使它们的能量集中起来,那能量可就相当可观了。把这些具有大能量的粒子束流射向目标,它们就像子弹或炮弹一样能摧毁目标。能量越大,摧毁目标的能力就越强。那么怎样给这些微观的粒子加速呢? 我们从普通物理学中得知,电和磁都具有同性相斥、异性相吸的特性。当粒子产生器产生出带电粒子并通过电场时,带电粒子就会受到电场作用力的作用。当电场作用力的方向与粒子运动的方向一致时,粒子的速度就会加快。

根据上述原理,人们制造出一种专门加速粒子的特殊装置——粒子加速器。带电粒子进入加速器后就被加速到所需要的速度。当然这种加速不是由电场对粒子进行一两次巨大的冲击而完成的,而是通过多次重复而又方向一致的加速来使粒子的速度越来越大的,就如同使人造卫星加速到一定的速度,是通过多级运载火箭经过多次加速而完成的道理一样。粒子经过一次又一次的加速,最后就可以获得所需要的速度。尔后经磁场聚集,把大量的粒子集中起来,形成束流,并由加速器射出。这样的粒子束就具有了极大的能量,足以摧毁所攻击的目标。粒子束武器也就因此而诞生了。

粒子束武器在使用中,具有快速、高能、灵活、干净、全天候等特点。

快速,是指粒子"炮弹"的飞行速度快。粒子束武器射出的高能粒子以接近光的速度飞向目标。因此,用它来拦截各种空间飞行器,可在极短时间内命中目标,非常适用对付远距离高速飞行的洲际弹道导弹等,而且一般不需要考虑射击提前量。

高能,是指粒子束武器可以将巨大的能量高度集中到一小块面积上。它与其他武器靠弹片或爆炸后使能量由爆心向四方传播的面状杀伤武器不同,是一种杀伤点状目标的武器。它不仅能引起靶材熔化、损坏并导致断裂,还可以穿透到目标内部,引起内部机体和电子元器件的损坏,或引起目标战斗部的提前起爆等。

灵活,是指变换射击方向灵活方便。粒子束武器虽然体积庞大,但改变射击方向却十分简单灵便,只要改变一下粒子加速器出口处导向电磁透镜中电流的方向或强度,就能在1/100秒内迅速改变粒子束的射击方向。因此,它转移火力的时间很短,便于同时拦截或攻击多个目标。

干净,是指粒子束武器没有放射性污染。

全天候,是指粒子束武器能在各种气象条件下使用。激光武器虽与粒子束武器有很多相似的地方,但它受天气条件影响较大,不能在恶劣气象条件下作战,这是它最大的缺陷,而粒子束武器则弥补了这一缺点。它发射的粒子能穿云透雾,不论在什么天气下,都能对付或攻击各种目标。所以,有人称赞粒子束武器是"全天候作战武器"。

(二)动能武器

动能武器,又称超高速射弹武器,或超高速动能导弹。它是一种典型的直接拦截武器,是利用发射高超速弹头的动能直接撞毁目标的武器。所谓高超速,通常指具备 5 倍以上的音速(331.36 米/秒)的速度。由于弹头的速度极快,人们把它形象地称为"太空神箭"。动能武器发展非常迅速,代表了反战术弹道导弹的一个重要发展方向,并很快将成为弹道导弹、卫星、飞机等高速飞行目标的有力杀手。

1. 电磁炮

电磁炮,是一种利用电磁力沿导轨发射炮弹的武器。与普通火炮或其他常规动能武器相比,电磁炮具有很多独特的优势:一是射速快,动能大,射击精度高,射程远。电磁炮的发射速度突破了常规火炮发射速度的极限。弹头具有的动能可达同质量炮弹的几十倍甚至上百倍,一旦瞄准目标,命中概率大,摧毁的可能性高。由于电磁炮是靠其动能毁伤目标的,一些采用抗激光、粒子束防护的"装甲"和一般加固措施的导弹,虽能突破定向能武器的防御,但也难逃脱电磁炮的摧毁。二是射击隐蔽性好。电磁炮射击时,既无炮口焰、雾,也无震耳欲聋的炮声,不产生有害气体。无论白天还是夜晚射击都很隐蔽,对方难以发现。三是射程可调。我们知道,常规火炮的射程及射击范围是通过改变发射角和发射不同弹药来调整的,操纵复杂,变化范围有限。而电磁炮只需调节控制输入加速器的能量即可达到调整目的,简便易行,精确度高。但尺有所短、寸有所长,电磁炮也存在着炮管使用寿命短、轨道部件易遭损坏、体积庞大等不足。

电磁炮以其独特的优势在军事上具有十分广泛的应用及不可估量的发展前景,主要表现在:

(1)用于反卫星和反导弹。目前,美国国防部和美国空军正在联合主持一项天基动能武器研究计划,名为"电磁轨道系统"。由安装在模拟空间环境的真空室里的电磁炮发射的小型弹头的速度已达每秒 8.6 千米。实验中的第一代电磁炮,能将 1000～2000 克重的炮弹,以每秒 5～25 千米的速度射向 2000 千米外的目标,可用于拦截洲际弹道导弹和中低轨道卫星。

(2)用于战术防空。用电磁炮代替高射炮和防空导弹执行防空任务。美国研制中的战术用电磁炮,其发射速度可达每分钟 500 发,射程几十千米。美国海军也考虑利用轨道电磁炮代替舰上的"火神/方阵防空系统"。它与舰上防空、反导探测系统相配合,不仅能打击各种飞机,还能远距离拦截类似法国"飞鱼"式的导弹。

(3)用于反装甲。电磁炮的巨大动能,可穿透有坦克的各种装甲。

(4)用于增大常规火炮射程。比如,在普通火炮炮管口部加装电磁加速器,可大大提高火炮的射程。

此外,随着电磁发射技术的发展,今后的电磁炮不仅能用来发射炮弹,还可用来发射无人飞机、载人飞机,发射导弹、卫星,甚至航天器等。

2. 反卫星、反导弹动能拦截弹

反卫星动能拦截弹,是一种靠弹头的动能,击毁敌方卫星的机载空对天导弹。

反卫星动能拦截弹,基本上利用的是现成导弹技术。比如,前苏联从 1963 年开始研制

的这种武器,导弹长为 4.2 米,直径 1.8 米,用 SS-9 洲际导弹或其改进型运送入轨。这种反卫星拦截弹虽然比较笨重,只能拦截低轨道卫星,且反应时间长,生存能力与抗干扰能力较差,但它是世界上第一代具有实战能力的反卫星系统。

美国从 20 世纪 60 年代开始研究核能反卫星动能拦截弹。70 年代转向发展非核杀伤的战斗部,1977 年开始研制非核杀伤的反卫星拦截导弹。反卫星动能拦截弹由 F-15 战斗机运载。其拦截卫星的过程是:根据地面指挥中心指令,F-15 战斗机从 10.7～15.24 千米的高度上发射;导弹脱离飞机后,靠弹上惯性制导,飞抵预定空间点;弹上红外传感器开始搜索目标,一旦捕捉到目标,即自动跟踪;当拦截弹达到最大速度时,战斗部与第二级火箭脱离;弹头依靠小型计算机控制,通过点火与熄灭自身火箭,进行弹道修正,直至战斗部以每秒13.7 千米的高速度与目标相撞,将其摧毁。该拦截弹虽具有成本低、机动灵活、命中精度高等优点,但也只能攻击 500 千米以下的低轨道卫星。

反导弹动能拦截弹,是一种利用弹头动能,摧毁来袭导弹弹头的导弹。它是未来星战武器中的重要成员。与反卫星动能拦截弹一样,反导弹动能拦截弹大部分也是采用现成的导弹技术。例如,海湾战争中,美国使用的“爱国者”地空导弹就属于此类。

“爱国者”是美国陆军研制的第三代全天候、全空域武器系统,能在电子干扰条件下以强大的火力快速投入战斗,用以拦截低、中、高空进攻的多个地空导弹、巡航导弹和近程弹道导弹等。该导弹系统于 1965 年开始研制,1985 年开始装备部队。据称,每枚导弹的造价约 80万美元。

3. 群射火箭与反卫星卫星

所谓群射火箭,就是一种子弹式旋转稳定的无控火箭,主要用于摧毁再入段洲际弹道导弹弹头。设计中的这种火箭发射装置是一种可横向旋转 360 度的由几十个管集合而成的圆桶形发射器。其拦截来袭导弹的过程是:接到指令后,群射火箭发射,在来袭弹头再入大气层的临空弹道上,形成一个多层次的密集的火箭雨阵,与来袭的弹头相碰撞,将弹头摧毁。用这种火箭保护洲际导弹的地下发射井,预计每个井需配备 5000～10000 枚火箭,拦截成功率约为 85% 以上。在美国的研制计划中,它是构成星球大战计划最后一道反导屏障的武器系统。由于该武器具有重量轻、体积小,便于生产和使用,操作易于实现全自动化等优势,所以,将成为未来实战中最先投入使用的武器之一。

反卫星卫星,又称拦截卫星,是一种对敌方有威胁的卫星实施摧毁或使其失效的人造地球卫星。反卫星的攻击手段有如下几种:一是椭圆轨道法——将拦截卫星发射到一条椭圆轨道上,远地点接近目标的轨道高度,多用于拦截高轨道的卫星;二是圆轨道法——将拦截卫星的圆轨道与目标卫星的轨道共面,这样便于进行机动变轨去接近攻击目标,也可节省推进剂;三是急升轨道法——将拦截卫星发射到一条低轨道上,并在一圈内进行变轨机动,快速拦截目标卫星,使其来不及采取防御措施,但需要消耗较多的推进剂。

(三)高超声速武器

目前国外正在研究的高超声速武器,主要有高超声速巡航导弹和高超声速飞机等,当飞行速度达到 5 马赫以上($M \geqslant 5.0$)时,一般称之为高超声速。该技术的迅速发展,将使 21 世纪航空航天技术产生重大飞跃。

专业机构对临近空间高超音速武器的定义是:部署在临近空间(临近空间是指高于一般航空器飞行高度,而又低于航天器轨道高度的空间区域。目前,国际上对临近空间区域具体高度范围尚无统一的定义,大多数观点认为其高度下限为 20～30 千米,上限为 100～150 千米。这个高度区间大气层大致包括:大部分大气平流层、全部中间层和部分热层区域)、执行特定任务的飞行器以及与之配套的地面技术装备所构成的系统。该类武器具有飞行速度快(5～16 马赫[①],甚至更高)、飞行距离远、机动能力和生存能力强等特点,可远程快速到达、高速精确打击、快速组合发射、远程快速投送,既可携带核弹头实施战略威慑,又可灵活选载精确弹药攻击高价值或时间敏感目标,也可携带传感器实施全球重要目标的快速战略侦察。

美国"FALCON"计划的重要项目之一是研制通用再入飞行器(CAV)和高超声速巡航飞行器(HCV)。通用再入飞行器是一种高超声速滑翔再入飞行器,可以投送约 454 千克的战斗载荷,打击精度达 3 米,基本型最大打击距离 5560 千米,横向机动距离可达 1800 千米,增强型最大打击距离 16700 千米,横向机动距离可达 5500 千米。高超声速巡航飞行器可从常规军用跑道上起飞并可重复使用,其飞行高度为 35～75 千米,飞行速度约为 10 马赫,能够在两小时内内将 5500 千克的载荷投送至 16600 千米远处的多个目标。除通用再入飞行器和高超声速巡航飞行器外,美军还研制了 X-51A 超燃冲压长航时飞行器,并在加利福尼亚州爱德华兹空军基地进行了一系列的试飞。在一次成功的飞行测试中,该飞行器虽然仅飞行了 300 秒,但飞行距离达数百千米,飞行高度超过 2.4 万米,飞行速度超过 5 马赫。一旦研制成功,X-51A 将为美国提供新一代的"全球快速打击"能力。

美国另一个明星是 X-43A,它是一架高超音速无人机,长 3.6 米。第一次试飞是在 2001 年 6 月 2 日进行,试验失败。首次成功是在 2004 年 3 月 27 日,当时试飞的第二架 X-43A 实验机在脱离飞马座火箭后,在约 95 000 英尺[②]的高空中以自身的动力飞行了 11 秒,到达约 7 马赫(约等于 8000 千米/小时)的高速,然后再逐渐滑翔直至落入美国西海岸外的太平洋中。

2014 年 1 月,美国媒体曝出:美国军方掌握到,中国 1 月 9 日在境内进行了一次高超音速导弹试验。对此,我国国防部新闻事务局发言人表示,中方在境内按计划进行的科研试验是正常的,这些试验不针对任何国家和特定目标。1 月 13 日,美国《华盛顿自由灯塔报》率先报道称,美国国务院官员透露,中国 1 月 9 号在境内进行了一个高超音速滑翔载具试验,飞行速度达到 10 马赫。美国军方将其命名为 WU-14。美国军事专家评论称,中国高超音速飞行器是借助洲际弹道导弹发射的,飞行器在与导弹分离后继续按计划在距地球表面大约 100 千米的高度滑翔飞行,在飞抵目标的过程中在太空和近地空间机动,速度接近 10 马赫,大约 11000 千米/小时(其他消息称其速度为 8～12 马赫),期间使用机载雷达引导目标。大致可以判断,中国试射的高超音速武器属于助推-滑翔式导弹,主要活动范围是 20～100 千米。

(四)基因武器

基因技术又叫转基因技术,或生物工程技术,是一种改变生物的遗传物质,通过遗传改

---

① 1 马赫＝340 米/秒。

② 1 英尺≈0.3 米。

性培育新的物种的技术。基因技术在我们日常生活之中已经得到了广泛的应用。转基因彩色棉衣,很多人穿的衣服,棉花正常颜色是白色,现在通过基因技术,棉花的颜色可以自由选择,不仅如此,这样棉花就可以自己杀死棉铃虫,原理就是棉花的基因中被植入了一种细菌的某个基因。

基因武器是指利用基因工程技术研制出的具有杀伤性的新型生物产品。基因武器杀伤机理就是用生物工程技术,按照"保存自己、消灭敌人"的原则,在一些病菌或病毒中,接种能抗普通疫苗和药物的基因,生产具有显著抗药性的病原体,或在一些不会使人致病的微生物体内,接种致病基因,制造新的生物制剂,尔后将致病病原体、生物制剂投向目标人群,从而导致该人群和种族致病,大批死亡或灭绝的。这种武器一旦研制成功,21世纪人类可能面临比核战争更可怕的基因战争。

基因武器的特点具有以下特点:

第一是生产成本低廉,但杀伤威力巨大。基因武器相对来讲易于制造。随着科学技术的空前发展,特别是生物技术的发展,制造基因武器的能力会越来越强,传播途径越来越复杂,甚至只需要一般的实验室、一些简单的现代器械、几个专家级水平的人员就能制成。制造成本也比较低,有人将基因武器与威力巨大的核武器进行了比较,经计算,用5000万美元,建立一个基因武器库,其杀伤能力远远超过一座50亿美元建立起来的核武器库。据世界卫生组织测算,1枚100万吨TNT当量的核武器对无防护人群的杀伤范围是300平方千米,10吨普通生物战剂为10万平方千米,而基因武器几克就有可能杀伤几万平方千米。

1995年10月1日《星期日泰晤士报》称,俄国科学家用基因工程方法,利用细胞中DNA的生物催化作用,把一种病毒的DNA分离出来,再与另一种病毒的DNA结合,拼接出一种剧毒的"热毒素"基因毒剂,只需要用针头挑起的极少量就足以使数万人丧生,倘用其20克,就足以使全球60亿人死于一旦,并且找不到解毒剂。

第二是不可救药的武器。基因武器运用了遗传工程这一新技术,按需要通过基因重组,人为地改变一些致病生物的遗传基因,培育出新的危害性更大的生物战剂,由于经过病毒改造,病菌的基因密码或者配方,只有制造者才知道其中的奥妙,被攻击的一方在短时间内很难破解,也就很难进行防御和治疗,基本上属于不可救药。对敌方具有强大的心理震撼。如果交战一方科学技术落后,就更难以避免大祸临头。

第三是杀人不见血的武器。与其他现代化武器相反,杀人不见血是基因武器最显著的特性。基因武器一旦被掌握,使用者根本不必兴师动众,只需要将基因病菌投入他国领土,可以在对方的前线,也可以在敌人后方的江河湖泊、城市和交通要道,让病毒自然扩散、繁殖,就可以使敌方人员在短时间内患上某种无法或者极难治疗的怪病,从而在无形的战场上,静悄悄地削弱、瓦解对方的战斗力。比如,将一种通过基因工程培育出来的"超级出血热细菌"投入对方水库,顺流而下,会使水系流域内的所有居民丧失生活能力,这要比核弹杀伤力大几十倍、几百倍甚至几万倍。

正是由于基因武器可在不流血的战争中制服对手,近年来,世界一些发达国家正加紧对基因武器的研究。2001年9月4日,《纽约时报》曾披露了一条惊人消息:据美国一些官员透露,在过去的几年中,美国已经开始进行一项研究基因武器的秘密计划。2006年,美国用于生物工程研究的经费为20亿美元。美国军事医学研究所就是基因武器研究中心,已经研制出了一些具有实战价值的基因武器。他们在普通酵母菌中接入一种在非洲和中东引起"裂谷热"细菌的基因,从而使变异的酵母菌可以传播可怕的裂谷热病。另外,美国已完成了把具有抗四环素作用的大肠杆菌遗传基因与具有抗青霉素作用的金色葡萄球菌的基因拼接,再把拼接的分子引入大肠杆菌中,培养出具有抗上述两种抗生素的新大肠杆菌。

2006~2007年,美国35个州的养蜂人不约而同地发现,他们放飞的蜜蜂,就像事先约好了一样,一起远走高飞,再也没有回来。

蜜蜂出走蒙受的损失高达140亿美元,美国农业部立即委托哥伦比亚大学传染病专家伊恩·利普金,展开调研。结果发现:美国1/3的蜂群受到一种名为"以色列急性麻痹病毒"的袭击,这是以色列基因战先驱奥登里奇博士研制的基因武器之一。美国国防部专家怀疑,奥登里奇管理不严,使得部分携带病毒的实验用蜜蜂被带进了美国,而美国的环境正好有利于这种病毒的传播,于是美国蜜蜂便在误袭中惨遭灭顶。

美国防部官员还怀疑,攻击美国蜜蜂的病毒,可能也是奥登里奇用来对付伊朗的基因武器中的一种。2007年的一天,奥登里奇曾将麾下的几位科学家召集到一起说,"如果伊朗拥有原子弹,那么,以色列能否拿出可以反制伊朗的撒手锏,就要看在座的诸位了"!

(五)非致命武器

非致命武器是指为达到使人员或装备失能,并使附带破坏最小化而专门设计的武器系统。按用途非致命武器可分为反装备(基础设施)和反人员两大类。目前,国外发展的用于反装备的非致命武器主要有超级润滑剂、材料脆化剂、超级腐蚀剂、超级粘胶及动力系统熄火弹等。

1. 反装备(基础设施)型非致命武器

以战场基础设施和武器装备为攻击目标,其基本杀伤机理是:通过对目标撒放、施放或者涂刷特种化学战剂,使武器装备失去作战效能,这类武器统称为反装备(基础设施)型非致命武器。

(1)超级润滑剂。是采用含油聚合物微球、聚合物微球、表面改性技术、无机润滑剂等做原料复配而成的摩擦系数极小的化学物质,主要用于攻击机场跑道、航母甲板、铁轨、高速公路、桥梁等目标,可有效地阻止飞机起降和列车、军车前进。

(2)材料脆化剂。是一些能引起金属结构材料、高分子材料、光学视窗材料等迅速解体的特殊化学物质。这类物质可对敌方装备的结构造成严重损伤并使其瘫痪,可以用来破坏敌方的飞机、坦克、车辆、舰艇及铁轨、桥梁等基础设施。

(3)超级腐蚀剂。是一些对特定材料具有超强腐蚀作用的化学物质。美国正在研制一种代号为C+的超级腐蚀剂,其腐蚀性超过了氢氟酸。

(4)超级粘胶。是一些具有超级强黏结性能的化学物质。国外正在研究将它们用作破坏装备传感装置和使发动机熄火的武器,以及将它们与材料脆化剂、超级腐蚀剂等复配,以提高这些化学武器的作战效能。

(5)动力系统熄火弹。是利用阻燃剂来污染或改变燃料性能,使发动机不能正常工作而熄火的武器,美国在这方面已取得重大进展,研究开发了一批高性能阻燃器,这种新观念武器被视为遏制敌方坦克装甲车集群的有效手段之一。

2.反人员非致命性武器

以战场人员为攻击目标,其基本杀伤机理是:通过对战场人员播撒化学失能战剂、照射低强度激光或播发次声波等方法,造成战场人员精神、视觉、听觉障碍,躯体功能失调和身体的不良反应,并造成巨大的心理威胁,使作战人员失去执行正常任务和进行正常思维的能力,并最终使对方丧失战斗力。这类武器统称为反人员非致命武器。这类武器可使敌方战斗减员,使敌方造成沉重的伤员负担。目前国外正在研究的反人员非致命武器主要有化学失能剂、刺激剂、黏性泡沫等。

(1)化学失能剂。分为精神失能剂、躯体失能剂,它能够造成人员的精神障碍、躯体功能失调,从而丧失作战能力。最近,国外又在研究强效镇痛剂与皮肤助渗剂合用,它能迅速渗透皮肤,使人员中毒而失能。

(2)刺激剂。以刺激眼、鼻、喉和皮肤为特征的一类非致命性的暂时失能性药剂。在野外浓度下,人员短时间暴露就会出现中毒症状,脱离接触后几分钟或几小时症状会自动消失,不需要特殊治疗,不留后遗症。若长时间大量吸入可造成肺部损伤,严重的可导致死亡。

(3)黏性泡沫。属于一种化学试剂,喷射在人员身上立刻凝固,束缚人员的行动。美军在索马里行动中使用了一种"太妃糖枪",可以将人员包裹起来并使其失去抵抗能力。它可以作为军警双用途武器使用,目前美国已开发出了第二代肩挂式黏性泡沫发射器。

(六)其他新概念武器

1.气象武器

气象武器就是按照一定的军事目的给大气施加某种能量,使天气按照有利于自己,不利于敌人的方向发展,以制造恶劣的天气和气候,为直接攻击敌人或间接攻击敌人创造有利的战场环境。其具有巨大的作战能量,能给敌方造成意想不到的打击。目前,运用于战场的气象武器主要是战术气象武器。

(1)人工降雨及洪水武器。其基本方法,是根据云的性质,分别向云体内播撒制冷剂(如干冰、丙烷等)、结晶剂(如碘化银、碘化铅、间苯三酚、四聚乙醛、硫化亚铁等)、吸湿剂(如食盐、尿素、氯化钙)和水雾等,以改变云滴的大小、分布和性质,改变或加速其生长过程,达到降水或消云的目的。持久降雨可以引发洪水,给敌方带来严重损失。

人工降雨战最成功的战例的是美国在越南战场的人工降雨。越战时期,美军曾秘密进行了长达 7 年之久的人工降雨。越南地处热带丛林地区,美军利用西南季风期雨季的有利条件,在越南、老挝、柬埔寨等地进行人工降雨作业,目的是破坏交通运输线"胡志明小道"。在越南战场上,美军的人工降雨使作业地区降水量增加了 30% 以上,一次可造成每小时 80 多毫米的特大暴雨,使战场上洪水泛滥、桥断坝溃、道路泥泞。当时,地处北部的越南民主共和国为保证道路畅通,不得不从战斗部队抽调大批人力和物力进行抢修,军事运输受到了极大的影响。

由美国总统约翰逊批准的这项秘密气象作战计划,前后耗资 2160 万美元,出动飞机 2600 多架次,投放催雨弹 4.74 万枚,参加作战的人员为 1600 余人。据美军统计,1971 年 4 月初未进行人工降雨时,每周通过"胡志明小道"的物资运输车多达 9000 辆;而 6 月美军投入了 1391 枚人工降雨催化弹后,每周车流量锐减至 900 辆,其效果大大优于使用 B-52 轰炸机实施轰炸。

（2）人工引导飓风。据解密档案显示，20世纪70年代，美国除了在古巴制造干旱外，还在1974年用人工方法将飓风引向洪都拉斯，企图趁该国陷入混乱之际，扶持亲美政权上台。1974年9月，"法夫飓风"的气旋突然转向洪都拉斯。暴雨和时速超过177千米的飓风横扫大地，造成1.1万洪都拉斯人丧生，60万人无家可归。在一个名叫乔洛马的城镇里，由于堤坝决口，全镇6000人被淹死了一半。洪都拉斯的支柱产业——香蕉种植园几乎完全被摧毁，成千上万的灾民被困在树上、房顶上和堤坝上，公路、铁路和港口遭到了彻底的毁坏。这次飓风造成中美洲各国经济损失数千万美元，数万人伤亡，美国人则顺利达到了目的。后来，美国在大西洋上又成功地进行过3次人工引导飓风实验，其人造飓风技术日臻完善。

20世纪90年代，"高频有源极光研究计划"（HAARP）正式成为美国"国家导弹防御体系"的一个重要组成部分。1992年，美国在阿拉斯加建立了一个超大规模的无线电试验基地，即高频有源极光研究计划基地。在这个占地达13公顷的基地里，林立着180根天线，每根都有几十米高，构成一个巨大的金属方阵。这些天线其实是一个高频电磁波发射装置，发射功率达3.6兆瓦，可向大气电离层发射短波电磁波束，把大气粒子作为透镜或聚焦装备使用，从而改变地球上层大气的风向，改变大气的温度和密度，最终达到改变气候、控制气象的目的。

2. 地震武器

所谓的地震武器，就是指采取某种手段、人为地在一定区域引发地震从而达到军事目的的一种作战手段。地震武器的最初设想产生于20世纪60年代的苏联。当时，美苏的核军备竞赛正进行得如火如荼。为了改进自己的核武器，美苏两国都在频繁进行着核爆试验。苏联地理学家注意到，在地下核爆炸几天之后，有时会在几百千米外发生地震。这一偶然的发现立即引起军方的注意。随后，在军方的介入与推动下，科学家们又先后在前苏联各地共爆炸了32颗核弹，收集了大量数据。试验结果表明，核爆炸的确可以引发地震。敏锐的军方马上意识到：地下核冲击波极有可能发展为一种武器并加以利用，其威力之巨大可能出乎人们意料。只要假以时日，它一定能成为对付美国等竞争对手的又一"杀手锏"。在此后的20多年里，苏联投入巨资进行代号为"墨尔库里斯-18"的环境武器研究计划，并在吉尔吉斯斯坦和乌兹别克斯坦等地进行了30多次试验。苏联解体后，由于投入不足，俄罗斯丧失了在这一领域的领先地位，但新的研究并未停止。冷战期间，苏联曾秘密研制过另一种气象武器，代号"水星"计划，到俄罗斯时代更名为"火山"。直到20世纪90年代中后期，"火山"计划才因资金问题被搁置。该计划具体内容为：利用核弹引发大规模地震和海啸。提出这一计划的苏联科学家认为，核爆炸可以制造海啸、引发火山爆发和改变大气物理结构，从而产生极大的杀伤力。

三、新概念武器对未来作战的影响

新概念武器是科学技术和军事理论发展到一定阶段的必然产物。新概念武器的出现，不仅将使整个武器装备系统产生了革命性的变化，也将对战争理论的发展及作战方式的变更产生巨大影响。

(一)武器装备系统产生革命性的变化

可以说,新概念武器系统的研究将是今后一段时间内世界各国重点研究的领域,新概念武器装备的发展将代表武器装备发展的主要方向。新概念武器大部分涉及前沿学科,对武器装备建设具有巨大的带动作用。一种新概念武器的突破,往往会带动一代武器的突破。比如,人工智能武器的发展,不仅使武器系统日益信息化、智能化,而且对指挥系统的智能化、后勤保障的智能化等提出了更高的要求,从而带动整个武器系统甚至整个军事系统向自动化、智能化方面发展。因此,新概念武器装备的发展还将带动整个武器装备系统的进步,使整个武器装备系统产生革命性的变革。

(二)战争形式将发生重大变化

摆兵布阵、两军对垒、战线分明、非攻即防的战争模式将成为过去;飞机、坦克、火炮等火力打击兵器将不再是战争中的最主要作战力量;硝烟弥漫、炮声隆隆将不再是战争的特有象征;大空战、环境战、气象战、"零死亡"战等新的战争形态将会陆续登上战争舞台。

新概念武器的使用方式多种多样,战场上可能看不到士兵,没有作战界线,甚至没有国界之分。比如,激光武器、粒子武器主要是在太空,太空没有国界,计算机病毒武器主要在网上,网络是国际性的,基因武器、纳米武器,看不到战场,因此,新概念武器出现,使得战场前方和后方的区别更加模糊,国土概念将很淡化,因为是无形战场,就无所谓前方后方,甚至不存在国与国之间的概念,战场情况更加难以掌握和控制。

新概念武器的出现,将使兴师动众、依靠使用大规模硬杀伤武器作战的模式"失宠",以前那种火光冲大、血流成河的战争场面将越来越少。新概念武器可能在战前就被秘密地使用了,使对方人员及生活环境遭到严重破坏,导致一个军队乃至一个民族在不流血的冲突中被征服。有专家预测,10～15年内将会有一批微型武器,也就是我们讲的纳米武器就要装备部队,尽管这些微型武器大规模部署可能性很小,未来的战场有可能是这些小精灵的天下,不排除未来战场上"小鱼吃大鱼"的现象,目前现役的轰炸机、坦克导弹这些庞然大物,有可能要成了廉颇老矣,退避三舍。

(三)作战方式将进行重大改革

兵力突击、火力打击将不再是作战的主要手段,作战行动将在广泛的领域中展开。"未见敌动,已遭敌袭,未见敌攻,已受其害"将成为敌对双方的重要作战样式。未来作战可能成为就像今天的作业。在传统意义上,扣动扳机才是作战,敲击键盘只是作业。而未来战争中,操纵键盘却越程导弹杀死千百人,操纵员仍看不见一具尸骸,他的工作服一丝不乱,他的双手纤尘不染。战争残酷性对于许多作战者而言,已脱离殊死肉搏,已无惨烈的现场冲击感受。死亡与毁灭越来越抽象,直至缩小为一幅电视画面。

(四)军事理念将会有重大变化

过去我们传统意义的进攻和防御将会有新的解释。"消灭敌人"将不再以毁灭对方肉体为最高标准,使敌人失能将可能成为"消灭敌人"所追求的最佳目标;抵御侵略不仅是抗击敌人的兵力、火力入侵,同时还包括抵御和防范敌人的电子入侵、计算机病毒入侵、气象入侵等。

新概念武器发展方向,是不战而屈人之兵,即使是战,尽量是针对装备,如各种动能武器,主要是打太空的装备,打中装备不像以前那样车毁人亡,即使是针对人,往往是非致命的。比如,新概念武器中的一系列非致命武器——高凝胶——打中人后,越动越紧,包括一些生物战剂、基因武器,大规模杀伤的往往要受到国际条约制约,受到世界人类的谴责,所以现在武器发展,不杀死,有可能致残。比如,现在有一种智能地雷,只炸坦克,不炸人,还有一种地雷,炸人只炸双腿,不致死,当然有的人讲,其人这种武器更加残忍,从作战效果来讲,炸伤一个人比炸死一个人对损失对方战斗力更大,因为死一个只是减员一个人,炸残一个人可能需要几个人来救护。

(五)军队的体制将有重大变革

军队将改革目前的大兵团编成,作战单位将变小,编制内的战斗员额将大大减少;军队中军兵种成分将有较大变化,天军、机器人军团、网络战部队等新型兵种将出现在未来战场。

由于新概念武器装备的不断出现,专家们预测在未来战争中,地球上将再也找不到一处安全的遮风港。定向能武器能发射速度30万千米/秒的激光束或粒子束杀伤目标,比普通枪弹速度快达几万倍还多;计算机病毒武器、纳米武器将在战斗中造成极大威胁;非杀伤性武器将逐步使战争走向"零伤亡";智能武器将主宰未来战场;次声武器将静悄悄地完成战斗;环境武器将在毫无察觉中制造地震海啸……

纵然如此,我们也不必望而生畏、惊慌失措,更不能陷入唯武器论的恐怖泥潭。面对这些新概念武器,我们要有清醒的认识、理智的选择。

第十五章 信息化战争及其对我国国防的启示

美国军事专家洛伦·汤普森在 2003 年年初伊拉克战争开战前曾预言,"这不会是一场传统意义上的战争","这场战争将以一种崭新的作战面貌出现在人们面前,它融合了 10 年来最新的科技成果,作战部队将具备更加灵活的特点"。当时,媒体进行了大量实时报道,这也是人类历史上第一次战争直播。

一、信息化战争的涵义

战争形态是指由主战兵器、军队编成、作战思想、作战方式等战争诸要素构成的战争整体。主战兵器是战争形态最显著和最重要的标志。照此,可把人类已经历的战争分为四种战争形态,即冷兵器战争、热兵器战争、机械化战争、信息化战争。

冷兵器战争,主要指农业时代(前 21～10 世纪),以青铜、钢铁等金属装备为主战兵器的战争。冷兵器杀伤作用的发挥依赖于人的体能,体能是冷兵器时代能量释放的基本形态。体能的大小决定了冷兵器作用力的大小。因此,在冷兵器时代,军队数量多,士兵的身体素质好就成了取得战争胜利的基本条件。

热兵器战争,主要是农业时代向工业时代过渡时期(10～19 世纪),以各种火器为主战兵器,集团火力攻防为主要作战方式的战争。热兵器时代是一种热能释放的形态,热能是一种化学能。这种能量的释放靠的是人与热兵器的结合。双方厮杀时,靠的是射击技术精湛,而不是体能的大小。军队在进攻或防御时,考虑的不是人的数量,而是计算进攻或防御的正面火力密度。这时,取而代之的是散兵线、疏散队形和充分利用地形地物,讲究的是人与热兵器的最佳结合。

机械化战争,主要是指工业时代(19～20 世纪末),以各种机械化武器装备为主战兵器,集团快速机动和火力攻防为主要作战方式的战争。机械化战争时代释放的是机械能和化学能。随着热兵器技术的发展,增加了新的军兵种,如空军、海军、炮兵、装甲兵等。新的军兵种的出现,必然带来诸军兵种联合作战的问题,于是协调一致、密切协同的原则和内容也极大地增加了,军队整体结构的优劣将直接影响能量释放的大小。

信息化战争是信息时代的基本战争形态,是指依托网络化信息系统,使用信息化武器装备及相应作战方法,在陆、海、空、天和网络电磁等空间及认知领域进行的以体系对抗为主要形式的战争。信息化战争的产生与形成,是人类社会政治、经济、科学技术和战争实践发展到一定阶段的必然产物。20 世纪中叶以来,由于科学技术的飞速发展和生产力水平的大幅度提高,以计算机技术和信息技术为龙头的高新技术群不断涌现,人类开始进入信息时代。随着信息技术在军事领域的广泛运用,大量信息化武器装备投入战场,为新一轮战争形态的变革提供了物质基础。一个以使用信息化武器装备为主导,使战争基本方式发生根本变化的信息化战争,开始登上战争舞台。

具体说,信息化战争孕育于 20 世纪 60～80 年代,最具代表性的是 60 年代的越南战争、70 年代的第四次中东战争和 80 年代的马岛战争;萌芽阶段于 20 世纪 90 年代,以海湾战争为主要标志;信息化战争初始阶段为 20 世纪末至今,最具代表性的是科索沃战争、阿富汗战争、伊拉克战争。经过这三场战争,美军的信息化战争理论得到了充分验证,加快了信息化军队建设的步伐,目前,美国陆军信息化装备已占 50%,海军、空军信息化装备已占 70%。估计 2020 年前后,美国的主战武器装备都将实现信息化。

二、信息化战争的基本特征

自 20 世纪 80 年代以来,人类社会开始由工业时代向信息时代迈进,战争形态随着军事领域的深刻变革也在发生重大变化。

(一)战场空间超大多维

战场空间超大多维是指交战舞台的物理空间无限拓展,信息空间多维广阔,使战争的场合呈现立体饱和态势。物理空间主要指陆、海、空、天等直观空间;信息空间主要包括网络空间、电磁空间和心理空间。

二战中,决定战争胜负的柏林战役、诺曼底战役,战场范围也不过数万或数十万平方千米。阿富汗战争,其作战规模远不及海湾战争和科索沃战争,但其作战空间范围大得多,主战场在 65 万平方千米的阿富汗境内,但战争相关的空间延伸到美国本土,遍及全球。除主战场外,世界范围内有 89 个国家向美国军用飞机授予领空飞越权,76 个国家授予美军飞机着陆权,23 个国家同意接纳美军部队。美军还在空中部署有各种侦察、预警飞机,全方位、全时段监视对方的所有行动。在外层空间利用多颗卫星组成太空侦测网,全面监视、搜寻塔利班和拉登的动向。

关于战场空间的问题,正如俄罗斯沃罗比耶夫少将所说:"新技术时代的战争将不同于以往的两次世界大战,对于现代的导弹和最新式武器平台来说,几乎不存在空间上的限制。因此,任何国家的领土,乃至整个地球,都可能成为战场。"

信息空间是一个全新的概念,它包括电磁空间、网络空间和心理空间,渗透于陆、海、空、天各个战场领域。信息和信息流"无疆无界",使得信息作战的领域大大突破了传统的战场界限,是一个超大无形、领域广阔的作战空间。伊拉克战争的作战空间,已经拓展到了电磁、心理、网络、太空等信息空间。

电磁空间是信息空间的重要组成部分。电磁战场被称作继陆、海、空、天之后的"第五维战场",是信息化战争的重要作战空间。1982 年 6 月,以色列空军对叙利亚的战略要地——贝卡谷地的空袭就是一例。6 月 9 日,叙利亚的贝卡谷地突然响起了警报声,叙利亚军队的雷达发现了大批以军的飞机。当叙利亚的指挥官下令用导弹实施攻击时,"萨姆"系列地空导弹的雷达开机了,导弹也相继发射了。然而,令他们吃惊的是,被击落的以军飞机竟是塑胶制成的。待叙利亚的指挥官意识到中计后,已经为时太晚了。叙利亚防空导弹阵地的警戒雷达、火控雷达和导弹制导系统的电磁波信号,早已被在附近上空飞行的以军预警机的电子侦察系统接收到了,并迅速通过机载指挥控制系统进行分析后,通报给了正在空中待命的F-15、F-16 突击机群。以军出动飞机 96 架,仅仅 6 分钟的时间,叙利亚的 19 个"萨姆"导弹阵地全部被摧毁。第二天以军再次出动 92 架,又摧毁了叙军 7 个地空导弹阵地,使得叙利亚人苦心经营多年、耗资巨大的防空体系毁于一旦。

网络空间是人类进入信息社会的必然产物。网络空间的出现,使地理上的距离概念和国家之间的地理分界线将在信息对抗中失去意义,凡是与网络空间相联系的目标都可能遭到攻击。据评估,目前美军共有 3000～5000 名信息战专家,5 万～7 万名士兵涉足网络战。如果加上原有的电子战人员,美军的网络部队人数应该在 8.87 万人左右。这意味着美军网络战部队人数已经相当于 7 个美军最精锐的 101 空降师的兵力。

打赢一场战争不仅是领土的征服、肉体的征服,更重要的是人心的征服。因此,心理空间已经成为信息化战争的一个重要的作战空间。美军不仅编有心理战部队,而且正在研制"噪声仿真器"、"电子啸叫器"等专用心理战武器。美军在近期几场局部战争中都采取了军事打击与攻心并举的方针,成功地实施了心理战。海湾战争中,美军为涣散伊拉克的民心、动摇伊军的作战意志,精心炮制了许多谣言和广泛实施了心理战。在伊拉克境内散发了大量的录音带和录像带,偷运和空投了 9000 多个专门收听美国电台广播的微型单频收音机,散发了 2900 万份传单,1 万多个内装传单的漂流瓶。其内容主要是:告诉伊拉克官兵,如果投降,将受到善待,如果抵抗,则面临死亡,还详细说明了向联军投降的方法。

结果呢? 7 万名伊军官兵成建制地向美军投诚。这 7 万名伊军官兵的意志为什么会动摇呢? 为什么他们会投诚美军呢? 舆论宣传起到了作用。据战后美军统计,在向美军投诚的 7 万名伊军官兵中,承认看过传单的占 98%,而相信传单内容的就达 88%,70% 的人承认正是传单帮助他们下定决心放下武器,80% 的战俘承认曾定时收听美军电台的广播。

(二)战争节奏迅疾快速

以往战争有一个共同特点,即显性规模较大、持续时间长。一战历时 4 年 3 个月,先后卷入这场战争的有 33 个国家,人口在 15 亿以上。二战持续了 6 年,先后参战的国家和地区多达 61 个,约 20 亿人卷入了战争。而信息化战争中,战争持续的时间大大缩短,旷日持久的、长达数年的马拉松战争将很少出现。战争的胜负往往在几个月、几周甚至几天、几小时、几分钟即成定局。比如,1978 年第四次中东战争打了 18 天,1982 年英阿马岛战争打了 74 天,1991 年海湾战争打了 42 天,其地面交战不过 100 小时,1999 年科索沃战争打了 78 天,2003 年伊拉克战争大规模作战行动只持续了 20 天。美国原国防部长科恩曾说:"以往的哲学是大吃小,今天的哲学是快吃慢。"其主要原因:

一是战争目的有限。战争的军事目的必须服务于政治目的。信息化战争中,指挥员不再谋求攻城略地式的军事征服,而是打击、削弱和瘫痪对手,动摇其政治、经济基础。信息化战争有限的战争目的,决定了它的持续时间不可能太长。为了目的,尽量不使战争升级,拥有信息化武器的国家往往在战略上力求速战速决。

二是战争的高消耗。伊拉克战争结束后,美军中央总部空军司令部于 2003 年 5 月底向美国军事高层提交了一份报告,对美军精确制导弹药在伊拉克战争中的作战使用情况进行了总结。报告指出,战争中共消耗各类导弹和炸弹 29 199 枚,其中制导弹药 19 948 枚(美军 19 269 枚,英军 679 枚),非制导弹药 9251 枚,制导弹药占 68%。为了伊拉克战争,美国支出的费用已经高达 3 万亿美元,差不多等于美国年 GDP 的 1/4。

三是战争的高效率。海湾战争中,多国部队发射的精确制导弹药,虽然只占发射弹药总量的 9%,却摧毁了约 68% 的重要目标。伊拉克战争和海湾战争中使用的精确制导弹药数量大体相当,但在伊战中摧毁的目标数量是海湾战争的 4.5 倍。

(三)信息资源升值主导

信息对战争影响的关键是要准确获得战场信息,并把信息及时用于决策和控制。机械化战争,起主导作用的是物质和能量,打的主要是"钢铁仗"和"火力仗",战斗力＝人＋武器＋能量＋信息;在信息化战争中,信息是核心资源,是决定战争胜负的关键因素。战斗力＝(人＋武器＋能量)×信息,信息成为部队战斗力的核心要素。海湾战争期间,为获取更多的情报信息,美军用于侦察的卫星有 34 颗,同时还使用了 15 颗国防通信卫星,300 多架电子侦察与监控飞机和直升机,设有 39 个无线电监听站,8 个电子侦察营和 5～7 个电子情报连,11 个航空和装甲侦察中队 13 000 余人,致使伊军陷入了雷达迷盲、通信中断、指挥失灵的混乱状态。伊拉克在遭到空袭 10 分钟后才有还击枪声,近 1 小时后才拉响空袭警报,实行灯火管制。在首次空袭中伊军有 100 部雷达开机,由于遭到反雷达导弹和精确武器打击,4 小时后只存有 15 部。可以看出,攻城略地已经成为机械化战争的历史,在信息化战争中,拥有信息资源、握有信息优势,是取得战争胜利的先决条件。

美军事专家艾略特·科恩曾说,在未来战争中,对信息的争夺将发挥核心作用,将取代以往冲突中对地理位置的争夺。美参联会《2010 年联合构想》中指出,信息优势是未来实施一切高技术作战行动的基础。

(四)武器装备信息化

科学技术在军事领域的运用,特别是物化为战争"手臂",是引起战争形态发生深刻变革的根本原因。工业时代的战争,是以机械化武器装备为物质基础所进行的战争;信息时代的战争,是以信息化武器装备系统为物质基础所进行的战争。而信息化的武器装备系统,是以计算机技术为核心、以信息技术为基础的一体化的武器装备系统。其构成主要包括信息攻防武器系统、单兵数字化装备和自动化指挥系统(即 C^4ISR)。

当今世界,衡量一支军队的现代化水平,主要是看它的武器装备的信息化程度。30 年前,美海、空军只有少量飞机能发射精确制导炸弹,现在几乎所有飞机都具备这种能力。美军称,到 2020 年前后,美军各军兵种的武器装备将全部实现信息化。

(五)作战行动精确化

信息化战争中,在多层次、全方位、全时空的情报、侦察和监视网络的支持下,使用大量的精确制导武器,使各种作战行动的精确化程度越来越高。一是精确侦察、定位控制;二是精确打击;三是精确保障。

越南战争,所用的精确制导武器占武器总数的 0.02%,海湾战争中制导武器占 0.7%,科索沃战争时占 35%,阿富汗战争时占 60%,伊拉克战争时占 68%。

伊拉克战争中,美海军一架 A-6 攻击机,发射 2 枚英国产的"斯拉姆"导弹飞向伊拉克的一座发电站,首先发射一枚命中发电站正面护墙,炸开一个大洞,随后另一枚导弹接踵而至,非常精确地穿洞而进,在发电站内部爆炸,彻底摧毁了这座发电站。

三、信息化战争的作战样式

任何战争状态都有其特定的作战样式,与以往的战争状态一样,信息化战争也有其特定的基本作战样式。我们认为,最能体现信息化战争特征的作战样式主要有:信息战、网络中心战、电子战、舆论战、心理战、精确战、特种战、太空战等。

(一)信息战

我军 2011 年版《军语》对信息战的定义为:"综合运用电子战、网络战、心理战等形式打击或抗击地方的行动。目的是在网络电磁空间干扰、破坏敌方的信息和信息系统,影响、削弱敌方信息获取、传输、处理、利用和决策能力,保证己方信息系统稳定运行、信息安全和正确决策。主要包括信息作战侦察、信息进攻和信息防御。"信息战是人类文明由工业时代向信息时代的转型期,随着社会信息化和军事信息化而出现的一种崭新的作战样式。作为一种崭新的战争形态,信息战有着迥于以往战争的特征:

第一,对抗主体的军民模糊化。随着生产力的发展、社会的进步,专职常备军开始在文明社会出现,历经了冷兵器战争、热核兵器战争、机械化战争时代。如今"随着尖端科技在军事上的广泛应用,仅仅拥有普通计算机知识的军人,已经不能满足军队作战的需要。部队不得不聘用或借用大量掌握高新技术的公司职员、专家来为部队服务。显然,在信息战中,对抗主体的军民界限将趋向模糊。

第二,对抗领域的多维一体化。Martin Libicki 是一位在信息战理论方而著述颇丰的专家,他建议将信息战划分为七个战斗类型:指挥控制战、情报战、电子战、心理战,黑客战、经济信息战、计算机控制战。虽然,这种划分未必十分合理,但从中我们可以看出,信息战完全不同于冷兵器、机械化兵器时代的战争,它在"物理领域、信息基础设施领域,感知领域"全面展开。

第三,对抗过程的暴力隐蔽化。战争是迫使敌人服从我们意志的一种暴力行为。战斗无非是扩大了的搏斗。克劳塞维茨对战争下的经典定义,同样也适用于信息战。但是,由于在信息战中战争制胜要素已发生了变化,就赢得战争的意义而言,对信息的应用、控制大有超越传统的粮秣、钢铁之势。因此,战争的暴力本质在信息战中得以隐蔽化"慈胜杀伤"、"非暴力控制"等有关战争的新名词,其实只是一种表象的描述,战争的残酷性、破坏性,在信息战中依然存在,只是变得隐蔽了而已。

(二)网络中心战

网络中心战,是指利用网络信息系统,把地理上分散部署在陆、海、空、天广阔区域内的各种探测系统、指挥系统和武器系统,集成为一个一体化的作战体系,使各级作战人员能够利用该网络共享战场态势、交流作战信息、指挥与实施作战行动。网络中心战的核心是将力量从过去的以平台为中心转移到以网络为中心,强调以网络为基础的作战信息的获取及快速传输,使广泛分布而又紧密联系的传感器、指控中心和武器在各自的位置上作出迅速的反应,合理地决策和实时地采取行动,由此而增强部队的必胜信心和总体作战能力,并制约敌方获得先机的可能性。

从全球范围来看,只有少数发达国家的军队将来会有打网络中心战的能力,但是网络中心战作为未来信息化战争的一种崭新样式,无疑具有巨大的作战潜能和应用前景。美国是最早研究和提出网络战的国家,其在 2009 年就专门建立了网络战司令部,英国、日本、印度也先后建立了自己的网络战机构和部队,2011 年 3 月,美国国务卿希拉里在华盛顿大学提出了"网络自由",这无疑给我们思想带来了一次冲击。但战争史也表明,有矛就有盾,网络中心战依托的庞大网络化系统,必然存在难以克服的技术弱点和易受攻击的死穴,在网络中心战逐步形成的同时,网络瘫痪战也在同步发展,未来信息化战争中以网络为中心的较量将异常艰巨和激烈。

(三)电子战

电子战是指为削弱、破坏敌方电子设备的使用效能和保护己方电子设备正常发挥效能而采取的措施和行动。现代战争中有句术语"兵马未动,电子先行"。因为随着电子技术的发展,战争的双方要想取得制空权、制海权和战场的主动权,必须首先在电磁频谱控制方面压住对方,实施诸如电子侦察、电子干扰、电子欺骗、电磁压制等有效手段,迫使对方在通信、指挥、控制上成为聋子和瞎子。因此,谁夺取了制电磁权,谁就夺取了战场的主动权。

海湾战争中的电子战是目前为止人类历史上规模最大、范围最广、强度最高、影响战局最深远的电子战。多国部队在战争中使用了上百架电子战飞机及大量的电子战设备和器材,对伊军实施了强大的电子进攻和自卫。战争一开始,美军 AH-46 直升机就摧毁了伊拉克南部预警雷达站,美军 F-117 隐形战斗机深入伊拉克雷达覆盖区而未被发现,并攻击了伊拉克的 1 个防空截击指控中心和 1 个防空作战指挥中心,使得伊拉克的雷达覆盖区和指挥网出现了缺口。

接着,美军的 EF-111A 等电子战飞机进入伊拉克,干扰伊早期预警雷达、测高雷达、跟踪雷达等,并施放欺骗干扰,在没有多国部队飞机的地方制造假目标,诱使伊方启动雷达进行火力攻击,从而暴露雷达位置,被美军导弹摧毁。在 42 天的战斗中,伊拉克有 250 部雷达被摧毁,而多国部队的飞机损失率仅为 0.425%,且多数都为高炮击落。

目前电子战已经发展为雷达对抗、反辐射对抗、光电对抗、隐身对抗、水声对抗、卫星及强辐射武器对抗乃至近来兴起的网络对抗。在电子战的作用不断提高的同时,对电子战中的电子侦察(ES)、电子进攻(EA)、电子防御(EP)也都有更高的要求。电子侦察是为搜索、截获、识别和定位电子辐射源进行的作战行动,包括信号情报、威胁告警和侧向定位三部分。电子进攻是以削弱、抵消或摧毁敌方电子设备作战能力为目的的作战行动,包括自卫性和进攻性两大部分。电子防御是为防御己方电子设施与装备不受敌方干扰、压制和摧毁而进行的作战行动,包含电子抗干扰、电子加固、频率分配、信号保密、反隐身及其他电子防御手段。

(四)舆论战

舆论战以特殊的舆论信息为作战武器,是一种软性制敌力量,具有强大的政治影响力、精神杀伤力和军事威慑力,有助于实现小战大胜、稍战即胜,甚至不战而胜的战争目标,也是赢得军心、博取民意的重要手段。在人类战争史上,新闻舆论的地位作用早被人们所认识。拿破仑曾说:"报纸一张,犹联军一队";美国前总统艾森豪威尔也说过:"在宣传上花 1 美元等于在国防上花 5 美元。"

舆论战有广义与狭义之分。广义的舆论战,是指围绕国家发展战略、安全战略,以综合国力为基础,通过系统运用传播学、舆论学、心理学等学科原理,利用各种传媒,进行有针对性的信息渗透,从而影响公众信念、意见、情绪和态度,有效控制舆论态势,争取舆论强势的政治战样式。狭义的舆论战,一般是指战时新闻舆论战,即交战各方综合运用报纸、广播、电视、网络等新闻传媒,有计划、有针对性地向受众传输有利于己方作战的信息,达到鼓舞己方军民的战斗热情,瓦解敌方的战斗意志,引导国际舆论、争取广泛支持的目的。

舆论战具有瓦解敌对国家军民的意志,有效打击敌方士气的作用。伊拉克战争中,美国国防部官员曾明确表示,真刀真枪的战斗只占 25%,其余 75% 的任务是争取伊拉克人民的合作,而要完成这项不同寻常的任务,必须靠新闻舆论。伊拉克战争中,交战双方依托新闻媒体展开的一幕幕精彩纷呈的攻心伐谋,使人们清晰地看到了新闻舆论战的"杀伤力"。

(五)心理战

心理战是军队为影响敌我双方参战人员及相关人士的情感、理智和意志,使对象产生主体预期的心理状态及行为反应,从而促进主体的军事斗争、政治斗争目标实现,所开展的一项信息传播和信息控制活动。

海湾战争中,仅 1991 年 1 月 31 日,美空军就散发了 500 万份传单,美军在科威特战区共投撒了 2900 万余份传单。美专家进行研究的资料表明,被审问的战俘中有 98% 的人看过传单,88% 的人相信传单的内容,70% 的人承认正是传单使他们决定逃跑或投降。

伊拉克战争中,美英军队不论攻入哪座伊拉克城市,两国军人必然要撕掉萨达姆总统的画像,推翻或者炸掉萨达姆的雕像。这其实是美英军队心理战的一个伎俩,诋毁萨达姆的形象是美英军队心理战的重要目标!美英军队这么做的目的很明显,是要告诉伊拉克普通民众:萨达姆的统治已经结束,伊拉克民众没有什么好害怕的了。美军中央总部发言人布鲁克斯准将在谈到美军在巴格达市中心扯翻萨达姆的雕像时说:"对于那里的人们来说,此举说明萨达姆政权已经完结,他再也不会回来了。"

(六)精确战

海湾战争中,精确制导武器的准确、可靠、高效,易于掌握等优越性越发显露出来。美国用两枚"斯拉姆"导弹攻击伊拉克巴格达附近的一个水电站,导弹在距目标 110 千米的飞机上发射,第一枚导弹在水电站的墙壁上打了一个洞,第二枚导弹从这个洞进入水电站内部爆炸,将电站摧毁,命中精度之高,令人震惊。美国国防部长迪克·切尼在《海湾战争》一书的前言中指出:"这场战争检验了走在军事技术革命前列的全新一代武器系统。它标志着精确制导武器时代的到来。精确制导武器使轰炸战役只需要几天时间,而不是几个月或者几年时间就可以达到战略效果……"

精确战是指使用精确制导武器打击敌方目标的作战行动。精确战的目的是充分发挥精确制导武器的威力,突然、准确地毁伤敌方目标,增强作战效果。精确战具有机动灵活、隐蔽突然、毁伤力强、效费比高和附带杀伤小等优点。美军在海湾战争中使用的精确制导弹药只占 8%,科索沃战争中上升为 35%,阿富汗战争中则高达 60%,伊拉克战争则达到了 85%。

随着精确制导武器种类的增多和性能的提高,精确战将在超视距、全天候、多模式、智能化等方面得到进一步发展,既能对敌重要目标实施"外科手术式"打击,也能对战场全空间威胁己方的各种目标予以多点、同时、连续的打击。

(七)特种战

特种战是相对常规作战而言的,是由特种部队或临时赋予任务的部队担负,为达成特定目标的作战。特种作战在机械化战争中就已出现,但其往往独立进行,对主要作战行动的配合作用有限。随着信息技术的发展,特别是 C^4ISKR 系统及战场信息网络的建立,特种战正以崭新的面貌出现在现代战争舞台上。

以往战争中,军事行动大都是常规的大兵团唱"主角",特种作战部队只是起着配合或保障作用。而今战场上,陆、海、空三军特种作战部队从"后台"走上了"前台",特种战形式也是五花八门、多种多样的。在具有明显高技术战争特征的海湾战争中,美军为了支援"沙漠盾牌"和"沙漠风暴"行动,"实施了特种作战部队有史以来最大规模的一次部署"。战争中,特种作战部队不仅执行特种侦察、搜索与救援、实施心理战等任务,还直接承担了正面作战任务,实施突击、伏击等攻击行动,在整个战争全过程出尽了风头。在 21 世纪第一场战争中,美军特种作战部队在阿富汗战场上更是大显威风,对加速塔利班和"基地"组织的溃败起到了关键性作用。2001 年 10 月 20 日夜,美陆军特种作战部队在突袭塔利班首领奥马尔住所的同时,又出其不意地占领了坎大哈西南的一个空军基地,由此拉开了美对阿地面战的序幕。战争中,美军在阿的兵力绝大多数来自其陆、海、空三军的特种作战部队。在相继实施的"蟒蛇"、"水雉"、"鹬鸟"、"山狮"等多次搜剿行动中,特种作战部队都是先锋队和主力军。

较之一般部队而言,特种作战部队组织精干、装备精良、训练有素,执行作战任务反应时间快、行动随机性强,是实施高技术局部战争的一支骨干力量。特种作战部队在现代战争中"角色"的变换,充分显示了高技术条件下作战的一些新特点。比如,特种作战规模已由战术、战役层次向战略层次扩展,特种战可以直接达成战略企图;特种作战编组日趋合成化、立体化,可以实施陆、海、空全方位、"多面手"作战;特种作战形式多种多样,软硬兼施,可以达成不同的作战目的;特种作战逐步表现出明显的联合趋势,需要各军兵种和各个方面的支持与配合。一些军事专家认为,特种作战部队"是一支不可替代的作战力量,能够在中、低强度战争环境中遂行各种各样的任务"。

(八)太空战

太空战,又称宇宙战、空间战、天战、外空战、外层空间战等,其定义可有狭义和广义之分。狭义太空战是指在太空内进行的作战,具体地说,是敌对双方部署在太空内的天基空间作战系统之间进行的攻防行动,或者说是"发生在空间的攻防","使用天基枪打击天基靶",又称天际作战。广义太空战是指敌对双方在外层空间的军事对抗。它不但包括天际作战,还包括天地作战。这里的天地作战是指太空与地球空中或地(水)面之间的相互攻防行动。具体地说,是一方使用部署在太空内的天基空间作战系统对对方的空中、地面(水下)目标的攻击行动和来袭的战略导弹的拦截行动,以及从陆地、海面(水下)、空中对敌方的航天器进行攻击的行动,以及为防止对方的天基空间作战系统的打击而进行的防天行动。

2001 年 1 月 22 日至 26 日,美国空军在科罗拉多斯普林斯空军基地秘密举行了代号为"斯科里埃弗 2001"的太空战演习,这也是人类历史上首次太空战演习。随后俄罗斯不甘其后,普京总统在 2001 年 6 月,把军事航天部队和导弹航天防御部队从战略火箭军中单列出来,在此基础上组建一个新的军种——"天军",准备在太空与美国进行第三回合的较量。

四、信息化战争的发展趋势

1991 年的海湾战争,美国的未来学家阿尔文·托夫勒,将其称为"硅片对钢铁的战争",这也是我们现在所说的信息化战争雏形。通过 20 多年的研究,中外军事专家和未来学家共同认为,信息化战争的成熟期大约要到 21 世纪中叶才能到来。因此,现在要准确地把握其

发展趋势还比较困难,但从可预期的信息技术和军事理论的发展状况来看,其发展趋势主要体现在以下几个方面:

(一)战争内涵将得到极大地拓展

传统的战争主要是为了达到一定的政治、经济目的,使用武力进行的暴力斗争。而信息化战争将在战争的目的、主体、层次、暴力性等方面发生重大变化,战争的内涵将得到极大拓展。

从战争目的来看。战争的起源最初是为了吃饱肚子,原始社会是为了获得更多的生产资料;随着时代的进步,战争的目的就是为了土地、能源、矿产等有形资源,海湾战争、伊拉克战争最终的目的就是为了石油资源;在未来信息化战争,信息、知识等无形资源将成为新的战争目的。美国科学家预测"计算机中一盎司硅产生的效益将比一吨铀还大"。同时知识和信息等因素已成为经济全球化优化配置的主导因素,因而战争双方的目的将更加倾向于争夺无形资源。

从战争主体来看,信息化战争时代,除了以军队为主体进行传统意义上的战争之外,每个人、每台计算机都可能成为一个有效的作战单元,因此,其主体既可能是军队,也可能是社会团体,还可能是个人、恐怖组织、犯罪集团和宗教极端分子等。9·11之后,美国发动阿富汗战争,其战争的主体就是对付塔利班恐怖组织。

从战争的层次界限来看,信息化战争已将传统战争中战略、战役、战斗这些明显层次趋同化,因为大量信息化武器装备系统的大量使用,小规模的作战行动和高效的信息进攻行动就能够有效达成一定的战略目的。科索沃战争中,战略性空中打击构成了最主要的战争行动,地面战争几乎没有发生过。

从战争的暴力性来看,"软杀伤"将更多替代暴力对抗。战争双方通过电磁、网络、心理等攻击手段,即可瘫痪对方信息系统和公共基础设施,动摇军心和民心,就可能把自己的意志强加给对方。这也充分体现了孙子的"不战而屈人之兵"的思想。

(二)国家战略能力将成为战争制胜的基础

战争历来都是综合实力的竞赛,信息化战争也不例外。要打赢信息化战争,不仅需要强大的军事能力,还需要政治、经济、科技、文化、外交等因素结合在一起的国家战略能力。

历史上凡是被打败的民族和国家都是缺乏国家战略能力的国家和民族,国家战略能力落后就要挨打。有人说,经济落后要挨打,但日本侵华战争就是在中国经济发展较快的时候发生的;还有人说,文明落后就要挨打,但大宋却被北方契丹部落取代,古罗马被北方蛮族部落取代;军事力量强是否不挨打? 也不是,法国马其诺防线,在法国人眼中固若金汤,而在德国人眼中却毫无国防意识;也有人说不民主就要挨打,古代民主的雅典却败在专制的斯巴达脚下。

所以国家战略能力,是一个国家要进行战争或应对突发事件时所能调动的各种力量的总和,包括由经济实力、国防实力、民族凝聚力构成的全部综合国力,以及使其能在较短时间内迅速聚合并发挥出来的国家战略组织力。

(三)军队组织将高度小型化、一体化、智能化

首先是小型化。一是体现在全球武装力量总体规模越来越精干化。一些大国有计划地

进行裁军,其中俄罗斯 1992 年到 1996 年,俄军从 250 万人裁减到 170 万人;1997 年到 1999年,俄军再次裁减至 124 万人。2008 年开始,再次裁减。美国国防部 2014 年公布的裁军计划,美国现役军人的人数将从 52 万人减少到 44 万到 45 万人之间。二是体现在指挥体制日益偏平化。为了适应信息化战争对指挥控制的要求,发达国家的军队正在把指挥体制由以前的"树"状指挥体制向偏平型"网"状指挥体制转变。这种指挥体制的结构特征是:外形扁平、横向联通、纵横一体。其目的是减少指挥层次,提高命令效益。克劳塞维茨在《战争论》中说道:增强任何传达命令的新层次,都会削弱命令的效力。

其次是一体化。主要是指信息化战争中作战部队编成将打破军兵种界限,按任务需求进行诸军兵种合成的一体化编组,确保遂行多种作战任务。比如,我军正在探讨的合成营建设和训练问题。

最后是智能化。一是指未来军队的指挥控制手段的高度自动化和智能化,其标志是 C^4ISKR 系统的高度成熟与发展。战争离不开指挥,一部战争史从某种意义上来说就是一部完整的指挥史。随着未来信息技术的不断进步,指挥、控制、通信、计算机与情报、侦察、监视等手段将更加成熟和完善。二是大量的智能化武器系统和平台将装备军队并投入作战。在未来信息化战争中,智能化弹药、无人驾驶的坦克、飞机将规模化投入战场,尤其是随着纳米技术的发展,大量微型或超微型机器人可能大量投放于战场,代替人在战场上执行各种作战任务。正如托夫勒所言:"机器人,就和卫星、导弹、高科技的'精巧战'一样,不论我们是否有所准备,都会在未来的第三次浪潮文明的战争形式中拥有它自己的位置。"

(四)软杀伤与硬摧毁有机结合将成为作战的普遍法则

在未来信息化战争中,软打击与硬杀伤组合运用将成为信息化作战的鲜明特征。这种有机结合,主要体现在三个方面。一是电子杀伤与物理摧毁并举。近期几场局部战争表明,暴风骤雨般的电子压制通常是战争开始的序幕,然后伴随着强大的火力打击和硬杀伤。例如,科索沃战争中,北约针对南联盟防空系统的电子压制铺天盖地,使南联盟的防空作战难以进行,制空权完全丧失。在进行电子软杀伤的同时,北约针对南联盟的军事指挥系统和重要的民用目标进行物理硬摧毁,造成南联盟交通瘫痪、电力和通信系统中断,直接影响了南联盟军队的作战指挥。可以预见,在未来信息化战争中,软硬一体化的电子对抗必将成为争夺战场主动权的关键。二是网络攻击与火力攻击并重。传统战争中,集中兵力与火力对敌实施硬打击是夺取胜利的基本方法,而在信息化战争中,火力打击作为一种硬打击仍然发挥重要作用,但网络攻击等新的杀伤方法,将成为主要的制胜手段。通过计算机病毒、黑客攻击等手段,可以导致计算机系统和网络瘫痪,从而造成作战体系的瘫痪。对于没有网络和信息优势的一方,通过硬打击破坏敌方计算机系统和网络节点,可以削弱对方的优势,提高己方的作战效能。三是心理战与歼灭战结合。信息化战争中的心理战贯穿战争的始终,可以极大地震撼敌方军民的心理,甚至摧毁和剥夺敌方的抵抗意志,从而极大地提高战争效益。

信息化战争的上述发展趋势,也许发展并不平衡,有的来得快些,有的来得慢些,有的能够完全实现,有的未必全如所愿,但它们迟早会改变我们今天研究和面对的初级阶段信息化战争。当新的浪潮袭来时,当新的转型发生时,要想认识和驾驭战争剧变这匹"烈马",解放思想"换脑筋"是第一位的。

五、信息化战争给我国国防的启示

毫无疑问,在未来,以重型工业为支撑的传统战争会逐步让步于以信息技术为依托的信息化战争。而战争模式也将由"蛮力的比拼"变为"智慧的比拼"。

《2010 年中国的国防》白皮书提出,"打赢信息条件下的局部战争"。总书记习近平 2012 年 12 月在广州战区考察,强调要坚持用打仗的标准推进军事斗争准备,不断强化官兵当兵打仗、带兵打仗、练兵打仗思想,坚持从实战需要出发从难从严训练部队,坚持以军事斗争准备为龙头带动现代化建设,全面提高部队以打赢信息化条件下局部战争能力为核心的完成多样化军事任务能力。

那么,面对战争形式的巨大改变,国防建设又该作出怎样的改变呢?

(一)推进军事信息网络化建设

落后就要挨打,尤其是在武器装备上,不能有太大的时代差,否则在战场上就无法获取哪怕是战术上的优势,这就很难打赢战争,因此应进一步推进军事信息网络化建设。未来的信息化战争,以宽带、大容量、数字化的网络传输能力为基础和前提,所以,对于我国来说加快军队的信息网络化建设,特别是末端建设和移动网络的建设势在必行。进一步提高一体化建设水平。未来作战是联合作战,指挥自动化系统的真正一体化还有较长的路要走,只有加快建设和发展适合自己国情的综合集成系统,才能真正实现情报侦察、预警探测、信息对抗,特别是武器平台控制的现代化目标。同时充分发挥我国社会主义体制方面的优势,集中全国的人力、物力,在国家的统筹规划下展开联合攻关,以形成我们的优势领域,铸就自己的"撒手锏"。

(二)创新作战理论

必须创新作战理论,装备技术落后可怕,但思想观念滞后更危险。作战理论的创新一方面要求和现有武器装备相匹配,另一方面又要与作战对象相协调,伊军的作战理论非常落后,在这两个方面都不适应,因此应进一步加强综合军事理论研究。面对世界新军事变革的影响,应不断跟踪探讨适合各自国情的信息化建设特点与对策,加大军事理论创新的力度,从而促进多出成果,加速发展。

(三)建设周边以及国际安全战略环境

要注意建设周边以及国际安全战略环境,伊拉克的失败与萨达姆在国内推行独裁统治,在国际上缺少朋友很有关系。

(四)培养网络训练人才

在未来的信息战中,人的因素仍然是首要的,是决定战争胜负的最主要的因素,高素质的人才能驾驭高科技的装备。要适应网络战需求培训三类人才:一是专门从事网络对抗研究的电脑专家队伍;二是懂得网络对抗技术及其战术的指挥员队伍;三是具有一定计算机网络基础知识的网络技能操作人员,逐步造就一支专门从事网络对抗的计算机专家队伍。

(五)建立网络安全防护屏障

必须制定一系列的网络安全法规体系,将计算机及其网络技术的开发、应用、管理、安全问题法律化,以法律手段保障计算机网络安全,应该开发相应的防护技术。技术是实现网络安全的精锐武器,必须发展网络防护技术。应着重开发密码鉴别技术、计算机网络信息泄漏防护技术、计算机网络安全等薄弱环节检测技术等,首先确保网络系统的安全。在此基础上加强对军事情报的研究和改进,军事情报是迈向执行信息战略规划的第一步。

　　落后就要挨打,落后在世界就无立足之地。增强国防军事力量,是我国主权独立、领土完整,以及和平发展的根本保证。在这样一个信息化的时代,人类战争已经进入了信息化阶段,打赢信息战争至关重要,甚至可以说,能否打赢信息战争是国家间角逐是否成功的关键。

第十六章　世界新军事革命与我军军事创新

当前,国际形势正处在新的转折点上,各种战略力量加快分化组合,国际体系进入了加速演变和深刻调整的时期。在这个前所未有的大变局中,军事领域发展变化广泛而深刻,是世界大发展、大变革、大调整的重要内容之一。这场军事领域发展变化,以信息化为核心,以军事战略、军事技术、作战思想、作战力量、组织体制和军事管理创新为基本内容,以重塑军事体系为主要目标,正在推动新军事革命深入发展,其速度之快、范围之广、程度之深、影响之大,为二战结束以来所罕见。世界军事领域发展变化,与世界政治经济等领域发展变化相互呼应、相互影响。这场世界新军事革命是全方位、深层次的,覆盖了战争和军队建设全部领域,直接影响着国家的军事实力和综合国力,关乎战略主动权。

一、新军事革命的产生与发展

新军事革命是以人类技术社会(时代)形态由工业社会(时代)向信息社会(时代)转型为基本动因,以高技术特别是信息技术的飞速发展为直接动力,以信息为"基因",以提高信息能力为根本目标,以"系统集成"为主要手段,把工业时代的机械化军事形态改造成信息时代的信息化军事形态的过程。简言之,新军事革命是把工业时代的机械化军队改造成信息时代的信息化军队的过程,其核心是信息化,是进行军队信息化建设。

综观世界新军事革命的演进过程,大致可以分为三个阶段。

第一阶段,从越南战争后期到20世纪80年代末,可以看作新军事革命的孕育阶段。这个时期,信息技术迅猛发展,并广泛应用于军事领域,出现了以灵巧炸弹为代表的精确制导武器,同时美苏等军事强国指挥手段基本上实现了自动化。精确制导武器与指挥自动化系统的发展,促使战争方式发生一些微妙变化,也为新军事革命提供了最基本的物质技术前提。

第二阶段,以海湾战争爆发为标志,新军事革命进入全面展开阶段。1991年1月17日,当停泊在地中海上的美军战舰发射"战斧"式巡航导弹,击中千里之外的伊拉克军事目标时,人们真切地感受到了军事变革的巨大冲击。海湾战争仅仅持续42天,而空袭行动就占了38天。在多国部队大规模、高强度的空中打击之后,号称世界第四大军事强国的伊拉克军队几乎未作抵抗就迅速溃败。这场战争引起了世界的震惊,人们在震惊之余开始对军事变革问题进行理性研究。各国在深化理论研究的基础上,纷纷制订新的军队发展规划,推动军队转型建设,由此正式启动了世界新军事革命的进程。

第三阶段,以伊拉克战争为契机,新军事革命进入加速发展阶段。2003年的伊拉克战争,标志着信息化战争作为一种战争形态已基本形成。美军在战场上表现出的全面信息优势、战场控制能力和灵活应变能力,一方面刺激了国内加速军事变革、称霸全球的强烈欲望,另一方面,也对其他国家起到了警示和示范作用,使他们进一步增强了军事变革的紧迫感和危机感。因而,伊战结束后,各国纷纷加大军事投入,加快了军队转型的步伐。

二、新军事革命的基本特征

新军事革命思想观念的提出,最早可追溯到 20 世纪 70 年代。原苏军的一些军官和将领提出了发生"军事上的革命"的可能性。他们对以电子计算机为核心的信息技术和精确制导武器等给予很高的评价,认为这些正在发展的新技术装备正处于从根本上打破陈旧的科学原理的阶段,极可能出现比导弹核武器更有效的杀伤性兵器,从而引发一场"军事技术革命",并进而影响到军事的各个领域。美国国防部从 80 年代末开始对苏联提出的"军事革命新时期来临"的观点进行研究。1993 年后美国正式以"军事革命"取代"军事技术革命",术语的这一变化大大扩展了新军事革命的内涵,也反映了美国对这场新军事革命性质的新认识。从这以后,美国所谈论的新军事革命,涉及范围非常广泛,至少可以包括武器装备革命、军事理论革命、军事组织体制革命和军队建设思想革命等。

(一)武器装备系统出现了断代性飞跃

1. 武器装备崭新能力

新武器发展的一个显著特点,是追求物质、能量、信息三大要素,而不是物质和能量两大要素的结合。正是这种结合,造就了新武器本质上的革命性变化:它使武器改变或部分改变了原先那种纯粹的实体物质的机械性质,增加了除杀伤力、机动力之外两个更为主要的崭新能力,即智力和结构力。

所谓智力,即信息要素的输入,使武器系统成为某种程度上具有中枢神经、大脑、眼睛的人机结合体,如无人驾驶飞机,精确制导武器,自动化、智能化指挥控制系统,各种类型的战场机器人,无人水面舰艇和潜艇等。

所谓结构力,即信息技术的运用使原来典型机械时代特征的分解性单个功能的武器系统,如目标探测、跟踪识别、指挥控制、火力打击、战场机动、防御等,合成为一个整体系统,也把整个作战范围的参战诸军兵种部队及武器平台、指挥控制、情报通信、后勤保障等合成一个精干而密切协同的有机整体,这就为 20 世纪的庞大战争机器最终退出主宰战争的历史舞台奠定了最坚实的物质基础。不仅如此,实际上信息技术是把布满无形物质的整个空间连接成了密集而有序的结构网络,上面两个合成正是这种无形的空间结构网络的结果。

另外,目前世界武器发展领域中越来越显示最新方向和发展潜力的是全频谱电子干扰、定向能武器、粒子束武器、生物武器、计算机病毒等以瘫痪敌作战系统为目标的软杀伤武器。可见,在未来战场上,越来越起主导作用的将是信息武器的智力和结构力,这相对于以往每一次武器的重大发展都仅仅是火力和机动力的大幅度提高,当然是一次根本性的转折。

2. 武器效能的变化

以信息为主导的武器系统(包括新机理武器)便是这一革命的物质基础。它依靠其智力和结构力两大崭新的性能,获得了实战效能前所未有的大幅度提高。比如,二战中,摧毁一个目标大约需要 9000 枚炸弹;越战期间,大约需要 300 枚;而海湾战争中摧毁一个目标仅需 1～2 枚精确制导武器。再比如,激光制导武器,其速度之快,达到每秒约 30 万千米。在数百米至数百千米距离上几乎是实时,命中概率可达 97%,几乎是百发百中。总之,以信息为主导的武器系统所带来的巨大作战效能是以往的传统武器所不能比拟的。

3.武器组成的变化

海湾战争展示了以信息武器为主导兵器、以第四维空间力为主要战场的全新战争样式，同时宣告了二战时代那种庞大的地面坦克大会战战争样式的寿终正寝。海湾战争后，不仅全新的信息化武器大量装备部队，而且传统武器系统也都在进行嵌装信息化数字系统的改装。一个以信息化武器为主导，以夺取第四维空间主导权力目标的全新武器系统正在构架之中，而坦克、火炮、飞机、航母这些往日战场上的支柱，则不得不纡尊降贵，逐渐退离舞台中心或者进行信息化改装。

(二)作战方式和作战理论发生根本性变化

"一旦技术上的进步可以用于军事目的，并且已经用于军事目的，它们便立刻几乎强制地、而且往往违反指挥官的意志而引起作战方式上的改变甚至变革。"恩格斯的这一名言已被以往武器和战争发展的漫长历程所一再证实。新军事革命的形成又一次使它放射出永恒的真理光辉。

1.作战方式变化的发生和本质

过去战争中，机动以运动为主要形式。兵力兵器和火力受其性能指标的局限只能占据或控制局部作战空间。所以，需要通过运动扩大战场观察范围和控制范围，通过运动创造局部优势，再由局部优势发展为全局胜利。信息武器系统和以信息为主导的武器系统，则通过其智力和结构力的运用，把战场空间有形的和无形的物质组成了一个巨大的全维作战网络。在这个巨大的结构网络下，时空的统一不是以空间可以换取时间为表征，更多的则是以同一性为其表现形式。它可以空制空、以空制地从而控制整个作战空间，近实时地进行一切行动。在这个网络中，第四维空间的无形物质就像"士兵"、"武器"一样布满整个作战空间，战场上没有什么想发现的情况能够不被发现的，没有什么想击中的目标不能被击中的；作战系统也不再是只能占据局部空间，只能实施单个分解性动作，它们无论相距多远，都是一个严密有序的整体，它们无需转移或机动，就能知晓所有战场情况，并同时作出近乎实时的反应。

2.作战理论的重大变化

信息武器系统的超时空指挥能力和近实时远程精确打击能力使战术打击可以瞬时直接达成战略目标，战略指挥可随时介入战术层次，同时对敌前后方实施全纵深打击真正成为可能，尤其是这种没有前后方之分的突击，再清楚不过地表明，战略、战役、战术三个层次的作战行动正在大大压缩甚至重合到一起，三者间的界线日趋模糊。另外，由于信息武器系统创造了直接达成战略、战役目标的多种手段，战术作为两个层次的基础地位也发生了某种动摇。过去那种通过取得局部性小胜逐步汇集成战略性胜利的作战理论将面临严峻的挑战。

3.作战方式的根本更新

(1)从以打击系统之间的厮杀为主转向信息系统之间的格斗为主。在未来战争中，C^4ISR系统将控制作战空间的每一个角落，日益发展的电子战武器将严把从极低频、短彼、微波、毫米波、亚毫米波到红外、激光、可见光等全部频谱的"关卡"，任何武器系统都摆脱不了电子信息系统的监控。离开了电子信息系统，性能再好的打击系统也只能被动挨打，再精锐的部队也可能又聋又瞎，丧失行动自由。因此，对信息系统的打击与反打击，赢得电磁频谱控制权，无疑就成了控制战争全局的关键性因素，过去在战场上占头把交椅的那种火炮、坦克、飞机、军舰的厮杀对抗自然也将让位于信息系统之间的格斗。过去独霸战场的有形的人力硬杀伤,将越来越多地被诸如全频谱电子干扰、高射频闪击、次声波辐射,以及束能武器、计算机病毒攻击等无形的软杀伤手段所取代。

(2)多维战场平分秋色,空战场的地位越来越突出。信息武器系统把整个陆、海、空、天、电磁多维空间变成了一个巨大严密的无形作战网络。这个能够全天时控制全维作战空间的网络,便从根本上超越了飞机的局限而使地面完全处于空间威慑的辐射之下,这才给"空中战场成为决定性战场"预言的实现和地面战场独领风骚历史的终结奠定了物质基础。在未来战争中,空中空间战场主要作战方式将是长时间的航天战、电子战,而不是原来意义上的飞机空中格斗。飞机的作战使用和作战效能将是全新意义上的,精确制导武器将比飞机有更大的作为。

(3)从逐次消耗摧毁到同时瘫痪敌指挥中枢。在未来战争中,绵延分散的广袤战场将被C^4ISR 系统连成一体,庞大的机械化兵器和军队将代之以小型化军队和一体化的小型武器平台,地毯式轰炸也将被制导武器的精确打击所取代。战争将不再是一个个小战斗战役的逐次积累,而是全纵深同时实施打击,一举取得战略性胜利。战争也不会重蹈朝鲜战争中对3.7 平方千米的上甘岭投以数百万发炮弹的覆辙,而将采用同时干扰、攻击敌作战系统的关键节点的做法,使之瘫痪而迅速取胜。

(三)军事组织结构走向全新的构架

军事组织结构的变化趋势虽然已是无疑的,但由于要直接受制于政治、社会生活结构乃至思想意识观念等各种因素,它将是一项更为复杂的工程,具有极大的不确定性,只能粗略的勾画其总体轮廓。

1. 多层次树状指挥体制将被扁平化指挥结构代替

在未来的信息化战争条件下,高级指挥官通过宽屏幕计算机显示器就可最先、最全、最准确地获得整个战场的情况。高级指挥官既可随时掌握变化的战场信息,又可瞬间下达命令。美国人正通过横向一体化技术使司令部与各个作战部队以及各作战部队之间均实现横向联网,就是朝这一体制迈进的实际举措。他们认为,这种横向一体化的扁平指挥结构可以简化指挥层次,使集中指挥和分散指挥都能更有效地实施:营可以向军报告情况,单个舰艇可向舰队指挥部报告情况,反过来,总部也可以向基层实施直接指挥。同时,它能极大地提高指挥系统的生存率,因为横向网络可沟通的节点多,能从根本上防止整个系统的瘫痪。

2. 条块分割的军兵种结构将被陆海空一体化部队取代

在未来的信息化战争中,近实时的远程精确制导武器和 C^4ISR 系统,将使传统的陆、海、空战场连成一个陆、海、空军都可以驰骋的统一作战空间:海军舰队可能同装备"鱼叉"导弹的远程轰炸机一起在公海上遂行任务;空中战斗将由作战飞机同地面部队或从海军舰只上发射的战区弹道导弹防御系统一起遂行;规模极小的特种作战也会使用卫星通信系统,并得到空中或海上支援;对地面部队的打击也可能同时运用空中或海上发射的远程火力。这种趋势无疑将对传统的军兵种结构造成根本性的冲击,将促使诸军兵种合成的迅速发展和范围扩大,最终导致真正的陆、海、空一体化部队的形成。

3. 军事组织中将出现某种程度的军民结合结构

在信息时代,支撑和主宰武器系统乃至军队的信息技术具有军用和民用双重性质。计算机、卫星通信、遥控遥感装置,既可用于军事系统控制,也可用于气象、地质勘探。信息的这种军民共享性,便是未来军民在某种程度上必然走向结合的桥梁。军事航天部队同民用航天部门很可能最先走到一起。国防采办和生产方式也将在这方面有突出表现。此外,信息化战争对军事人员的知识水平要求越来越高,而培养高科技人才往往又是军队内部所难以独立解决的事,这也会驱使军队教育系统和人员来源出现某种民间化趋势。在这方面,美国有 400 多所地方大学实施的后备军官训练团制度,被称为是胜过西点军校的培养美军军官的最好渠道。美军的海湾战争报告中称赞这些在地方大学受到后备军官训练的大学生,在海湾战争中表现出极高的文化知识和军事素养。

三、世界新军事革命的总体态势

当前,世界新军事革命已进入深入发展阶段。主要国家一方面积极消化前期军事改革和转型所取得的成果,军队建设进入相对稳定期和调整适应期;另一方面,不断总结反思,调整纠偏,整合资源,准备推动新一轮军事改革。

世界新军事革命深入发展的主要标志:主要国家纷纷提出军队建设新的发展目标。美军提出了"二次转型"目标,要求建设更精干、更灵敏、更先进、战备程度更高的新型联合部队。俄军"新面貌"改革进入调整完善阶段,力求实现"精干高效、机动灵活、装备精良、训练有素"的建军方针。日本提出了"机动防卫力量"构想,力求建设快反、机动、灵活、持续的多能型自卫队。欧盟主要国家提出了"建立一支规模小、装备精、轻型化、机动灵活、快速反应能力较强的实战型军队"的建军方针。

世界新军事革命深入发展的基本内涵:体制编制的联合化、小型化、自主化趋势更加明显;武器装备呈现出向数字化、精确化、隐形化、无人化的发展趋势;联合作战形态向"四非"(非接触、非线性、非对称和非正规)和"三无"(无形、无声、无人)作战方向发展;军队指挥形态更加扁平化、自动化、网络化、无缝化,一体化联合作战指挥体系逐步形成;现代国防管理体制不断完善。

世界新军事革命深入发展的突出特点:一是深刻性。主要国家军事改革正在从军事技术层面、军事组织层面、作战理论层面,深入到军事文化层面,提出了军事转型文化、联合文化和理论创新文化等。二是全面性。世界主要国家军事改革和军事转型不仅涉及信息化军事技术形态、联合化组织形态和高效化管理形态,而且包括了军事理论形态、作战形态、保障形态、教育形态等各个领域。三是务实性。美军着力提升指挥控制能力、情报能力、火力打击能力、机动能力、防护能力、保障能力、信息能力、国际交流能力。俄军着眼于提高应对各种安全威胁的能力,尤其是提高应对大规模空空袭击和地区战争的能力。四是不平衡性。美国始终处于领先地位;英、法等其他发达国家紧随其后,积极跟进,加快推进军事转型;俄罗斯开展"新面貌"军事改革,现已完成军事组织形态的转型;印度、巴西等新兴国家以改善武器装备为重点,正在进行有选择的军事改革。

四、世界新军事革命深入发展的趋向

近年来,主要国家为在国际竞争中争得战略主动,继续大力推进军事革命。主要发展趋向体现为以下几个方面:

（一）军事技术形态正在向智能化、网络化、微型化、高超声速的方向发展

主要国家着力发展各种新型武器装备。美军计划到 2030 年左右全面完成 C^4KISR 系统建设。俄军计划到 2020 年前建成全军统一的自动化数字通信网络系统。美国、英国、法国、俄罗斯等国都在研制人工智能作战系统，包括无人飞行器、地面机器人、水面和水下机器人作战系统。一些国家已正式把网络空间作为继陆海空天电之后的第六维作战空间。美国正在研发各种网络侦察、网络防御和网络进攻等武器系统。俄罗斯网络攻防武器研制取得了突破性进展。目前，全球有 100 多个国家具有开发网络武器的能力。美国已成功进行 50 多次导弹拦截试验和数次电磁轨道炮试射，正在研制可攻击敌方卫星的 XSS-11 微型卫星。俄罗斯加紧研制空天飞行器。英法等国均有空天飞行器研制计划。日本和韩国加紧部署导弹防御系统。

（二）军事组织形态正在向优化结构、减员增效、模块组合、"去重型化"的方向发展

一是优化结构，完善联合作战效能。美国将联合作战层级由旅战斗队下沉至营战斗队；俄罗斯建立了 4 个联合战略司令部；日本成立了联合参谋部，形成了联合作战指挥体制；印度成立了联合国防参谋部和三军联合的战区司令部。二是压缩规模，增加基本作战单位数量。主要国家军队在减少员额的同时增加基本作战单位数量。美陆军基本战术行动单位从 33 个增加到 73 个作战旅。俄陆军基本战术兵团从 36 个增加到 113 个常备旅。三是"去重型化"，提升作战部队的机动能力。美军斯特赖克旅成为其陆军数字化程度最高、机动性最强、可遂行多种任务的主要作战部队。俄军实行新编制，按照不同任务分类建设轻型、中型和重型常备旅。英军和德军裁减了陆军重型装甲部队，组建了更加机动、灵活、轻便的，可遂行多样任务的新型作战旅。

（三）作战力量正在向一体化、无人化、网络化、太空化的方向发展

美俄等国军队正在大力发展新型作战力量，并在实战中运用和检验新的作战方式和方法。一是无人化作战部队应运而生。目前，世界主要国家十分重视发展无人武器系统，正在积极着手建设无人作战力量。2013 年年底，全球在机器人方面的防务开支超过 134 亿美元。美国国会明确要求到 2015 年战场无人化作战系统达到 50%。俄军预测，到 2025 年左右，人工智能机器人武器装备将成为未来战场上的主战武器装备，将彻底改变传统作战方式，带来军事领域的真正革命。二是网络攻防部队成为重要作战力量。美国防部宣布组建 40 支网络部队，其中 13 支用来攻击对手。俄罗斯也建立了网络作战部队，其破网技术取得了突破性进展。目前，全球网络军备竞赛掀起高潮，超过 40 个国家组建了网络战力量。三是新型特种作战行动作用增大。新型特种作战部队在规模数量、职能任务、作战方式和行动样式上发生了很大变化，成为可达成战略目的的新型作战力量。四是空天作战部队正在酝酿建立。美国正在研制可攻击敌方卫星的微型卫星和空天飞机，到 2020 年前将可实施反导反卫星等太空攻防作战行动。俄罗斯拥有相当规模的太空武器，并明确将空天战略性战役作为在未来战争中首先实施的战略性战役之一。其他一些国家纷纷建立太空兵和太空司令部，积极准备实施空天作战行动。世界 50 多个国家拥有空间飞行器。主要大国基于时代前沿战略技术形成了特定战略能力。空间已经成为国际战略竞争的制高点。

(四)国防管理方式的发展趋向

主要国家十分重视国防改革,积极转变国防管理方式。一是提高战略规划水平。美国不断推动战略管理制度化、标准化和程序化建设,提高国防管理运行效率和国防投入效益。俄罗斯制定了《2020年前俄联邦武器装备发展纲要》等一系列战略规划文件。法国国防部制定了《六年军事规划法》和军队发展中期和长期计划。二是提高国防投入效益。美国更加强调优化军费投向投量,对关键地区、关键领域和关键力量的投入不减反增。俄罗斯近5年军费预算平均增长率为20%左右,装备采购费比重不断加大。三是提高科技创新能力。美国不断加强对军事前沿技术、高技术装备和高风险项目进行总体规划及跟踪研究。俄联邦积极调整优化国防科技布局和军工体系,提升国防科技竞争力。四是提高军队职业化水平。法军暂停义务兵役制,实行全面职业化。德国从混合兵役制转向全志愿兵役制。俄军始终把职业化作为军队建设的发展方向,其合同兵比例不断提升。

总之,在未来一个较长时间内,国际安全环境总体稳定,世界战略格局不会发生大的变化,美国等西方国家仍处强势主导地位,新兴国家实力和国际影响力不断增强,世界多极化进程加快发展。世界新军事革命继续向深度和广度发展,军事技术形态将面临新的重大突破,军事组织形态将发生重大改变,信息化战争形态将逐步完善,新型作战方式和样式将不断涌现。主要国家正在积极调整战略,推进军事转型,加强核心军事能力建设,以迎接新军事革命带来的严峻挑战和难得机遇。

五、世界军事领域发展变化与我军军事创新

面对世界新军事革命的严峻挑战和难得机遇,只有与时俱进、大力推进军事创新,才能尽快缩小差距、实现新的跨越。在马克思主义军事理论、中国革命战争和人民军队建设实践、中华传统兵法相结合的过程中,中国共产党靠不断创新,逐步形成了一整套建军治军的原则和制度,创造了人民战争的战略战术,形成了我军的特有优势。我们比以往任何时候都更加需要继承和发扬军事创新这个优良传统,努力建立起一整套适应信息化战争和履行使命要求的新的军事理论、体制编制、装备体系、战略战术、管理模式。

(一)我军军事创新任务重点把握的原则要求

1. 坚持强军目标、积极引领

党在新形势下的强军目标是党中央从全局上对国防和军队建设作出的战略筹划和顶层设计,指明了军事创新的方向、任务、重点,明确了军事创新的实现路径和检验标准。党在新时期强军目标的具体内容是,"听党指挥、能打胜仗、作风优良"。其中,"听党指挥是灵魂,决定军队建设的政治方向;能打胜仗是核心,反映军队的根本职能和军队建设的根本指向;作风优良是保证,关系军队的性质、宗旨、本色"。

2. 坚持解放思想、转变观念

军事创新同其他领域创新相比,要求更高、难度也更大。在世界新军事革命这一新的大国际防务背景下,解放思想意味着,新时期的国防与军队的改革与建设事业必须适应新形势的重大变化的客观要求,进行一场深刻乃至天翻地覆的军事思想革命,这集中反映在"四大观念"的转变,尤其是需要树立四个全新的"思想观念"。这就是:"勇于改变机械化战争的思

维定势,树立信息化战争的思想观念;改变维护传统安全的思维定势,树立维护国家综合安全和战略利益拓展的思想观念;改变单一军种作战的思维定势,树立诸军兵种一体化联合作战的思想观念;改变固守部门利益的思维定势,树立全军一盘棋、全国一盘棋的思想观念。"

3. 坚持抓住重点、整体推进

军事创新是个系统工程,需要统筹谋划、协调推进,牵住牛鼻子,抓住主要矛盾和矛盾的主要方面,通过抓重点把整体带动起来。这里的"重点"就是要"抓住(军事变革中的)主要矛盾和矛盾的主要方面",并"通过抓重点把整体带动起来",使部队的整体面貌发生根本的改进。

4. 坚持突出特色、自主创新

军事创新也要走中国特色自主创新之路,致力于巩固和扩大我们的优势。这里的"特色",即"中国特色自主创新之路",拥有我们自己的"知识产权",扬长避短,发扬我军优良传统,确立中国军队自己的独有优势,奠定"能打仗,打胜仗"的思想、体制和物质基石。

(二)我军军事创新的战略目标

面对这场世界范围的新军事革命,我们怎么办?

军事创新已经成为我们不可避免的必然选择。并且,这是中国党和军队主动的选择,是人民军队坚持自己的本色的独特选择。在"继承和发扬军事创新这个优良传统"的基础上,我们将最终实现"努力建立起一整套适应信息化战争和履行使命要求的新的军事理论、体制编制、装备体系、战略战术、管理模式"的战略目标。

(三)如何实现军事创新问题

顺应世界军事发展新趋势,推进我军军事创新,就要自觉站在实现中华民族伟大复兴、争取国际竞争战略主动权的高度,把握军事创新关节点,支持改革、投身改革。

1. 重在思想转型

军事领域是最具活力的领域,最需要创新,最忌讳保守。一个国家对军队改革的态度及军事变革的方向和力度,直接决定着未来战争的胜负和战略竞争的优势。我们绝不能陶醉于解放战争、抗美援朝战争等历史辉煌中,绝不能把思维固化在机械化时代治军建军范式里。

"明者因时而变,知者随事而制。"对于一支军队来讲,思想上的战争准备、改革准备是转型的"发动机"。下一场战争永远与上一次战争不同,谁走在军事创新前列,谁就获得制胜先机;谁落在军事创新之后,谁就必然一败涂地。要争做一流军队的设计者、引领者,不做二流的跟随者、模仿者。

当前,制约军队改革的已经不是物质条件,而是改革观念和能力。要以宽广的战略视野和深远的战略谋划,敢于用时代的眼光审视自己,用发展的眼光批判自己,用对手的眼光否定自己,全力以赴推进国防和军队改革,坚决破除一切妨碍战斗力的思想观念和体制机制弊端,着力提升国防管理效益和作战指挥效率,真正吹响强军兴军集结号。

2. 重在体系重塑

随着新一轮科技革命、产业革命和军事革命蓬勃发展,移动互联、人工智能、大数据等新技术广泛应用,武器装备更加精确化、智能化、隐形化、无人化,战争形态正向智能化演变。

重塑现代军事力量体系,抢占海洋、太空、网络、智能等空间作战制高点,已成为历史的必然。但我们在深刻认识科学技术对军事变革带动突破的同时,也要明了,若没有军事制度的革故鼎新,科学技术点燃的变革之花只会昙花一现。武器装备再先进,如果战略战术、组织形态、指挥流程、军政素养等没有跟上发展,军队转型同样会失败。

军事创新是一项复杂的系统工程,要深入研究现代战争特点规律和制胜机理,以信息化为中心,以军事战略、军事技术、作战思想、作战力量、组织体制和军事管理创新为基本内容,以重塑军事体系为主要目标,更加注重改革的系统性、协同性、深刻性,增强顶层设计的前瞻性和科学性,建立健全适应现代军队建设和作战要求的组织模式、制度安排和运作方式。

改革是决定军队命运的关键一招,是回避不了的一场大考。要敢于打破条块分割,打破门户禁区,打破军种界限,打破利益束缚,激活军队活力和动力,不断提升预防危机、遏制战争、打赢战争的核心军事能力。

3. 重在治军模式

一支军队的现代化,核心是制度和管理能力的现代化。21 世纪不仅是智能时代,更是管理时代、法治时代。如果说科技是第一生产力、第一战斗力,那么军事管理同样是生产力、战斗力。

"强军必先强法。"一支视法纪为天职、视职责为生命的军队,必将是一支战无不胜、所向披靡的雄师劲旅。军队越是现代化,越要法治化。要认真弘扬法治精神,狠抓制度贯彻力、执行力,坚决克服和纠治有法不依、执法不严、违法不究等现象,真正夯实依法治军从严治军之基。

政治民主、经济民主、军事民主是我军特有的政治优势。要大力弘扬我军优良传统,坚持民主管理,坚持官兵一致,坚持以人为本,坚决反对特权,确保为兵用权、依法用权、公正用权、廉洁用权,巩固和发展团结、友爱、和谐、纯洁的内部关系,从根本上增强军人职业荣誉感、自豪感和军队凝聚力、战斗力。

加强战略管理、资源管理、成本管理,建立高效的流动机制、评价机制、竞争机制和监督机制。借鉴外军和企业先进管理方法,引进运用先进的管理技术和手段,向科学管理要战斗力,向科学管理要正规化,向科学管理要高效益,向科学管理要好作风,降低军队建设成本和内耗,提高军事系统运行效率,努力形成具有我军特色的绩效管理新模式。

军事思想的创新是实现"军事创新"在思想意识方面的统帅,只有用时代最先进的军事思想和观念统率部队官兵和一切关心中国国防事业的人们的头脑,改变一切同新军事革命格格不入的思想意识上的种种禁锢和"篱笆",我们的军事创新才能得以破题,才可能得以破茧而出,生根开花,面对各种内外挑战,夺取战略先机,并取得这场竞争的最后胜利。

参 考 文 献

曹云华,鞠海龙.2013.南海地区形势报告(2012-2013).北京:时事出版社

陈海涛.2008.美军伊拉克战场大解密.北京:军事科学出版社

陈继安.1995.毛泽东军事思想新论.北京:军事科学出版社

陈相灵.2012.孙子兵法与战争谋略.北京:新华出版社

程永生.2009.军事高技术与信息化武器装备.北京:国防工业出版社

池亚军,薛兴林.2010.战场环境与信息化战争.北京:国防大学出版社

戴凤秀.2006.信息化国防动员概论.北京:军事科学出版社

董子峰.2004.信息化战争形态论.北京:中国人民解放军出版社

樊高月,符林国.2008.第一场初具信息化形态的战争——伊拉克战争.北京:军事科学出版社

国防大学战略教研部战略研究所.2014.国际战略形势与中国国家安全.北京:国防大学出版社

郝唯学.2011.心理战100例——经典案例分析.北京:中国人民解放军出版社

《毁灭人类的核武器》编写组.2010.毁灭人类的核武器.北京:中国出版集团

贾云生.2007.新时期国防教育理论与实践.成都:四川大学出版社

姜廷玉.2009.新中国国防和军队建设六十年.北京:党建读物出版社

李成刚.2008.第一场高技术战争:海湾战争.北京:军事科学出版社

李德义.2012.当代军事理论与实践的思考.北京:军事科学出版社

李庆山.2011.新武器.北京:中国人民解放军出版社

李慎明,张宇燕.2014.国际形势黄皮书:全球政治与安全报告(2014).北京:社会科学文献出版社

李慎明,张宇燕.2015.国际形势黄皮书:全球政治与安全报告(2015).北京:社会科学文献出版社

廖超.2012.东方兵圣——孙子生平及其军事思想新解.北京:新华出版社

刘慧.2014.中国国家安全研究报告(2014).北京:社会科学文献出版社

刘继贤.2014.论毛泽东军事思想体系.北京:中国人民解放军出版社

刘克俭.2008.第一场以空制胜的战争:科索沃战争.北京:军事科学出版社

刘兴堂.2009.信息化战争与高技术兵器.北京:国防工业出版社

刘源.2008.改革开放三十年党的军事指导理论.北京:军事科学出版社

吕有生.2002.称霸亚太:新世纪美国亚太战略大调整.北京:大众文艺出版社

马耀邦.2008.中美关系-透视中国隐形战争.北京:当代中国出版社

尼古拉·查强,沈伟烈,蒲宁.2012.地缘战略与大国安全.北京:解放军出版社

任民.2008.国防动员学.北京:军事科学出版社

畲田.2009.通往太空的天梯:航天武器篇.西安:西北工业大学出版社

石家庄机械化步兵学院.2010.世界经典战例——城市作战卷.北京:中国人民解放军出版社

石家庄机械化步兵学院.2010.世界经典战例——战争卷.北京:中国人民解放军出版社

司来义,钱七虎.2004.信息化战争中的防御与防护.北京:中国人民解放军出版社

司锡才,司伟建.2010.信息化战争导论.哈尔滨:哈尔滨工程大学出版社

宋忠平,郭世英.2013.美国来了——美国需要什么样的中国?北京:文汇出版社

王万春,李纯钊.2008.进军太空.北京:蓝天出版社

王卫星.2014-12-16.世界军事安全与新军事革命展望.中国国防报-军事特刊.11版

夏军.2010.百步穿杨:导弹.北京:化学工业出版社

熊光楷.2006.国际形势与安全战略.北京:清华大学出版社

徐立生,黄武元.2008.现代军事航天.北京:星球地图出版社

《新概念武器》编委会.2009.现代武器知识:新概念武器.北京:航空工业出版社

闫丹.2010.散不尽的蘑菇云:核武器与战争.广州:广东省出版集团

阎德学.2006.武士之路——日本战略文化及军事走向.北京:人民出版社

姚有志.2007.国防理念与战争战略.北京:中国人民解放军出版社

袁德金.2012.毛泽东军事思想教程(第二版).北京:军事科学出版社

袁军堂,张相炎.2011.武器装备概论.北京:国防工业出版社

张洁.2014.中国周边安全形势评估(2014).北京:社会科学文献出版社

张洁.2014.中国周边安全形势评估(2015)"一带一路"与周边战略.北京:社会科学文献出版社

张文木.2012.国家战略能力与大国博弈.济南:山东人民出版社

张幼文,黄仁伟.2012.中国国际地位报告(2012).北京:人民出版社

赵少奎.2008.导弹与航天技术导论.北京:中国宇航出版社

郑守华.2008.第一场国际反恐怖战争:阿富汗战争.北京:军事科学出版社

中国人民解放军军事科学院.2011.中国人民解放军军语(全本).北京:军事科学出版社

中国现代国际关系研究院编.2013.国际战略与安全形势评估2012/2013.北京:时事出版社

中国现代国际关系研究院编.2014.国际战略与安全形势评估:2013/2014.北京:时事出版社

中国现代国际关系研究院编.2015.国际战略与安全形势评估:2014/2015.北京:时事出版社

中华人民共和国国务院新闻办公室.2009.2008年中国的国防白皮书.http://www.mod.gov.cn/affair/book.htm[2015-3-1]

中华人民共和国国务院新闻办公室.2011.2010年中国的国防白皮书.http://www.mod.gov.cn/affair/book.htm[2015-3-1]

中华人民共和国国务院新闻办公室.2013.中国武装力量的多样化运用.http://www.mod.gov.cn/affair/book.htm[2015-3-1]

中央电视台《百家讲坛》栏目组.2008.神州飞天-中国航天的成就与展望.北京:中国人民大学出版社

中华人民共和国国务院新闻办公室.2015.中国的军事战略.北京:人民出版社

后　记

根据《国务院办公厅中央军委办公厅转发教育部、总参谋部、总政治部、关于在普通高等学校和高级中学开展学生军事训练工作意见的通知》（国办发［2001］48 号）文件精神以及《普通高等学校军事课教学大纲》（教体艺［2007］1 号，以下简称《大纲》）中课程目标的规定：" 军事课程以国防教育为主线，以军事理论教学为重点，通过军事教学，使学生掌握基本军事理论与军事技能，增强国防观念和国家安全意识，强化爱国主义、集体主义观念，加强组织纪律性，促进综合素质的提高，为中国人民解放军训练储备合格后备兵员和培养预备役军官打下坚实基础。" 这决定了这门课程的通识性特点，宜广不宜深，应该注重教学的普及性，而不是学理性。

目前，高校军事理论课程教学所依据的《大纲》，课程内容涵盖了军事学的多个学科，覆盖面广，而大纲规定的时间有限，各高校在实际授课中也多存在压缩课时的现象。所以，从实际教学情况来看，在如此有限的时间内，也很难从专业的角度进行军事教学，这就决定了军事理论课程应具有普及性、基础性的特点。这就要求教师在教学中，必须精选教学内容，突出重点和难点问题。

另外，高校从事军事教学的多数是没有军事学学习背景的兼职教师，而军事理论课又是一门综合性、时事性很强的应用课程，内容多、覆盖面广，教师只能通过自学和培训来获得相关的不系统知识，缺乏军事理论教师应具有的扎实的现代战争知识和军事战略知识。

正是基于以上几点考虑，校军事教研室教师根据《大纲》内容，精选了十六个专题，经过多方研讨，形成教研室统一教案和课件，面向全校学生讲授。由于专题式教学具有时效性、灵活性、研究性、开放性等特点，它即能满足军事理论课的教学体系，又便于突出重点，教师也得以扬长避短，形成独特、多样的教学风格，也有利于调动学生的积极性和学习兴趣。从实践效果来看，明显好于按章节教学。在此基础上，我们把教案进一步修订出版，作为教研室教研的探索。

本书为作者 2014 年承担的河北省社会科学基金项目（HB14JY018）的阶段性成果，非常感谢省委省教育厅领导对本书提供的大力支持，感谢军事教研室各位教师为本书提供的大量帮助。

本书在行文中参阅了国内外专家学者的许多研究成果，没有一一标注，在此谨对本书参考的资料的作者致以真诚的感谢。

本书是由教案改写而成，作者学识有限，书中难免有不当之处，敬请专家批评指正。

编　者

2015 年 5 月 10 日